KB034842

제3의 개국

제3의 개국

第三開國

조한규 지음

드림온

차례

2부

홍석현과 제3의 성공조건

응답하라, 2017!

"중앙일보 홍석현 회장이 대권캠프를 차렸다고 합니다. 정확한 정보입니다. 관심을 가져보시죠." 2015년 12월 대기업 한 간부의 전언이었다. 반신반의하면서도 평소 정치권에 대한 많은 정보를 갖고 있는 후배라 '카더라 통신'으로 치부할 수는 없었다. 1987년, 1992년, 1997년, 2002년 대통령선거를 정치부기자로서 현장에서 취재했던 필자는 묘한 전율을 느꼈다. 취재를 해봐야겠다는 의욕이 생겼다.

전직 의원을 만났다. "중앙일보 홍석현 회장이 대권에 나온다는 얘기가 있는데, 어떻게 생각하십니까"라고 물었다. 그는 예상과는 달리 이렇게 대답했다. "내가 고건 전 총리를 만났는데, 고 전 총리가 '그 사람(홍 회장) 대권 욕심이 있어. 그래서 나는 만나지 않아'라고 하더라. 그래서 내가 '과거엔 대권 생각이 있었으나 요즘은 없는 게 아닙니까'라고 묻자, 고 전 총리는 '아니야, 지금도 대권 욕심이 많아'라고 대답했다"고 했다. 고건 전 총리는 홍석현 중앙일보·JTBC 회장의 경기고 선배다. 그래서 홍 회장의 동향을 잘 알고 있다.

홍 회장과 경기고 동기동창인 사업가 한 분은 "동기동창인 국회의원 후보 개소식에서 홍 회장이 대권과 관련된 발언을 해서 '재, 왜 저런 말을 하나'라고 생각했다"고 전했다. 취재를 하면 할수록 '홍석현 대망론'은 '카더라 통신'의 수준을 넘어선 팩트로 다가왔다.

2015년 11월 3일 중국 베이징 인민대회당. 한국의 박원순 서울시장, 홍석현 회장이 시진핑(習近平) 중국 국가주석을 만났다. 에르네스토 세디요(Ernesto Zedillo Ponce de León) 전 멕시코 대통령(21세기위원회 의장), 미국 하버드대 총장·재무장관을 지낸 래리 서머스(Larry Summers) 하버드대 교수, '집 없는 억만장자'인 니콜라스 베르그루엔(Nicolas Berggruen) 베르그루엔 홀딩스 이사장 등과 함께 면담한 것이다.

시 주석을 면담한 자리에는 시 주석을 지근거리에서 보좌하고 있는 '은둔의 책사' 왕후닝(王滬寧) 당 중앙정치국위원 겸 중앙정책연구실 주임, '문고리 권력' 리잔수(栗戰書) 중앙정치국원 겸 중앙판공청 주임, 시 주석의 '핵심 브레인' 정비젠(鄭必堅) 중국 국가창신발전전략연구회 회장 등이 배석했다. 시 주석은 중국의 국가창신발전전략연구회·인민외교학회·베이징시와 21세기위원회가 공동 주최한 제2회 '중국의 이해(Understanding China)' 국제회의를 매우 중요하게 여겼기 때문에 회의 참석자들을 면담했다.

'중국의 이해'는 정비젠 회장이 주도하고 있다. 정비젠은 왕후닝, 리잔수와 함께 시 주석의 최측근 참모다. 정비젠은 시 주석의 중국을 세계에 널리 홍보하고 세계 지도자들을 '친구'로 만들기 위한 국제회의 '중국의 이해'를 개최하고 있는 것이다. 당시 시 주석은 "일대일로(一帶一路, 육·해상 실크로드)는 내가 역사적 사건을 살펴보다 생각해낸 것"이라며 "기본은 문화 교류이며 목적은 상호 공영으로 영토 확장의 생각은 전혀 없다"고 했다. 그는 "아시아인프라투자은행(AIIB)을 만든 이유도 같다"고 설명했다. 정비젠은 "시대를 추월해야 중국을 구할 수 있고, 중국이 발전할 수 있다. 혁신·협조·녹색·개방·공향이란 다섯 가지 발전 이념 아래 시대 추월이라는 가치를 추구할 것"이라고 설명했다. 이는 시진핑 주석의 국가발전전략을 이해할 수 있는 핵심 이념이다.

그런데 왜 정비젠은 '중국의 이해'의 국제회의에 한국에선 박원순 시장과 홍석현 회장 두 사람만 초청했을까. 친해서인가. 아니다. 정비젠이 시 주석, 왕후닝, 리잔수 등과 논의해서 '박-홍' 두 사람만을 초청한 것은 다분히 전략적이다. 미래를 위한 투자다. 무엇보다 중국 측은 당시 두 사람을 차기 대권과 관련해 가장 유력한 차세대 지도자로 평가했기 때문일 것이다. 한국에 대한 중국의 정보력을 결코 과소평가해선 안 된다. 현재 중국인 80만 명 정도가 한국에 살고 있지 않는가.

물론 '중국의 이해'를 공동 주최한 21세기위원회에는 니콜라스 베르그루엔도 참여하고 있다. 그래서 박원순 시장이 2015년 10월 29일 베르그루엔에게 명예서울시민증을 수여했기 때문에 베르그루엔의 주선으로 박 시장이 '중국의 이해'에 참석했다는 주장도 있다. 하지만 이는 설득력이 떨어진다. '중국의 이해'는 1년 전부터 기획된 행사이기 때문이다. 베르그루엔은 '중국의 이해'에 참석하기 직전에 서울에 들러 명예시민증 수여식에 참석했을 뿐이다.

홍 회장이 21세기위원회 회원이어서 베르그루엔과 가까워 '중국의 이해'에 참석했다는 주장도 마찬가지로 설득력이 없다. 21세기위원회와 중국 측이 '중국의 이해'를 공동으로 주최했지만, 중국이 각국에서 2명씩 초청한 것은 21세기위원회의 뜻을 100%로 반영했다고는 볼 수 없다. 그야말로 중국은 '중국의 이해'에 부합되는 인물들을 초청했다고 봐야 한다.

지난해 말부터 재계와 언론계에서 '홍석현 대망론'이 은밀하게 나돌았던 것은 경희대 강연의 '제3의 개국론'에 이어 홍 회장의 '중국의 이해' 참석과 무관하지 않다. '대권캠프설'까지 나온 것도 이런 배경에서다. 홍 회장이 '중국의 이해'에 참석한 이후 '홍석현 대망론'이 주변에 널리 회자됐다는 것은 무엇을 말하는 것인가. '홍석현 대망론'이 그만큼 설득력을 지녔기 때문인 것으로 분석된다.

사실 언론사 사주인 홍 회장이 대통령선거에 출마하지 말라는 법은 없다. 공직선거법은 '선거일 현재 5년 이상 국내에 거주하고 있는 40세 이상의 국민은 대통령의 피선거권이 있다'고 규정하고 있기 때문이다. 피선거권만 있으면 누구나 출마할 수 있는 것이다.

언론사 사주가 집권한 사례는 세계적으로 그리 드물지 않다. 이탈리아 실비오 베를루스코니(Silvio Berlusconi)가 대표적인 인물이다. 이탈리아 최대의 미디어그룹 미디어셋의 소유주이자 유명 축구단인 AC밀란의 구단주다. 그는 1994년~1995년, 2001년~2006년, 2008년~2011년 3차례의 총리를 지낸 바 있다. 물론 국내에선 언론사 사주가 정치권에 진출한 사례는 한국일보 사주 장기영(張基榮) 전 부총리를 제외하고는 거의 없다. 장 전 부총리는 1971년 공화당 서울시 종로지구당 위원장에 선출돼 1973년 제9대 총선에서 국회의원에 당선됐다. 중앙 언론사 사장 출신들도 각종 선거에 출마한 경우도 거의 없다.

그럼에도 불구하고 홍 회장이 대권에 나선다고 하니 의문을 갖지 않을 수 없다. 과연 그가 대권에 나서는 것이 바람직한가. 국민들은 어떻게 생각할까. 왜 홍 회장은 대통령이 되려고 할까. 삼성은 어떻게 나올까. 많은 의문이 제기된다.

'홍석현 대망론'을 취재하고 나서 필자가 내린 결론은 '홍석현=대통령감'이었다. '시대정신에 가장 근접한 지도자'라는 결론에 도달한 것이다. "감은 감인데, 집안이 문제야"라는 일각의 지적도 '대통령감'은 인정한 말이다. 물론 처음 신아일보 인터넷판에 '홍석현 대망론'을 5회 연재하자 주변에서 비판이 적지 않았다. "홍 회장을 쓰는 이유가 뭐냐", "부탁을 받고 쓰는 것이냐", "언론인으로서 바람직하지 않다" 등등의 비판이 쏟아졌다.

단언컨대 '홍석현 대망론'은 전적으로 필자의 소신이다. 누구의 부탁을 받고 연재한 것이 아니었다. 홍 회장을 만나거나 전화통화를 하거나 식사를 한 적이 없다. 필자와 홍 회장은 일면식도 없다는 얘기다. 중앙일보 간부들을 만난 적도 없다. 중앙일보에 친구와 후배들이 많지만 의도적으로 그들을 만나지 않았다. 전화도 하지 않았다.

필자는 '홍석현 대망론'은 현실화돼야 한다고 생각한다. 홍 회장 개인의 권력욕을 충족시키기 위해서가 아니라, 나라를 구하고 국민을 살리기 위해서다. 물론 그의 흠결은 적지 않다. '삼성X파일'로 국민들에게 적지 않은 실망도 줬다. 삼성에 대한 국민정서 또한 좋지 않다. 특히 '금수저' 출신의 언론사 사주가 정치를 하는 것에 대해 국민적 거부감이 적지 않을 것이다. 나라가 위기에 처하지 않았다면 '홍석현 대망론'은 생뚱맞을 수 있다.

하지만 지금 대한민국이 직면한 현실은 어떤가. 민심이 언제 폭발할지 모르는 혁명전야다. 국민의 분노가 거대한 대풍으로 변화하기 직전 단계에 와 있다. '원망스럽고 분한 기운이 하늘에까지 사무치고 있다'는 '원분지기 철호창궁(怨憤之氣 徹乎蒼穹)'이란 율곡(栗谷) 이이(李珥) 선생의 탄식이 그 어느 때보다 실감난다. 여야 간의 갈등과 대립의 정치에 국민들은 환멸을 느끼고 있다. 영남과 호남이라는 지역주의에도 신물이 난다. 보수와 진보 간의 갈등, 종북 논쟁 등은 시대착오적이다. 매일매일 좌절하며 통곡하는 100만 청년들을 누가 책임질 것인가. 하루가 멀다 하고 문을 열었다 닫는 자영업자들의 삶을 누가 구할 것인가. 1천만 비정규직의 피폐한 삶을 누가 보듬어줄 것인가.

지금 대한민국은 백척간두(百尺竿頭)에 서 있다. 위기의 본질은 리더십의 빈곤이다. 철학의 빈곤이다. 혜안의 빈곤이다. 이대로 가면 나라가 5년 이내로 주저앉을 수 있다. 철학이 있고, 혜안이 있고, 비전을 갖고 있는 새로운 지도자가 나라를 맡아야 한다. 한·미관계, 한·일관계, 한·중관계, 한·러관계를 주체적·능동적으로 풀어나가고, 특히 남북통일을 견인할 수 있는 큰 지도자가 나와야 한다. 글로벌 리더십, 소통과 경청의 리더십이 필요하다. 양극화와 불평등, 청년실업과 저출산, 1천만 비정규직 문제를 단번에 해결할 수 있는 새로운 리더십이 절실하다. 도래하는 인공지능시대, 제4차 산업혁명의 시대를 맞아 국가개조, 산업재편을 추진할 수 있는 비전을 가진 새로운 지도자가 나와야 한다. '통일대통령'을 넘어 대한민국을 세계 일류국가로 만들 수 있는 그런 지도자 말이다. 그런 인물이 있다면 국민소환운동을 전개해서라도 나라를 맡겨야 한다. 응답하라, 2017!

1부

홍석현 대망론

1장

시대정신과 2017년 대선

第三開國

홍석현은 '시대정신'에 적합하나

대통령선거는 시대정신(時代精神)에 의해 좌우된다. 시대정신에 맞는 인물이 대통령에 당선된다는 얘기다. 시대정신은 한 시대에 살고 있는 사람들의 보편적인 정신자세나 태도를 말한다. 한 시대를 지배하고 있는 지적·정치적·사회적 동향을 나타내는 정신적 경향이다. 요컨대 그 시대 사람들의 의식을 지배하고 있는 정신 상태를 일컫는다.

시대정신은 단기적 시대정신과 중장기적 시대정신으로 나뉜다. 1~5년의 단기적 시대정신이 있는가 하면 30년 동안 지속되는 시대정신이 있다. 단기적 시대정신은 그 당시 잠시 반짝한 정신적 경향이며, 중장기적 시대정신은 한 세대를 관통하는 정신적 경향이다. 박원호 서울대 정치외교학부 교수는 '20대 총선과 87년 체제의 재편성'이란 제목의 칼럼에서 "미국 정당사를 연구하는 이들에 의하면 한 세대가 지나가는 30년이라는 시간은 유권자와 정당이 맺어져 있는 하나의 '체제'가 만들어지고 붕괴하는, 즉 재편성되는 사이클이기도 하다. 1930년대의 뉴딜연합과, 1960년대의 미국의 시민권 운동, 그리고 1990년대의 공화당 양원 석권 등을 본다면 30년의 시간에 매우 근본적 변화가 일어난다는 사실을 알 수 있다"고 주장했다.

원래 '30년 세대론'은 인물 중심의 한국적 시대관이다. 30년이라는 한 세대가 지나면 새로운 인물이 나타난다는 시대적 관점이다. 고종(高宗) 이후의 역사를 보면 매우 흥미롭게 전개되고 있다. 1897년 대한제국을 선포한 고종 황제는 1919년 1월 21일 승하(昇遐)했다. 일제에 의해 독살됐다는 설이 나돌아 민심이 크게 동요했다. 결국 40일 만에 3·1운동이 일어났다. 3·1운동이 일어난 1919년 3월 1일부터 1949년까지 30년간의 시대정신은 '항일독립'이다. 조선민족은 '항일독립'을 지상 최대의 과제로 삼았다. 그 중심인물은 1949년 6월 26일 경교장에서 육군 포병 소위 안두희의 저격으로 서거(逝去)한 김구(金九) 선생이다. '항일독립운동'의 중심인물이 '김구'라는 사실에는 이견이 있을 수 없다.

1949년부터 1979년까지 30년간의 시대정신은 '산업화'다. 후진국을 탈출하기 위해 '잘살아보세'라는 구호 아래 경제개발에 박차를 가한 인물은 1979년 10월 26일 궁정동 안가에서 중앙정보부장 김재규의 저격으로 서거한 박정희(朴正熙) 전 대통령이다. 박정희는 '3선개헌'과 '10월 유신'으로 한국 민주주의를 굴절시켰지만, 경제개발 5개년계획 등으로 한국이 중진국으로 도약할 수 있는 경제적 기반을 마련했다는 점에서는 긍정적인 평가를 받는다. '산업화'의 중심인물은 '박정희'다.

1979년부터 2009년까지 30년간의 시대정신은 '민주화'다. 80년 서울의 봄을 비롯해 5·18광주민주화운동, 1987년 민주화운동의 중심에는 2009년 8월 18일 노환으로 서거한 김대중(金大中) 전 대통령이 있었다. 김영삼·노무현 전 대통령도 민주화에 크게 기여했으나 김대중보다 시련을 적게 겪었다. 김대중은 남북정상회담을 개최해 한반도 평화 정착에 기여한 공로를 인정받아 노벨평화상을 수상했지만, 그 이전에 한국 민주화와 인권운동의 상징적 인물이다. '민주화'의 중심인물은 '김대중'이다.

그렇다면 2009년부터 2039년까지 30년간의 시대정신은 무엇일까. 말할 나위 없이 '남북통일'이다. 그런데 과연 중심인물은 누구일까. 누가 '남북통일'을 이룰 인물이 될지 아직은 알 수 없다. 2039년은 미래다. 23년이 남았다. 유엔사무총장 반기문일까. 반기문이 차기 대통령이 되어서 남북통일을 이룬다면 가능성을 배제할 수 없다. 2039년 그는 95세가 된다. 박근혜 대통령일까. 가능성은 희박하다. 홍석현 회장일까. 홍석현이 차기 대통령이 되어서 남북통일을 성취하면 중심인물이 될 수 있다. 2039년 그는 90세가 된다. 하지만 북한에서 중심인물이 나올 가능성도 배제할 수 없다. 꼭 남한에서만 나오란 법은 없지 않는가. '김정은 체제'가 조기에 종식되고, 북한의 새 인물이 남북통일을 주도적으로 성사시킨다면 얼마든지 중심인물이 될 수 있는 것이다.

2017년 대선의 시대정신에는 불평등과 양극화, 격차사회를 해소하는 것도 포함된다. 하지만 이는 단기적 시대정신이다. 장기적 시대정신은 남북통일이다. 그런데 이 남북통일은 한반도의 남북한만의 과제가 아니다. 동아시아의 국제 문제다. 동시에 전 지구적 과제이기도 하다. 남북통일은 한민족을 살리는 시대정신이면서 전 지구, 전 인류를 살리는 시대정신으로 나가야 한다. 그래야 대한민국이 세계 초일류 국가가 될 수 있다. 이런 지구적 차원에서 국내 문제를 해결하고 남북통일을 이룰 수 있는 새로운 리더십이 나와야 한다.

시대정신은 흔히 선거 슬로건* 으로 압축된다. 선거 전략가들은 다양한 조사를 통해 시대정신이 무엇인지를 파악하고 그에 맞는 선거 슬로건을 만든다. 가령, 빌 클린턴 미국 대통령의 선거 슬로건은 경제회복에 초점을 맞춘 '바보야, 문제는 경제야'였다. 버락 오바마 미국 대통령의 선거 슬로건은 '미국의 변화'를 강조한 'Yes, We can Change'였다. 미국 유권자들에게 이들의 슬로건이 먹혀 선거에서 승

슬로건(slogan)

어떤 단체의 주의, 주장 따위를 간결하게 나타낸 짧은 어구다. 즉, 대중의 행동을 조작(操作)하는 선전에 쓰이는 짧은 문구다. 사회운동과 시위에서 사용하는 대중의 요구를 집약시킨 표현이며, 선거운동에서 정치인이나 정당이 자신의 주장을 간결하게 표현할 때 사용한다. 상업 광고나 캠페인에서도 사용된다.

슬로건은 스코틀랜드어의 '슬로곤(slogorn)'의 변종언어다. 주로 스코틀랜드 문장(紋章)의 신조(信條)나 보조 신조로 사용됐다. 군인들의 코트 문장이나 방패의 보조신조로도 사용됐다. 자기편을 결집시키고 상대방의 기를 꺾기 위한 '전투구호'였던 셈이다. 현대에서의 전쟁은 선거다. 이기면 권력을 잡는다. 그래서 선거운동은 전투처럼 치열하다. 시대정신을 압축한 슬로건이 매우 중요하다.

리했다.

1987년 민주화 이후 한국 대통령선거 주요 후보들의 선거 슬로건을 보면 시대정신을 읽을 수 있다. 1987년 제13대 대선 당시 민정당 노태우 후보는 '보통사람'과 '이제는 안정입니다', 통일민주당 김영삼 후보는 '군정종식', 평민당 김대중 후보는 '대중은 김대중, 평민은 평민당'이란 슬로건을 내걸었다. 시대정신은 '민주화'였다. 노태우 후보는 민주화를 '보통사람'으로 표현했다. 김영삼 후보는 '군정종식'으로 표현했다. 김대중 후보는 '대중은 김대중'이란 슬로건으로 자신을 부각시켰다. 유권자들은 이른바 '6·29선언'으로 민주화가 이뤄졌다고 생각했다. '보통사람'은 '6·29선언' 이후를 지향했고, '군정종식'은 '6·29선언' 이전을 지향했다. 유권자들은 과거지향적인 '회고적 투표'가 아닌 미래지향적인 '전망적 투표'를 선택했다. '이제는 안정입니다'라는 노태우 후보의 슬로건은 민주화 이후 '혼란'보다는 '안정'을 원하는 보수세력 표를 겨냥했다. '대중은 김대중'이란 김대중 후보의 슬로건은 자신의 개인적 존재감을 부각시키는 데 초점을 맞춘 것이었다. 시대정신과는 거리가 있었다. '보통사람'이라는 슬로건은 노태우 후보의 군인 이미지를 친근하게 바꾸었다. 김영삼 후보의 '군정종식' 슬로건을 무색하게 만들었다. 결국 노태우 후보는 시대정신을 정확히 겨냥해 성공했다는 평가를 받았다.

1992년 제14대 대선에서는 민자당 김영삼 후보는 '신한국 창조'를 슬로건으로 내걸었다. 반면 민주당 김대중 후보는 '이제는 바꿉시다'를 슬로건으로 내걸었다. 통일국민당 정주영 후보는 '경제대통령,

통일대통령'을 슬로건으로 내걸었다. 유권자들은 역시 전망적 투표를 했다. 정권교체를 의미하는 '바꾸자'는 슬로건보다는 민주화 이후 새로운 대한민국 건설을 의미하는 '신한국 창조'를 선택했다. 김영삼 후보가 당선됐다. 정권교체라는 '회고'가 아닌 신한국 창조라는 '전망'이 유권자들의 표심을 흔들었던 것이다.

1997년 제15대 대선에서는 국민회의 김대중 후보는 '준비된 대통령', 한나라당 이회창 후보는 '깨끗한 경제 튼튼한 경제'를 슬로건으로 내걸었다. 당시 IMF경제위기로 나라가 누란의 위기에 놓여 있었다. '준비된 대통령'과 '든든해요 김대중, 경제를 살립시다'라는 김대중 후보의 슬로건이 국민들을 안심시켰다. '깨끗한 경제 튼튼한 경제'는 대법관 출신 이회창 후보와 매칭이 안 됐다. 그래서 설득력이 떨어졌다. 또 국민신당을 만들어 출마한 이인제 후보의 슬로건 '젊은 한국 강한 나라'도 위력을 발휘하지 못했다.

2002년 제16대 대선에서는 한나라당 이회창 후보는 '나라다운 나라'를 슬로건으로 내걸었다. 반면 민주당 노무현 후보는 '새로운 대한민국', '새로운 대한민국 국민후보 노무현'을 슬로건으로 내걸었다. 이회창 후보의 '나라다운 나라'는 지극히 추상적인 슬로건이었다. 과녁이 정확하지 않았다. 노무현 후보의 '새로운 대한민국'은 개혁을 의미하면서도 미래지향적이었다. 시대정신은 추상적이지 않다. 모호하지 않다. 구체적이고 실질적이다.

2007년 제17대 대선에서는 한나라당 이명박 후보는 '실천하는 경제대통령', '국민성공시대'를 슬로건으로 내세웠다. 경제회복과 성공을 바라는 국민들의 마음을 겨냥한 슬로건이다. 반면 대통합민주신당 정동영 후보는 '가족이 행복한 나라'를 슬로건으로 내세웠다. 추상적인 슬로건이다. 국민들의 가슴을 흔들지 못했다.

2012년 제18대 대선에서 새누리당 박근혜 후보는 '준비된 여성대통령'을 전면에 내걸었다. 박근혜 후보는 '국민행복시대', '박근혜가 바꾸네' 같은 구호도 내놓았다. 반면 민주통합당 문재인 후보는 '사람이 먼저다'라는 슬로건을 내세웠다. 이는 매우 철학적인 슬로건으로 국민들의 가슴에 닿지 못했다.

2017년 제19대 대선의 시대정신은 남북통일이다. 그런데 대권주자들은 어떤 선거 슬로건을 내세울 것인가. 국민의당 전 대표 안철수는 2016년 6월 22일 국회 교섭단체 대표연설에서 "2016년 대한민국의 시대정신은 격차해소와 평화통일"이라며 "공공은 민간에 대한 기득권을, 재벌대기업은 하청업체에 대한 기득권을, 기성세대는 미래세대에 대한 기득권을 내려놓아야 한다"고 말했다. 2017년 대선만을 본다면 격차해소, 즉 양극화와 불평등 해소다. 단기적 시대정신은 격차해소가 맞다. 하지만 중장기적 시대정신은 '남북통일'이다. 따라서 격차해소와 남북통일을 동시에 해결할 수 있는 인물이 대통령에 당선될 가능성이 높다. 그 인물은 한반도 안전과 동아시아 평화를 해결할 수 있어야 한다. 미국·중국·일본·러시아를 다룰 수 있는 '글로벌 리더십'을 가진 인물이어야 한다.

아무튼 홍석현은 '통일대통령'을 꿈꾸고 있는 것이 사실이다. 그가 대선에 나온다면 이런 꿈을 실현하기 위해서다. 홍석현은 국내 언론사 사장으로는 처음 1998년 8월 7박 8일간 북한을 방문해 노동신문사·김일성대 등에서 북한 지식인들과 통일에 대해 토론했던 것도 이런 꿈과 무관하지 않다.

중앙일보가 '평화와 번영을 위한 제주포럼'(2001년 창설)을 제주특별자치도·국제평화재단·동아시아재단과 함께 주최하고 있는 것도 같은 맥락이다. 2016년 5월 25일부터 27일까지 '아시아의 새로운 질서와 협력적 리더십'을 주제로 열린 제11회 제주포럼에서 홍석현은 세계지도자 세션의 사회를 맡았다. 26일 세계지도자 세션에선 홍석현의 주도로 한국의 한승수 전 총리와 일본의 무라야마 도미이치(村山富市) 전 총리를 비롯해 엔리코 레타 전 이탈리아 총리, 짐 볼저 전 뉴질랜드 총리, 고촉통 전 싱가포르 총리, 마하티르 모하맛 전 말레이시아 총리 등은 '아시아의 미래'에 대해 열띤 토론을 벌였다. 홍석현은 '아시아의 미래'가 바로 남북통일과 직결되기 때문에 이 세션의 사회를 맡은 것으로 전해졌다.

동시에 홍석현은 이 자리에서 각국 정상급 전직 총리들과 토론하면서 '글로벌 리더십'을 키우고 '국가경영 감각'도 간접적으로 익힌 것이다. 한마디로 중앙일보가 제주포럼에 주최로 참여하고 있는 것은 신문사 홍보보다 홍석현 개인의 '대권수업'을 위한 전략이 아닌가 하는 의구심을 갖게 한다. 중앙일보가 미국 전략국제문제연구소(CSIS)와 함께 '중앙일보-CSIS포럼'을 개최하고 있는 것도 홍석현의 '통일준비' 이미지 제고와 '대권수업'을 위한 포석이란 풀이가 가능하다.

중앙일보가 2015년과 2016년에 '평화오디세이'를 통해 남북통일과 동아시아 평화의 비전을 제시한 것도 홍석현의 '큰 꿈'이 무엇인지를 알게 해준 프로젝트였다. 일개 언론사 사주가 추진할 수 있는 사업이 아니다. 단순한 대권행보 이상의 원대한 비전이 담겨 있는 것이다.

홍석현이 중앙일보를 앞세워 각종 국제행사를 개최하는 것을 탓할 생각은 없다. 한국의 국격(國格)을 높이고 국가 이미지를 제고하기 때문이다. 대한민국 홍보에 큰 도움이 되고 있는 것도 사실이다. 중앙일보의 행사라고 치부하기에는 차원이 다르다. 국가가 하지 못한 프로젝트임은 사실이다.

하지만 문제는 이런 행사들이 지나치게 지도자·지식인 위주로 이뤄지고 있다는 점이다. 홍석현이 진정 대권에 생각이 있고, '통일대통령'을 꿈꾼다면 보다 낮은 데로 임해야 한다. 민생현장에서 평범한 국민들과 스킨십도 강화해야 한다. 전국 방방곳곳 생생한 민생현장에서 민초들이 생각하는 통일방안·통일생각이 무엇인지도 청취해야 한다. 서민들이 바라는 일자리와 경제, 통일이 무엇인지도 경청해야 한다. '민심은 천심'이라는 말은 '백성이 하늘'이요, '백성의 생각이 시대정신'이라는 얘기다. 지자(知者)들부터 지혜를 얻는 것도 중요하지만, 이는 자칫 뜬 구름을 잡을 수 있다. 진정한 지혜는 백성의 투박한 소리에 담겨 있다.

노자(老子)는 도덕경(道德經) 제2장에서 도(道)의 여섯 가지 원리를 제시한 바 있다. 그 중 네 번째 원리가 '고하상경'(高下相傾: 높음과 낮음은 서로 기운다)이다. 지위가 높은 사람은 항상 낮은 데로 가야하고, 낮은 사람은 높은 데로 갈 수 있다는 뜻이다. 이는 또한 높음은 낮음과의 관계 속에서 높음이 되고, 낮음도 높음과의 관계 속에서 낮음이 된다는 뜻이다. 대통령은 국민과의 관계 속에서 대통령으로 존재하는 것이지, 국민이 없으면 대통령도 존재할 수가 없다. 국민도 대통령과의 관계 속에서 국민이지, 대통령(국가)이 없으면 식민지 백성과 같다. 세계의 전직 총리들과 토론하는 것도 대한민국의 국민들과의 관계 속에서 이뤄져야 한다. 낮은 데서 살고 있는 국민을 생각하고 걱정하면서 국민들과 호흡을 같이 하는 것이 더 중요하다.

홍석현은 '아시아의 미래'나 '한반도의 새로운 패러다임'도 좋지만, 먼저 국민들의 '무엇'이 하늘에까지 사무치고 있는지를 현장에서 체휼(體恤: 처지를 이해해 가엾게 여기다)해야 할 것이다. 그것이 대권의 첫 걸음이다.

북극항로를 향해서

홍석현의 '통일구상'에는 '북극항로, 육상 실크로드, 해상 실크로드'가 담겨 있다. 중국 시진핑(習近平) 국가주석이 신(新)경제구상으로 제안한 '일대일로'•보다 발전된 개념이다. 중앙일보 2015년 11월 4일 자 보도에 따르면, 홍 회장은 중국의 국가창신발전전략연구회·인민외교학회·베이징시와 21세기위원회가 공동 주최한 제2회 '중국의 이해' 국제회의에서 '일대일로'에 대해 다음과 같이 논평했다.

"일대일로가 서쪽만 향하는 개념이어선 곤란하다. 성공을 위해서는 태평양을 건너 미국까지 포함해야 한다. 과거 실크로드 역사를 봐도 신라 경주에서 시작해 북한을 거쳐 당(唐) 장안, 중앙아시아로 통하는 길이었다. 경주에서 다시 일본, 궁극적으로 미국까지 아울러 지리적 한계를 갖지 않는 개념으로 확대돼야 진정한 일대일로의 의미가 있다. 2030년 북극항로•가 열리면 육상 실크로드, 해상 실크로드와 함께 아시아·유럽 교류는 더욱 확대될 것이다. 일대일로와 아시아인프라투자은행(AIIB)이 북한까지 포용한다면 당면한 북핵문제 해결의 실마리를 찾을 수 있다." 홍석현의 이 같은 발언은 중국 측 참

일대일로

'일대일로(一帶一路, 육·해상 실크로드)'는 시진핑(習近平) 중국 국가주석이 2013년 9~10월 중앙아시아 및 동남아시아 순방에서 처음 제시한 중국의 세계전략이다. 미국의 아시아 재균형전략에 대응하고 미국과 신형대국관계를 구축해 G2(미국과 중국) 시대를 열기 위한 중국식 소프트 전략이다. 고대 육상과 실크로드 연선에 있는 60여 개 국가를 경제벨트로 묶어 중국경제의 지속가능한 성장동력을 확보하고 중앙아시아와 유럽 및 아프리카에 대한 영향력을 강화한다는 목표다. 또 군사적으로는 해군이 해상 실크로드를 따라 인도양과 대서양, 그리고 태평양까지 진출해 대양해군을 건설한다는 전략을 갖고 있다. 중국은 공산정권 수립 100주년이 되는 2049년까지 일대일로 전략을 추진해 진정한 G2 시대를 열겠다는 로드맵을 갖고 있다.

중국은 '일대일로'를 통해 동남아시아 및 서남아시아 경제권의 활성화, 유럽 경제권의 활성화, 그리고 더 나아가 21세기 중국의 경제발전과 성장을 견인하려고 한다. '일대일로'는 철도·도로·해운 등에 과감한 인프라 투자를 통해서 경제발전을 도모하고, 이를 통해 중국 서부 지역의 지역 불균형 해소, 그리고 소수민족의 통합 효과도 기대하고 있다. 또한 중앙아시아의 천연자원과 에너지를 확보하고 중국 중심의 글로벌 경제를 꿈꾸기 위한 정책이기도 하다. 현재 중국은 이 구상에 60여 개 국가가 참여하는 '큰 그림'을 그리고 있는 것이다.

석자들로부터 “좋은 제안”이라는 평가를 받았다고 한다. 홍석현의 북극항로 구상이 긍정적인 평가를 받은 것이다.

홍석현은 중국의 ‘일대일로’ 전략의 핵심을 간파하고 귀국 직후 편집국 주요 간부들에게 중국의 ‘일대일로’ 전략을 단순한 경제전략으로 보지 말고 세계전략으로 이해해 한반도에 미칠 영향과 대응 전략을 깊이 있게 분석하라고 강조한 것으로 전해졌다.

홍석현은 이와 함께 ‘일대일로’를 넘어 ‘북극항로’에 관심을 기울이고 있다. 중국의 ‘일대일로’가 북방을 배제한 구상이라면 홍석현의 북극항로 구상은 북방까지도 포함하는 원대한 구상이다. 홍석현이 ‘북극항로’에 비상한 관심을 기울이고 있는 것은 바로 남북통일과 관련이 있기 때문이다. ‘북극항로’가 열리면 북한이 자연스럽게 개방될 수 있고, 북한의 개방은 곧바로 통일로 연결된다. 이는 한 언론사 회장이 가질 수 있는 구상이 아니다. 국가적 차원에서 추진해야 하는 원대한 사업이다. 홍석현이 2030년 북극항로가 열리는 것에 초점

북극항로

‘북극항로(北極航路, North Pole Route)’는 북극해를 통해 극동과 유럽을 잇는 비행기 항로인 ‘북극항공로’, 북미와 유럽을 잇는 알래스카와 캐나다 해역의 선박항로인 ‘북서항로’, 아시아와 유럽을 잇는 러시아 해역의 선박항로인 ‘북동항로’로 나뉜다. ‘북극항로’ 가운데 ‘북동항로’는 수에즈 운하를 경유하는 현재 항로보다 거리가 짧아 항해일수와 물류비를 크게 단축할 수 있다. 특히 우리나라 부산에서 북유럽까지 물류운항은 운항시간을 최대 절반까지 단축할 수 있다고 한다. 기후온난화로 빙하가 줄어들고 쇄빙(碎氷) 기술이 발달함에 따라 이용이 늘 것으로 전망된다. 아시아와 유럽을 연결하는 신 해운항로로, 수에즈 운하를 대체하는 새로운 바닷길로 큰 주목을 받고 있다. 현재 우리나라에서는 쇄빙선 아라온호를 취항시켜 ‘북동항로’를 탐사하고 있다.

을 맞추고 있는 것도 의미심장한 대목이다.

한국의 미래는 북극항로에 달려 있다고 해도 과언이 아니다. 경제는 유통이고 유통은 물류인데, 물류비가 절감돼야 장사에서 이윤을 남길 수 있다. 북극항로가 열리면 한국의 유럽수출은 활기를 띨 것이다. 러시아에 대한 수출은 말할 것도 없다. 북한 역시 경제에 큰 도움이 된다. 북한이 유럽에 수출하려면 남한 해역을 지나야 하기 때문에 불편한 점이 많다. 그런데 북극항로가 열리면 북한은 북극항로를 통한 유럽 수출 길을 갖게 된다. 굉장한 발전이다. 러시아를 중심으로 한 '신(新)북방협력'이 논의될 수밖에 없다. 러시아가 동북아 평화체제 구축에 적극적으로 나설 수밖에 없게 된다. 중국의 동북3성 지역도 북극항로를 이용할 수밖에 없다. 결국 중국과 러시아가 '신북방협력'을 통한 동북아 평화체제 구축에 나설 것으로 보인다.

홍석현은 바로 이 점을 계산한 것이다. 통일을 위한 원대한 구상의 하나로 북극항로에 많은 관심을 갖고 있으며, 연구를 지원하고 있는 것이다. 그가 '통일대통령'의 꿈을 갖고 있지 않다면 이런 구상은 무모한 도전에 가깝다.

홍석현의 '북극항로' 구상은 2016년 2월 25일 미국 로스앤젤레스 인터콘티넨털 LA 센추리시티 호텔에서 태평양세기연구소(PCI·Pacific Century Institute) 주체로 열린 'PCI 빌딩 브릿지스 어워드' 시상식의 수상 연설과 맥락을 같이한다. 한국인으로서는 홍석현이 이 상을 처음으로 받았다.

PCI는 "공공과 민간 영역에서 빛나는 경력을 쌓으며 아시아·태평양 지역에 대한 이해를 높이는 데 기여한 홍석현에게 상을 수여하게 됐다"고 밝혔다. 도널드 그레그 PCI 이사장(전 주한 미국 대사)은 "홍석현 회장은 『글로벌 아시아』 2015년 여름호 기고문 「타성에서 벗어나기(Breaking out of the Rut)」에서 대화와 포용(engagement) 정책을 강력히 지지하며 한반도 문제에 대한 탁월한 안목을 보여줬다"고 소개했다. 또 "지난해 6월 한반도의 미래를 고민하는 32명의 지식인들과 1400㎞ 북·중 국경을 답사하며 '평화오디세이' 활동을 한 데 대해서도 깊은 인상을 받았다"고 밝혔다.

홍석현은 '중국의 부상과 미국의 역할'을 주제로 한 수상 연설에서 상호 존중과 공존·공영에 기초한 새로운 질서를 동아시아에 구축하기 위해서는 미국과 중국의 협력이 중요하다고 역설했다. 그는 '일산불용이호(一山不容二虎: 산 하나에 두 마리 호랑이가 같이 있을 수 없다는 뜻)'라는 중국 속담을 인용해 중국이 미국을 패권 경쟁 대상으로 인식하는 역사·문화적 배경을 설명했다. 중국은 미국의 '아시아 재균형' 정책을 중국을 견제하고 포위하려는 술책으로 오해하는 경향을 보이고 있는 만큼, 동아시아의 안정적이고 호혜적인 질서에 대한 정당한 관심이 중국의 부상을 막으려는 시도라는 인상을 주지 않도록 미국은 조심할 필요가 있다는 게 홍석현의 주장이다. 홍석현은 '송무백열(松茂柏悅: 소나무가 무성하면 잣나무가 기뻐한다는 뜻)'이란 또 다른 중국 속담을 인용, "중국이 무성해지는 것을 미국이 기뻐하며 환영할 때 중국도 그에 화답하여 보다 책임 있는 역할을 할 것"이라고 말했다. 홍석현은 "식민주의·제국주의 역사가 없는 한국은 동아시아의 새

질서 창출을 위한 '촉진자(facilitator)' 역할을 할 수 있다"고 지적하고 "동아시아의 중견국가인 한국의 시민으로서 저의 간절한 소망은 유럽에서 꽃을 피운 상호 존중과 공존의 새로운 질서가 동아시아에 뿌리내리는 것을 보는 것"이라고 강조했다.

제3의 개국과 매력국가론

홍석현은 '제3의 개국론'을 역설한다. 현재 대한민국은 아시아 최고 수준의 자유와 개방을 통해 세계의 인재와 자본을 끌어들이는 '제3의 개국'이 필요하다는 것이다. 홍석현의 '제3의 개국론'은 2015년 5월 28일 경희대 네오르네상스관 네오누리에서 진행된 '미원(美源)렉처'에서 처음 소개됐다. 홍석현은 '새로운 한·중·일 시대와 대한민국의 꿈'을 주제로 '제3개국론'을 언급한 것이다. 홍석현은 그리고 '제3의 개국'을 위해서는 '매력국가'*, '향기가 나는 국가'라는 비전을 추구해야 한다고 강조한다. 한국이 '제3의 개국'을 위해서 '매력국가'를 건설해야 한다는 주장이다.

'제1의 개국'은 조선 말기 1873년(고종 10년) 개화를 거부했던 대원군이 실각하고 고종의 왕비인 명성왕후의 민씨 일족이 권력을 장악한 이후 노론 북학을 계승한 박규수·오경석·유대치·이유원 등의 개화사상에 입각해 추진된 개화·통상 정책이다. 고종은 박규수의 건의에 따라 일본과 1876년 12개조에 달하는 '병자수호조약', 이른바 강화도조약을 체결했다. 1882년에는 청나라(중국) 이홍장의 주선 아래 미국과 '조·미수호통상조약'을 체결했다. 조선은 이어 청과 1882년 '조·청상민수륙무역장정'을 제결했고, 1883년 영국·독일, 1884년 이탈리아·러시아, 1886년 프랑스·오스트리아 등과 잇달아 통상조약을 체결했다. 고종은 조선의 문호를 개방해 개화·통상 정책을 추진한 것이다. '제1의 개국'이었다. 그러나 이러한 제1의 개국은 100% 자주적이지 못했다. 청이 통상을 주선하는 등 외세의 영향에 의한 개국이었다.

'제2의 개국'은 해방 이후 1948년 8월 15일 대한민국 정부가 수립되면서 시작됐다. 그러나 6·25로 말미암아 '제2의 개국'은 제대로 이

매력국가

하버드대 케네디행정대학원 석좌교수인 조지프 나이(Joseph S. Nye)는 『소프트 파워(*Soft Power*)』라는 저서에서 마키아벨리가 예찬하는 군사력과 경제력을 하드 파워(Hard Power) 또는 경성권력(硬性權力)이라고 정의했다. 반면 타인 혹은 타국의 마음을 사로잡는 힘을 소프트 파워(Soft Power) 또는 연성권력(軟性權力)이라고 정의했다. '소프트 파워'는 설득의 수단으로서 돈이나 권력 등의 강요가 아닌 '매력'을 통해 얻을 수 있는 능력을 말한다. 국가가 지닌 감성과 문화, 윤리 등이 '소프트 파워'에 해당한다.

조지프 나이는 1990년에 출간한 『주도국일 수밖에 없는 미국: 미국 국력의 변화하는 본질(*Bound to Lead: The Changing Nature of American Power*)』이라는 책에서 '소프트 파워'란 개념을 만들어냈다. 그는 2004년에 출간한 『*Soft Power: The Means to Success in World Politics*』에서 이 개념을 발전시켰다. 한마디로 '소프트 파워'를 지닌 국가가 '매력국가'란 얘기다.

하영선 서울대 교수는 "조지프 나이는 반미 정서의 가장 효과적인 치료제로서 힘 안 들이고 상대방을 끄는 매력을 적극 추천하고 있다. 동아시아의 지정학과 지경학을 고려하면 한반도는 군사력과 경제력만으로 주변 제국들을 원하는 방향으로 움직이기 쉽지 않다. 한반도는 미국보다 훨씬 더 21세기의 새로운 힘인 매력을 절실하게 필요로 하고 있다"고 주장한다.

뤄지지 못했다. 이승만 정부에선 전후복구가 주요과제였고, 짧은 민주당 정부에선 뚜렷한 업적을 이루지 못했다. 결국 '제2의 개국'은 5·16군사쿠데타 이후 박정희 정부에서 추진될 수밖에 없었다. 1965년 6월 22일 국민적 반발과 저항 속에서도 굴욕적인 '한·일협정'이 체결됐다. 그리고 미국의 강력한 요청에 따라 베트남 파병이 이뤄졌다. 그럼에도 불구하고 '베트남 특수'는 한국의 경제발전에 적지 않은 도움을 줬다. 박정희 정부의 '경제제일주의'와 '조국근대화'는 수출입국의 길을 열었다. 1960년대와 1970년대의 수출신장률은 연평균 40%, 경제성장률은 8.9%를 기록하며 개발도상국에 진입했다. 이것이 '제2의 개국'이다. 그리고 1986년 아시안게임과 1988년 서울올림픽을 계기로 '제2의 개국'은 정점에 도달했다.

하지만 한국은 선진국에 완전히 진입하지 못하고 있다. 그 문턱에 머물고 있다. 그래서 홍석현은 '제3의 개국'이 추진돼야 한다고 역설한 것이다. 국민소득 3만 달러 이상의 선진국에 진입하려면 중국을 활용하고 외국의 자본·기술·인재를 유치해야 한다는 게 홍석현의 주장이다. 홍석현의 '제3의 개국과 매력국가론'을 요약하면 다음과 같다.

"한국은 현재의 체질이나 발상으로는 국민소득 3만 달러를 돌파하기 어렵다. 2006년 싱가포르는 2만 6천 달러, 한국은 2만 달러였다. 그런데 9년 만에 싱가포르는 5만 6천 달러가 됐으나 한국은 2만 7천 달러 선에 머물고 있다. 제자리걸음을 하고 있는 셈이다. 이를 극복하기 위해서는 중국을 활용해야 한다. 그러나 중국에서 사업하는 것은 점점 어려워지고 있다.

한·중·일이 세계 GDP의 21.1%를 차지하고 있다. 세계 경제의 5분의 1이다. 따라서 한국은 세계의 자본과 기술, 미국과 유럽에 있는 인재들을 유치해야 한다. '제3의 개국'이라 할 만한 아시아 최고 수준 개방으로 전 세계 인재, 자본을 끌어들여야 한다. 거대한 중국시장의 전진기지로 만들어야 한다. 서유럽과 미국 사람들은 중국에 들어가 사업을 하는 것을 한국인보다 더 힘들어 한다. 일본보다 훨씬 열린 사회, 다이내믹한 사회를 만들면 한국에서 중국을 겨냥한 사업을 하게 될 것이다. 거듭 강조하지만 아시아 최고 수준의 자유와 개방으로 세계의 인재와 자본·기술을 끌어들여야 한다. 이것이 바로 '제3의 개국'이다. 현재 수준의 개방으로는 안 된다. 외국인이 기업하기 어려운 환경을 혁파할 수 있는 '제3의 개국'을 해야 한다.

그리고 외국의 자본과 기술, 인재들을 한국으로 유치하려면 '매력국가'를 건설해야 한다. '향기가 나는 국가'라는 비전을 추구해야 한다. 이는 청년실업, 노인빈곤, 양극화, 벼랑 끝 인구, 3만 달러의 벽 등 당면한 위기를 돌파하고 우리에게 주어진 기회를 살릴 수 있는 국가전략이다. 이는 새로운 시대를 여는 하나의 수단, 하나의 꿈이 될 수 있다.

매력이란 무엇인가. 남자나 여자는 매력 있는 여성과 남성을 보면 누구나 끌린다. 외모도 중요하지만 풍기는 분위기가 중요하다. 지적 수준이 높다거나, 얘기해보니 대화가 잘된다거나, 심성이 곱다거나 종합적으로 남자가 됐든 여자가 됐든 '향기가 나는 사람'이 매력 있는 사람이다. 마찬가지로 나라도 '향기가 나는 나라'여야 매력이 있다. 꼭 군사력이 강하고 경제력이 강한 나라가 향기가 나는 나라는 아니다. 김구 선생이 『백범일지』에서 "문화 향기가 나는 국가가 돼야 한다"고 강조한 나라가 매력국가다.

일본 후쿠시마 원전 사태가 일어났을 때, 도쿄에 있던 굴지의 미국·유럽·글로벌 아시아본부의 70%는 싱가포르로 가고 30%는 홍콩으로 갔다. 서울이 매력이 없기 때문에 서울로 오지 않은 것이다. 서울 도심의 건물들이 텅텅 비어 있는데도 불구하고 말이다.

정부는 실리콘밸리같은 창업 생태계를 조성해야 한다. 우선 한 도시만을 골라 세계 최고 수준의 개방을 해보는 것도 방법이다. 그리고 그 도시에 실리콘밸리의 창업 생태계를 만들어줘야 한다. 네덜란드에서 했듯이, 런던에서 했듯이, 실리콘밸리에서 했듯이 세계의 인재들이 중국 시장을 보고 한국의 문화와 기술력을 보고 한국에 와서 창업을 할 수 있게 만들어줘야 한다. 전국이 싱가포르처럼 됐으면 한다. 특히 평화 없이 매력국가는 절대 달성하지 못한다. 평화는 남북 간에 만들어가야지, 다른 나라가 주는 게 아니다."

홍석현의 '제3의 개국론'은 당시 언론의 지적을 피해갈 수 없었다. 언론사에 대한 뉴스를 집중적으로 보도하는 '미디어 오늘'은 2015년 6월 3일 자에 "홍석현의 야망, '제3의 개국' 외친 배경은"이란 제목으로 홍석현의 경희대 강연을 집중분석했다. 다음의 분석기사는 상당히 흥미롭다.

"홍석현 중앙일보 회장의 꿈은 유엔사무총장이었다. 유엔사무총장을 맡았다면 그는 지금의 반기문 유엔사무총장처럼 대통령 후보군으로 거론되었을지 모른다. 홍 회장은 참여정부 시절 주미대사에 임명되며 대한민국 외교·통일정책의 대변자가 될 뻔했지만, 꿈을 접어야 했다. 하지만 여전히 그는 꿈을 포기하지 않은 것 같다. 지난 5월 28일 경희대에서 진행된 강연만 보면 그렇다. …(중략)… 이 정도 깊이의 발언이면 단순한 신문사 사주의 발언으로 보긴 어렵다. 그는 여전히 꿈을 꾸고 있는 걸까. 올해(2015년)는 중앙일보 창간 50주년이다. 홍정도 중앙일보 공동 대표이사로의 경영권 승계 작업도 순조롭게 이뤄졌다. 더 이상 홍 회장이 중앙일보에 남아 있을 이유도 없다. 이 맥락에서 보면 지난 경희대 강연은 상징적이다. 홍 회장이 다시 정치적인 역할을 찾으려 하는 것 아니냐는 해석이 나오는 이유다."

홍석현의 '제3의 개국론'은 앞서 거론한 중국 시진핑 국가주석의 '일대일로(一帶一路, 육·해상 실크로드)' 구상과 일본 아베 신조(安倍晋三) 총리의 '아름다운 일본'• 구상을 능가하는 국가비전이다. '제3의 개국론'은 '매력국가론'과 함께 '평화오디세이'를 통해 검증과정을 거치고 있다. '제3의 개국론'은 언론사 사주가 캠페인으로 주장하는 차원을 넘어선 대권주자급 인사가 제시할 수 있는 거대 담론이다. 홍석현이 대권에 생각이 없다면 '제3의 개국론'은 어울리지 않는 담론이다.

'반기문 대망론' vs '홍석현 대망론'

반기문과 홍석현. 묘(妙)한 관계다. 노무현 정부 시절 반기문 제8대 유엔사무총장은 외교통상부장관(2004.1－2006.11)이었고, 홍석현은 주미대사(2006.2－2006.7)였다. 당시 두 사람은 북핵문제 등을 놓고 여러 차례 공식적인 회의를 가졌다. 그래서 상대를 서로 잘 안다. 반기문이 1944년생이어서 1949년생인 홍석현보다 다섯 살 위다.

원래 유엔사무총장 자리는 홍석현의 몫이었다. 홍석현은 2006년 2월 노무현 대통령으로부터 미국 대사직과 함께 차기 유엔사무총장 후보 내정을 약속받고 워싱턴에 부임했다. 2005년 7월 MBC가 '삼성X파일'을 폭로하지 않았다면, 아마 지금 홍석현이 유엔사무총장

아베 총리의 '아름다운 일본'

일본 아베 신조 총리는 2006년 1차 내각 때, 내각의 이름을 '아름다운 나라를 만드는 내각(美しい国づくり国閣)'으로 정했다. 내각의 슬로건으로 '만들고 싶은 일본이 있다. 아름다운 나라, 일본(創りあげたい日本がある。美しい国, 日本。)'을 내세웠다. 즉 아베 총리는 집권하면서 국제사회에 더 큰 책임을 지는 '아름다운 나라' 일본을 건설하겠다고 공언했다. 그런데 이 '아름다운 나라'는 그를 지지하는 보수파들이 주장한 '보통국가'와 같은 의미로도 사용된다. 즉 아베 총리는 군사적으로는 집단적 자위권을 추진, 전후 전쟁을 금지한 평화헌법을 개정해 일본을 전쟁을 할 수 있는 '보통국가'로 만드는 일을 추진하고 있다. 사실상 '아름다운 일본'은 '강한 일본'이란 뜻이다.

또 '아름다운 일본'은 도쿄올림픽이 열리는 2020년 외국인 관광객 4000만 명 유치를 겨냥한 관광 정책이기도 하다. 아베 총리는 2016년 5월 말 G7(선진국 7개국)정상회의를 미에현 이세시마(伊勢志摩)에서 개최했다. 이 지역은 아름다운 자연과 이세신궁(神宮) 등 유적지가 많다. G7에 이를 홍보해 외국인 관광객을 유치하려는 전략에서다. 아베 총리가 집권한 이후 매년 외국인 관광객은 꾸준한 증가세를 보이고 있다.

으로 재직하고 있었을 지도 모른다. 운명은 참으로 알 수 없다. 한 순간 엇갈린다. 홍석현 대신 반기문이 유엔사무총장 자리를 꿰찼다.

그러나 두 사람의 '경쟁'은 끝나지 않았다. 그동안 '통일' 주도권을 잡기 위해 두 사람은 다양한 전략을 구사했다. 먼저 반기문의 '통일카드'는 북한 방문이다. 지난해 11월 반 총장의 방북설이 흘러나왔다. 그는 지난해 연말 기자들과 만나 "최근에 (북한으로부터) 약간 긍정적인 신호가 왔다"며 "이른 시일 내에 방북할 수 있도록 노력하고 있다"고 했다. 하지만 지난해 12월 북한인권결의안의 유엔 통과에 북한이 민감하게 반응하는 상황이 이어지면서 반기문의 방북은 성사되지 않았다.

반기문은 2016년 한국 국민에게 보낸 신년사에서도 "남북한 간 화해와 협력을 통해 한반도에 평화가 정착될 수 있도록 유엔사무총장으로서 어떠한 일도 해나갈 것입니다"고 말했다. '어떠한 일도 해나갈 것'이라는 말에는 방북에 대한 강한 의지가 담겨 있다. 그러나 북한의 4차 핵실험으로 반기문의 방북은 사실상 무산됐다.

반면 홍석현의 '통일카드'는 어젠다 세팅(Agenda-setting)이다. 홍석현은 2016년 5월 3일 워싱턴의 미국 전략국제문제연구소(CSIS) 본부에서 개최된 '한반도의 새로운 패러다임'을 주제로 한 '중앙일보-CSIS 포럼 2016' 개회사에서 "북한과 관련된 어떤 논의에서건 서울이 주된 역할을 맡는 게 필수적"이라며 "서울과 워싱턴은 권력 교체기에 정책을 놓고 밀접하게 협의해 새 정부 간에도 긴밀한 협력과 조율된 조치를 내도록 보장해야 한다"고 강조했다. 그동안 일관된 주장이다.

2016년 6회 심포지엄에는 미국의 웬디 셔먼 전 국무부 정무차관, 로버트 아인혼 전 국무부 비확산·군축 특보, 마크 리퍼트 주한대사, 한국의 김태영 전 국방부 장관, 서훈 전 국가정보원 제3차장, 안호영 주미대사 등 양국의 최고 외교안보 전문가 20명이 참석했다. 주목되는 부분은 대니얼 러셀 미 국무부 동아시아태평양 차관보가 현직 당국자로는 최초로 기조연설을 했다는 점이다. 미 국무부가 홍 회장의 행사에 참석함으로써 다양한 해석을 낳고 있다. 전체 프로그램이 한국시간으로 2016년 5월 3일 오후 10시 15분부터 인터넷으로 생중계됐다.

앞서 홍석현은 2015년 5월 28일 경희대 강연에서 "남북문제는 우리가 주도적으로 이니셔티브를 가지고 풀어나가야 한다고 확신하고 있다. '통일은 대박이다'고 얘기하지만 통일은 그렇게 쉽게 오지 않는다. 가장 바람직한 건 경제공동체·문화공동체를 만들어나가려는 노력이다"고 했다. 그는 2015년 12월 14일 경남대 북한대학원대학교가 개최한 민족공동체지도자과정 특강에서 '통일로 가는 길: 매력국가'란 주제 강의에서 "한국이 남북관계에서 주도적 역할을 자임하고 (그 역할을) 늘려나가야 한다"고 역설했다. 그는 2016년 4월 25일 한반도 포럼에선 "비핵화의 작은 진전이라도 확보하고 이를 동력으로 교류협력을 살려 상호 선순환을 도모해야 한다"고 말했다. 홍석현은 『글로벌 아시아』 2015년 여름호 기고문 「타성에서 벗어나기(Breaking out of the Rut)」에서 대화와 포용정책을 지지했다. 홍석현은 2015년

6월 한반도의 미래를 고민하는 32명의 지식인들과 1400㎞ 북·중 국경을 답사하며 '평화오디세이' 활동을 전개하기도 했다. 2016년 8월 '평화오디세이'를 추진했다.

그런데 반기문과 홍석현은 왜 이처럼 경쟁적으로 통일 주도권을 잡기 위해 노력하는 것일까. 누가 봐도 이는 차기 대권구도와 관련이 있다. 일종의 '외곽 때리기'다. 두 사람 모두 직접적으로 대권을 언급할 수 없는 처지여서 '통일카드'로 우회적 접근을 시도한 것이다. 실제로 반기문의 방북설, 2016년 5월 방한 이후 '반기문 대망론'이 확산됐다. 새누리당 친박 핵심 홍문종 의원은 '반기문 대통령-친박 총리' 조합이 가능성이 있다고 말했을 정도다. 이정현 대표체제가 출범하면서 '반기문 대망론'은 현실화되는 분위기다.

김종필(JP) 전 총리도 '반기문 대망론'을 지원했다. '반기문 대망론'의 기수였던 고(故) 성완종 전 의원의 동생인 서산·태안 새누리당 성일종 의원이 2016년 4월 27일 서울 청구동 자택을 방문한 자리에서 JP는 "반기문 총장이 지난해 서신을 보내 임기를 마치면 귀향해서 찾아뵙겠다고 했는데 내가 '금의환향'하라고 답장해줬다"고 말했다. 성일종은 "김 전 총리가 이 자리에서 '반 총장만한 사람도 없지 않느냐. 훌륭하고 좋은 인재다. 충청지역을 위해 큰 역할을 해야 한다'는 말도 덧붙였다"고 전했다. 이에 반기문은 2016년 5월 28일 서울 롯데호텔에서 JP를 만났다. 깊은 대화를 나눴다. 당시는 '반기문 대망론'이 타오르기 시작했을 때였다. '반기문 대망론'이 '충청권 대망론'과 일체를 이룬 형국이었다. 하지만 '반기문 대망론'은 기대만큼 확산되지 않고 있다.

2016년 5월 3일 충남 공주 출신 정진석 의원이 새누리당 원내대표에 선출된 것도 '반기문 대망론'과 전혀 무관하지 않다. 2016년 2월 유엔 사무국 의전장으로 반기문의 의전을 책임졌던 윤여철 전 외교부 의전장이 청와대 의전비서관에 임명된 것도 같은 맥락이다.

반면 '홍석현 대망론'이 거론되기 시작한 것도 2015년 5월 28일 경희대 강연 이후다. 홍석현은 '새로운 한중일 시대와 대한민국의 꿈'이란 제목의 강연에서 "현재 우리가 처한 위기와 기회에 대한 정치 지도자들의 인식은 너무나 안일하다"고 지적하고, "아시아 최고 수준의 자유와 개방으로 세계의 인재와 자본 기술을 끌어들여야 한다. 나는 그걸 제3의 개국이라고 얘기하고 싶다"고 역설했다. 그리고 이 '제3의 개국론'이 '홍석현 대망론'의 불을 지폈다.

반기문의 유엔사무총장 숨은 이야기

2006년 1월 청와대 본관 대통령 집무실. "대사님, 반기문 외교통상부장관이 유엔사무총장에 당선될 수 있도록 도와주십시오. 지구를 네 바퀴를 돌아서라도 유엔 회원국들을 설득해주십시오." 노무현 대통령이 두툼한 봉투를 내밀며 박경서 대한민국 인권대사에게 당부한 말이다. 당시 노 대통령은 박 대사에게만 이런 지시를 하지 않았다. 국정원과 코트라(KOTRA) 등 많은 기관을 동원해 '반기문 만들기'에 총력을 기울였다고 한다.

박 대사는 곧바로 출국해 10월 13일 유엔 총회에서 반 장관이 사무총장에 당선될 때까지 10개월 동안 지구를 돌고 또 돌았다고 한다. 박경서 대사는 누구인가. 서울대 사회학과를 졸업, 독일 괴팅겐대에서 사회학 석·박사학위를 받았다. 인도 한림원 명예 철학박사, 영국 에든버러대 명예 신학박사 학위도 받았다. 서울대 사회학과 교수, 크리스천 아카데미 부원장, 스위스 제네바 소재 세계교회협

의회(WCC) 아시아국장·아시아정책위의장을 역임했다. 네팔·인도·파키스탄·방글라데시·스리랑카에서 인권상을 받았다. 국가인권위원회 상임위원, 경찰청 인권위원회 위원장, 대한민국 초대 인권대사를 지냈다. 유엔세계인권도시추진위원회 위원장, 유엔인권정책센터 이사장도 지냈다. 대한민국 인권의 상징이다. 뮤지컬 배우 임태경이 '파파'라고 부르는 유일한 사람이다.

박 대사는 특히 세 명의 노벨평화상 후보를 추천했다. 1996년 조제 하무스 오르타(José Manuel Ramos-Horta) 동티모르 대통령(2007~2012년 재임), 2000년 김대중 대통령, 2006년 무하마드 유누스(Muhammad Yunus) 방글라데시 치타공대 교수를 각각 노벨평화상 후보로 추천했다. 그의 추천이 없었다면 이들의 노벨평화상 수상은 없었을 것이다.

박 대사는 17년 동안 스위스 제네바에 있는 WCC 아시아국장과 아시아정책위의장을 지내면서 라오스·베트남·캄보디아 등 아시아 국가들을 수십 번 방문했다. 유엔을 비롯해 스위스 소재 각종 국제기구 간부들과도 친하게 지냈다. 그 결과 아시아는 물론 유럽·아프리카·남미의 많은 친구들과 교류를 갖고 있었다. 전 세계에 지인(知人)이 많은 것이다. 평화·인권·자유를 위한 그의 눈부신 노력은 한국을 넘어 아시아의 큰 자랑거리다.

그런 그가 '반기문 유엔사무총장 만들기'에 나섰으니 성공하지 않을 수 없었다. 이 사실은 반 총장이 누구보다 잘 알고 있을 것이다. '반기문 유엔사무총장 탄생'은 노무현 대통령과 박경서 대사의 합작품인 셈이다. 이런 주장에 대해 반 총장은 미국이 지원해서 유엔사무총장이 됐다고 반박할 수도 있다. 정보공개 전문 사이트 '위키리크스'는 2011년 반 총장이 유엔사무총장에 당선될 수 있었던 배경에 미국의 전폭적인 지원이 있었다고 폭로한 바 있다. 2006년 당시 알렉산더 버시바우 주한 미국대사는 보고서에서 반 총장에 대해 "미국 정부와 미국의 가치, 미국 국민들을 완벽하게 이해하고 있다. 더욱 중요한 것은 그가 천성적으로 미국의 모든 것에 동조적"이라고 평가하고 그를 지지해야 한다고 보고했다고 한다.

유엔 193개 회원국 전체는 미국의 영향권에 놓여 있지 않다. 유럽·아시아·아프리카 회원국 중에서 상당수 국가들은 미국에 대해 거부감을 갖고 있다. 따라서 미국이 지원해 반 총장이 당선됐다는 주장은 설득력이 약하다. 미국 지원이 도움이 된 것도 사실이지만, 노 대통령과 박 대사의 지원이 없었더라면 '반기문 유엔사무총장'은 불가능했을 것이다.

2장

'통일대통령'의 꿈

第三開國

비닐하우스 성자, '통일대통령'이 돼라

홍석현이 '통일대통령'이란 큰 꿈을 갖게 된 것은 오래됐다고 한다. 원불교 사람들에 따르면 홍석현은 젊은 시절 원불교의 3대 종법사인 대산(大山) 김대거(金大擧) 종사(宗師)를 만나 '통일대통령' 꿈을 키웠다고 전해진다. 대산은 해방 직후 원불교 총부 서울출장소장으로 재직하면서 김구 선생과 이승만 전 대통령과도 교분이 두터웠다. 특히 그는 김구 선생과 깊이 교류하며 남북 상생의 해법을 모색했다고 한다. 원불교에서는 당시 김구 선생이 남긴 친필 등을 보관하고 있다.

대산은 전북 익산군 왕궁면 동봉리 시대산에 위치한 영모묘원(원불교 공원묘지)의 비닐하우스에서 생활했다. 비닐하우스는 원래 인부들의 숙소와 창고로 쓰였던 곳이었다. 대산이 묘원에 주석하면서 대중들의 왕래가 잦아들자 접견할 장소가 필요해 비닐하우스를 지어 접견장소로 사용했다는 것이다. 초기 비닐하우스는 초라하기 그지없었다. 비닐하우스에 스티로폼을 바닥에 깔고 그 위에 장판 정도만 올려놓았다고 한다. 이런 비닐하우스에서 주옥같은 법문을 남겼다. 생사일여(生死一如)의 경지를 넘어선 성인의 풍모를 보였다. 그래서 '비닐하우스 성자'로 불린다. 원불교에선 이 비닐하우스를 '상사원'이라 부른다.

대산은 이 비닐하우스에서 종교지도자들도 많이 만났다. 개신교의 강원룡 목사 등과 교류하며 앞으로의 시대는 정치도 종교도 상생의 해법으로 풀어가야 한다던 화동(和同)의 도를 강조했다. 1984년 교황 요한 바오로 2세가 방한했을 당시, 대산은 교황에게 교단과 종파를 초월해 종교가 힘을 합할 수 있는 종교연합기구 UR(Unitied Relegion) 창설을 제안했다. 이는 '종교의 유엔'인 셈이다. 대산은 종교적 카리스마가 대단했는데, "진리는 하나, 세계도 하나, 인류는 한 가족, 세상은 한 일터, 개척하자 하나의 세계"를 게송(偈頌)으로 남겼다.

대산은 특히 미래를 내다보는 예견력이 뛰어났다. 그래서 더불어민주당 김종인 의원의 조부인 김병로(金炳魯) 전 대법원장, 이철승(李哲承) 전 신민당총재, 조세형(趙世衡) 전 국민회의 총재권한대행 등 수많은 정치인들이 비닐하우스로 찾아와 자문을 구했다고 전해진다. 전주 출신의 이철승의 '중도통합론'도 대산의 '가르침'을 받아 정립한 이론이라고 한다. 대산은 당시 비닐하우스에서 대통령후보들을 다 만났고, 재계의 거물들도 다 이곳에서 접견했다.

홍석현은 젊은 시절 대산을 비닐하우스에서 면담한 적이 있다. 홍석현이 인사를 드리고 '용금'(用金: 어른에게 드리는 용돈)을 내놓자 "앞으로 이런 것은 가져오지 말고, 통일대통령을 준비하라"고 말했다고 한다. 홍석현은 대산에 대한 소감을 이렇게 말했다. "보통 종교지도자들 같으면 으리으리한 좋은 집과 좋은 사무실에서 계실 것이고 위엄과 권위가 있을 것인데 전혀 그렇지가 않았다. 왕궁면에 물론 다른 건물들도 있었지만 계시는 곳은 너무나 검박하고 소박한 슬레이트집이었고, 또 교도들에게 설법을 내리시는 곳도 웅장한 대법당이 아니라 비닐하우스에서 접견을 하시며 설법을 하시는 것을 뵙고 상당히 신선한 충격을 받았던 기억이 난다." 아주 온화하며 자비로운 모습은 평범함 속에 비범함을 감춘 큰 도인을 뵙는 인상이었다는 것이다.

대산이 '통일대통령을 준비하라'고 주문한 이래로 홍석현은 매일 아침 1시간 정도 독서하며 '통일구상'을 가다듬고 있다고 한다. 대산은 반공·승공·멸공이 대세던 1960년대 통일 방향에 대해 '용공·화공·구공(容共·和共·救共)'의 '3공주의 통일철학'을 제시한 바 있다. '용공'은 북한을 활용하는 것이고, '화공'은 북한과 화해하는 것이고, '구공'은 북한을 구하는 것이다. 당시 대산이 홍석현에게 전한 메시지는 대략 이렇다. "모두들 멸공(滅共)을 하자고 하지만 극단으로 하면 안 되나니, 멸공보다는 반공(反共)이 낫고 반공보다는 승공(勝共)이 낫고 승공보다는 용공(容共)이 낫고 용공보다는 화공(和共)이 낫고 화공보다는 구공(救共)이 나으니라. 그러므로 우리는 남과 북이 한 형제요

동포임을 하루속히 깨달아 서로 용서하고 포용하며 화합하고 융화할 수 있는 실력을 갖추어야 하느니라.”

홍석현은 대산의 ‘3공주의’ 가르침에 깊은 영향을 받은 것으로 보인다. 그의 ‘통일구상’이 김대중·노무현 정부의 ‘햇볕정책’·‘대북포용정책’과 맥락을 같이한 것도 바로 ‘3공주의’의 영향 때문인 것으로 풀이된다. ‘평화오디세이’ 등 홍석현의 지속적인 ‘통일행보’도 대산의 가르침을 실천하는 것이라고 볼 수 있다. 홍석현이 보수 진영의 통일정책과 거리가 있는 진보적인 대북포용정책을 주장하고 있는 것도 같은 이유에서다.

DJ로부터 받은 ‘통일과외’

2000년 가을 어느 날 저녁 청와대 관저. 김대중 전 대통령과 이희호 여사는 홍석현을 만났다. 두 사람과 홍 회장은 오래전부터 알고 지낸 사이였다. 김대중은 1960년대 홍석현의 선친 홍진기 집에 자주 놀러갔다. 중학생이던 홍석현의 머리를 쓰다듬어주기도 했다. 가끔 용돈을 주기도 했다고 한다. 이희호도 홍석현을 어린 시절부터 각별히 귀여워했다고 한다. 이희호는 홍석현의 모친 김윤남보다 이화여전 2년 선배여서 오래전부터 알고 지내던 사이였다고 한다. 게다가 이희호는 홍석현의 조모(祖母) 이문익과는 같은 집안인 것으로 알려졌다. 홍석현과 이희호는 여러 가지로 인연이 있었던 것이다.

사실 홍석현은 김대중이 대통령후보 시절 일산 자택에도 자주 방문했다. 김대중으로부터 중앙일보의 언론보도 방향에 대해 장황한 지적을 받았다고 한다. 하지만 당시 홍석현은 지루한 표정으로 건성건성 김대중의 얘기를 들었던 것으로 전해진다. 1997년 대선 당시 홍석현은 한나라당 후보 이회창을 지원해서 김대중과는 거리감을 두고 있었기 때문인 것으로 분석된다.

아무튼 청와대 관저 면담은 홍석현을 위로해주기 위한 자리였다. 홍석현은 1999년 10월 2일 특가법상 조세포탈 혐의 등으로 구속됐다. 73일간 서울구치소에 수감됐다가 1심에서 집행유예로 풀려났다. 그리고 2000년 8월 15일 광복절특사로 사면 복권됐다가 보름 후 중앙일보 회장으로 복귀했다.

김대중은 청와대 관저에서 홍석현에게 '햇볕정책'•을 설명했다. 2000년 6월 15일 남북정상회담의 배경 등도 이야기했다. '강풍'보다 '햇볕'이 북한을 변화시키는 데 유용하다는 논리를 전개하면서 햇볕정책 3원칙과 3단계 통일론을 설명했다. 당시 청와대 관저 부속실 행정관은 "홍석현 회장이 자주 관저에 왔다. 여사님이 홍 회장을 각별히 챙겼다. 대통령님은 만날 때마다 햇볕정책을 장황하게 설명했다"고 전한다. 김대중은 상대를 설득할 때까지 집요하게 반복적으로 설명하는 전략을 구사한다. 김대중은 '햇볕정책'에 대해 홍석현이 숙지할 때까지 청와대로 불러 얘기를 나눈 것이다. 결과적으로 홍석현은 김대중으로부터 청와대에서 '통일과외'를 받은 셈이다.

홍석현이 보수언론의 사주이면서도 대북정책에 대해서만 진보적인 견해를 보이는 것은 김대중의 통일과외의 영향이 크다. 홍석현은 2014년 9월 22일 '허핑턴포스트 코리아'에 '통일 한국의 출발점은 개성공단의 성공이다'라는 기고문을 통해 정부의 남북 정책 전환을 촉구했다. 중앙일보는 2014년 9월 24일 이 같은 기고 사실을 전하며 주요 내용을 보도했다. 홍석현의 기고문 결론은 다음과 같다.

"통일은 남북한 공통의 목표다. 통일에는 시간이 걸릴 것이고 반드시 공유하는 로드맵이 필요하다. 통일을 향해 나아가는 명백한 길

햇볕정책

햇볕정책은 김대중 전 대통령의 남북화해협력정책, 포용정책을 의미한다. 햇볕정책의 3원칙에는 평화공존, 평화교류, 평화통일이 있다. 첫째, '평화공존'은 남북 간 상호를 인정하고 정치적인 신뢰를 구축하며 무력으로 인한 대결을 방지하는 평화장치를 마련하자는 것이다. 둘째, '평화교류'는 정치·경제·사회·문화 등에서 상호 간 교류·협력을 하고, 상호이익의 증진을 위해 노력하고, 민족 동질성을 회복하고, 각 분야에서 남북 상호 의존성과 통일의 하부구조 기반을 마련하자는 것이다. 셋째, '평화통일'은 어느 일방의 힘에 의하지 않고 대화와 협상을 통해 통일과정을 평화롭게 진행하며 6·25전쟁이나 베트남전쟁과 같은 무력통일, 독일과 같은 흡수통일을 배제하자는 것이다.
햇볕정책의 3단계에는 남북연합, 남북연방, 완전통일이 있다. 1단계 '남북연합'은 남북한이 독립국가로서 서로 다른 체제를 유지하며 국가연합을 형성하는 것을 말한다. 각 국가의 주권과 외교, 국방, 내정 등의 권한을 그대로 유지하면서 남북협력을 제도화하고 화해협력을 추구하며 통일과정을 관리하는 것이다. 즉, '1민족·2국가·2체제·2독립정부·1연합'의 '남북연합'이다. 2단계 '남북연방'은 독립국가의 형태로 존재하던 양 공화국을 해소하고 지역자치정부를 새로 구성해 연방대통령을 선출하고 연방국회를 구성하며 외교와 국방 등도 단일화하는 것이다. 즉, '남북연방'은 '1민족·1국가·1체제·1연방정부·2지역자치정부'로 구성된다. 3단계인 '완전통일'은 남북이 단일정부체제로 전환해 '1민족·1국가·1정부'의 완전 통일국가를 이룩하는 것이다. 중앙집권제 또는 여러 개의 지역자치정부들을 포함하는 미국이나 독일식 연방제를 채택하는 단계다.

은 효과가 입증된 것을 기반으로 하는 것이다. 개성공단은 효과가 입증됐다. 개성공단 사업을 확장하고 새로운 공단들을 건설함으로써 우리는 두 가지를 북한에 보여줄 수 있다. 첫째는 우리의 진정성이다. 둘째는 윈윈(win-win)이 대결보다 좋다는 것이다. 김정은은 '더 이상 허리띠를 졸라맬 필요가 없다'고 그가 다스리는 북한 주민에게 약속했다. 약속을 지키려면 한국의 도움을 받는 수밖에 없다.

북한은 앞으로도 계속 상대를 힘들게 할 것이며, 어떤 때는 짜증나게 하는 파트너일 것이다. 하지만 우리는 사소한 문제로 인한 짜증이 장기적인 목표에 타격을 주지 못하게 해야 한다. 최근 몇 년간 한국은 북한과 거리를 둠으로써 중국에게 북한 경제 지배를 허용했다. 러시아, 그리고 심지어는 일본이 북한과 새로운 연결고리를 만들고 있다. 한국 정부는 느림보 행보를 유지할 여유가 없다. 박근혜 대통령이 직면한 도전은 북한을 둘러싼 북방외교 게임에 한국이 참여할 뿐 아니라 그 게임에서 주도적인 역할을 맡고 또 그 역할을 유지하는 것이다."

보수언론의 사주로서는 상당히 전향적이고 파격적인 내용이다. 김대중 전 대통령의 '햇볕정책', 노무현 전 대통령의 '대북포용정책' 맥락에서 주장한 내용이란 평가가 지배적이다.

앞서 홍석현은 2005년 2월 15일 주미대사에 공식 임명된 뒤 외교통상부 청사에서 가진 첫 기자회견을 통해 "따뜻한 마음으로 북한을 바라보자"며 대북포용정책에 대한 소신을 이렇게 밝혔다. "제가 어려운 입장에서 주미대사직을 수락한 배경에는 저와 중앙일보가 사실 보수지 가운데에서는 아주 일찍이, 정확하게 이야기해서 1995년부터 10년간 일관되게 대북포용정책을 지지해오고 또 그에 관한 여러 가지 기획을 해온 것이 사실이다. 제 개인적으로는 좀 따뜻한 마음을 가지고 북을 바라보고 북을 국제사회의 일원으로 끌어내는 정책을 실천해나갈 수 있었으면 하는 바람이다." 그는 또한 "현실 속에서는 당근과 채찍을 같이 사용할 수밖에 없겠지만 우리가 일류 조련사를 지향해야 하는 것만은 틀림없다"며 대북정책에 있어서 채찍보다는 당근을 선호한다는 입장을 분명히 한 바 있다.

평양을 방문하다

한국 언론사 차원에서 북한을 제일 먼저 방문한 것은 중앙일보다. 중앙일보는 1997년 9월과 12월, 1998년 7월과 8월 등 4차례에 걸쳐 북한을 방문했다. 중앙일보 북한 방문에는 유홍준 전 문화재청장, 최창조 전 서울대 교수, 시인 고은, 소설가 김주영 등도 함께했다. 유홍준은 북한 방문 후 '북한문화유산 답사기' 등을 중앙일보에 장기 연재했다. 나중에 책으로 엮여져 나왔다. 유홍준의 『북한문화유산 답사기』 4권은 평양과 묘향산 등 관서지방의 답사에 집중돼 있다. 대동강과 정지상, 을밀대와 김동인 등 평양을 대표하는 문화유적과 예술인들에 대한 이야기가 담겨 있다. 또 한반도 최초의 인간이 살던 상원 검은모루동굴을 비롯해 평양지방의 고인돌 기행, 조선중앙력사박물관과 평양수예연구원 탐방기가 실려 있다. 5권은 묘향산 기행을 묶었고, 동명왕릉, 진파리무덤, 덕흥리무덤, 강서큰무덤 등의 답사기로 구성돼 있다.

이와 함께 최창조의 '북녘산하 북녘풍수', 그리고 3차 방북에 따른 시인 고은, 소설가 김주영 등의 글이 중앙일보에 게재됐다. 이런 연재들은 홍석현의 북한 방문을 위한 디딤돌 역할을 한 셈이다. 중앙일보의 이런 우호적인 보도를 보고 북한 측이 홍석현의 방북을 허용했던 것으로 보인다.

홍석현이 언론사 대표로 분단 이후 처음으로 북한을 방문한 것은 중앙일보 4차 방북 때다. 홍석현의 방북 명분은 북한 측과 남북화해협력과 교류에 관한 여러 방안을 논의하기 위한 것이었다. 그는 1998년 8월 22일 오후 중국 베이징 발 고려항공편으로 평양을 방문했다.

1998년 8월 31일 중앙일보 보도에 따르면 홍석현은 23일 오전 평양 인민문화궁전에서 초청 측인 조선 아세아태평양평화위원회 이종혁 부위원장과 회담을 가졌다. 두 사람은 우호적인 분위기에서 상호관심사에 대해 협의했다고 한다.

홍석현은 "남북 화해협력에서 언론의 역할이 막중하다는 생각에서 북한을 방문하게 됐다"며 "남북이 더 가까워지고 협력할 수 있는 씨앗을 키워나갈 수 있기를 희망한다"고 말했다. 홍석현은 남북 간 화해협력에 유리한 환경을 조성할 수 있는 토론회 개최, 언론분야 교류협력 시범사업으로 언어·생태계 공동조사, 역사유적 공동 발굴 등을 제안했다. 이에 이종혁 부위원장은 환영의 뜻을 표하면서 "북남사이의 화해협력을 위해 서로 노력해나가자"고 답했다.

홍석현은 27일 노동신문사의 최고책임자 강덕서 주필대리와 만나 언론분야 교류협력과 시범사업을 거듭 제의, 역시 긍정적인 호응을 얻어냈다. 강덕서는 아태평화위원회를 창구로 해 앞으로 구체적인 협의를 해나갈 뜻을 밝혔다고 한다. 28일 오후 5시부터 윤이상 음악연구소 접견실 및 서재동 초대소에서 진행된 '남북 언론인의 밤' 행사에서도 이 같은 협력기조가 다시 확인됨으로써 언론교류의 큰 길을 열 수 있는 분위기가 조성됐다고 한다.

그 밖에 홍석현은 한국 지도급인사로는 처음으로 김일성종합대를 방문해 부총장, 교직원, 학생들과 좌담회를 갖고 21세기를 대비한 지식정보산업의 중요성과 남북한 대학 발전을 위한 협력방안에 관해 환담을 나누는 등 북한 지식인들과의 교류에도 적극적인 관심을 표명했던 것으로 알려졌다.

홍석현의 방북에는 권영빈 중앙일보 통일문화연구소장과 취재진이 동행했으며 일행은 금강산과 묘향산을 돌아본 뒤 29일 귀국했다. 홍석현의 방북은 개인적으로는 '통일대통령'의 꿈을 확장시키는 중요한 계기가 됐을 터다. 방북은 언론사 대표로 쉽지 않은 행보다. 당시 김정일 국방위원장을 인터뷰하는 것도 아닌데, 북한을 방문한 것은 '통일대통령'으로서의 구상을 현장에서 구체화시키기 위한 작업의 일환으로 분석된다.

주미대사의 꿈과 좌절

2004년 12월 18일 당시 노무현 대통령은 홍석현을 주미대사로 내정했다. 앞서 12월 16일 김우식 청와대 비서실장은 청와대 출입기자 송년모임에서 "주미대사로 깜짝 놀랄 만한 빅 카드를 준비하고 있다"고 말했다. 그런데 다음 날 그 '빅 카드'가 홍석현이라는 사실이 밝혀지자 정치권과 언론계는 깜짝 놀랐다.

당시 청와대는 세계신문협회(WAN) 회장으로 국제적 감각, 미국 지식인층과의 두터운 교분, 햇볕정책을 일관되게 지지해온 합리적인 성품 등을 고려해 홍석현을 주미대사에 발탁했다고 밝혔다. 당시 노무현 대통령이 밝힌 발탁 이유는 '민간외교 활성화'다. 미국 스탠포드대에서 공부했고 세계은행에서 근무하는 등 미국에서 오래 생활한 데다 미국 언론인 등 많은 지인을 갖고 있는 그의 자산을 활용해 민간외교를 강화시키겠다는 취지에서다. 김우식은 "주미대사는 지식인 사회와 미국의 여론을 한국에 이롭게 바꾸는 차원에서 볼 때 매우 중요하다"고 강조했다.

당시 홍석현은 조지 W. 부시 미국 대통령의 전폭적인 신임을 받고 있던 콘돌리자 라이스(Condoleezza Rice) 미국 국무장관과 친분이 있었다. 홍석현이 스탠퍼드대를 다닐 때 라이스 장관은 같은 대학 정치학과 교수로 있었다. 홍석현은 세계신문협회 회장으로서 뉴욕타임스, 워싱턴포스트 등 미국의 유력 언론사들의 지도부와 친밀한 관계를 유지해 격의 없는 대화가 가능한 사이기도 했다.

화제를 불러일으킨 홍석현의 주미대사 기용은 '조·중·동'에서 중앙일보를 떼어내는 보수언론 분리정책이란 분석도 나왔다. '실용주의 인사'의 시작이란 평가도 나왔다. 하지만 시민단체들은 반대 논평을 냈다. "도대체 노무현 정권의 정체성이 무엇이냐고 묻지 않을 수 없는 사안"이라고 비판했다. 특히 언론노조는 "이제 대한민국은 민주공화국이 아니라 삼성공화국이 됐다"고 지적했다. 노무현 정부가 삼성과의 특수관계에서 '홍석현 카드'를 사용한 것이란 분석이다.

홍석현은 2개월 후 미국 정부로부터 아그레망(대사 파견 상대국의 동

노무현과 홍석현

2004년 2월 14일. 노무현 대통령과 홍석현 회장은 청와대 '상춘재'에서 만찬을 했다. 상춘재는 1983년 4월 준공된 전통적인 한식 가옥이다. 원래 이 자리에는 일제강점기 때 조선총독부 관사 별관인 '매화실(梅花室)'이 있었다. 이후 이승만 대통령 시절 '상춘실(常春室)'로 그 명칭을 개칭했다. 1977년 12월 이를 철거하고 1978년 3월 천연슬레이트 지붕으로 된 양식 목조건물로 개축해 '상춘재(常春齋)'라고 불렀다. 1982년 11월 20일 이를 다시 전통 한식 건물로 만들기 위해 200년 이상 된 춘양목(春陽木: 紅松, 홍송)을 사용해 공사를 시작, 온돌방 1개와 대청마루가 있는 연면적 417.96㎡의 상춘재를 1983년 4월 5일 완공한 것이다. 정상회담을 비롯해 외빈 접견이나 비공식회의 장소로 이용하고 있다. 한마디로 격조가 높은 청와대 한옥 별채다.

홍석현 회장이 청와대를 방문한 명분은 취임 1주년을 앞둔 노무현 대통령을 인터뷰하기 위해서였다. 흔히 대통령 인터뷰에는 청와대 출입기자, 정치부장, 편집국장 등이 참여한다. 언론사 사주가 직접 대담자로 나선 것은 매우 이례적인 일이다. 게다가 상춘재에서 만찬까지 했다는 것은 파격적인 대우다. 당시 청와대의 한 고위 관계자는 "노 대통령은 홍 회장의 식견과 대북포용정책 지지에 대해 높이 평가했다. 노 대통령은 홍 회장에 대해 '말이 통하는 사람'이라고 평가했다"고 말했다. 홍석현 회장의 주미대사 발탁에는 이런 배경이 있었던 것이다.

또한 홍석현 회장이 청와대를 방문해 직접 대담에 나선 것은 '청와대 향수'와 '청와대를 향한 대망론'의 편린을 엿보게 한다.

의)을 받아 2005년 2월 15일 주미대사에 공식 부임했다. 그리고 부임하자마자 언론과의 인터뷰에서 "적당한 시점에 정부가 도와준다면 꿈을 갖고 싶은 게 솔직한 심정"이라며 차기 유엔사무총장 출마 의사를 밝혔다.

홍석현이 주미대사에 내정된 직후부터 2006년 차기 유엔사무총장 선거에 출마할 것이란 얘기가 파다했다. 홍석현은 세계신문협회 회장으로 재직하면서 미국 등 많은 나라를 방문했을 때 유엔사무총장 출마를 권유받았다고 한다. 그래서 홍석현은 주미대사보다는 유엔사무총장을 희망했다. 홍석현은 2004년 7월 당시 정동영 통일부 장관을 만나 유엔사무총장에 도전하길 희망했던 것으로 알려졌다. 그러자 정동영은 청와대에 홍석현을 추천했던 것으로 전해졌다.

홍석현은 2005년 1월 30일 주미대사 내정자 신분으로 전북 익산에 있는 원불교 중앙총부를 방문, 좌산(左山) 이광정(李廣淨) 상사(上師)를 배알했다. 좌산은 홍석현과 함께 대종사성탑과 영모전을 참배한 뒤 법신불전에 봉고를 올리면서 "한반도의 평화적 통일 등 국내 문제 해결을 위해서는 국제사회에서 미국의 역할이 특히 중요하다. 이 일을 계기로 장차 유엔 무대에서 활동하면서 세계가 안고 있는 많은 숙제를 풀어내어 모든 국가들이 함께 잘살 수 있는 세계가 오기를 염원한다"고 격려했다. 좌산은 "국운으로 볼 때 유엔사무총장 자리가 한국으로 오게 돼 있다. 주미대사를 거쳐 유엔사무총장이 된 뒤 한국으로 돌아와 통일시대를 여는 통일대통령이 되기를 바란다. 주미대사로 가기는 가나 여러 여건이 하수상하니 신중하고 조심해야 한다"면서 신신당부했다고 한다. 좌산은 '주미대사·유엔사무총장·통일대통령'이 되기를 바라면서도 홍석현의 앞길이 순탄하지 않음을 예견하고 여러 가지를 당부했던 것으로 전해지고 있다.

실제로 노무현은 홍석현을 주미대사로 내정하면서 차기 유엔사무총장 출마 가능성을 열어 놨다. 당시 노무현 정부가 구상한 차기 유엔사무총장 후보군에는 홍석현 이외에 한승주 주미대사, 반기문 외교통상부장관, 한승수 전 외교부장관 등이 포함됐다. 이런 와중에 주미대사 교체 문제가 불거지면서 노무현이 먼저 '홍석현 카드'를 참모진에게 내밀었고, 유엔사무총장 선거출마에 앞서 주미대사로 발탁했다는 것이다. 실제로 중앙일보는 2004년 12월 17일 고위공직자의 입을 빌려 "홍석현 회장은 2006년 코피 아난 유엔사무총장의 유력한 후임 후보가 될 수 있다"고 보도했다.

홍석현이 주미대사에 이어 유엔사무총장 출마설이 나돌자 정치권에선 유엔사무총장이 최종 목표가 아니라 대권도전이라는 분석까지 나왔다. 사실 정치권에서는 '상춘재 만찬' 이후부터 '홍석현 야망론'이 회자됐다. 당시 정부의 한 핵심 관계자는 이렇게 말했다. "홍석현 회장의 주미대사 내정은 유엔사무총장으로 밀기 위한 전략적 포석이다. 코피 아난 현 유엔사무총장의 임기가 만료되는 2006년 말이야말로 우리나라가 유엔사무총장을 배출할 수 있는 적기이고 그 적임자가 홍 회장이라는 결론이 내려진 상태다."

홍석현은 주미대사에 부임한 뒤 워싱턴 특파원들과 만나 유엔사무총장에 대한 자신의 꿈을 이렇게 밝혔다. "제가 이해하기에 아시아에게 차기 유엔사무총장 자리가 주어질 여러 가지 상황이 전개되고 있는 것은 사실인 것 같다. 누가 됐던 한국인이 그 자리를 하게 된다면 한반도의 여러 가지 문제를 관리하는 데서도 그렇고 국제사회에서 기여하는 발판을 마련하는 데도 중요하다고 생각한다. 어느 적당한 시점이 될 때 정부가 도와준다면 한번 꿈을 갖고 싶은 것도 솔직한 심정이다."

하지만 홍석현은 유엔사무총장의 꿈을 실현하지 못하게 됐다. MBC가 2005년 7월 22일 '삼성X파일'을 집중보도했기 때문이다. MBC 이상호 기자가 국가안전기획부의 도청 내용을 담은 90여 분짜리 테이프를 입수해 삼성그룹과 정치권·검찰 사이의 관계를 폭로한 것이다. 삼성그룹이 당시 홍석현 중앙일보 사장을 통해 1997년 대선에서 약 100억 원의 대선자금을 이회창 후보 측에 제공했으며, 전·현직 검사들에게 수천에서 수억에 달하는 뇌물을 전달했다는 내용을 보도해 엄청난 파장을 불러일으켰다. 결국 당시 홍석현 주미대사는 더 이상 버티지 못하고 2005년 7월 26일 물러났다. 주미대사로 내정된 지 7개월 만이고, 미국으로부터 아그레망을 받아 공식 임명된 시점으로 따지면 5개월 만에 불명예 퇴진을 하게 됐다.

그럼에도 불구하고 홍석현은 주미대사 시절 쌓은 경험과 인맥을 토대로 한국과 미국 간의 외교정책포럼을 창설했다. 중앙일보는 2011년 미국의 최고 싱크탱크인 전략국제문제연구소(CSIS)와 공동으로 '중앙일보-CSIS포럼'을 출범시킨 것이다. 1962년 설립된 CSIS(Center for Strategic&International Studies)는 미국 정부의 안보·외교정책에 막강한 영향력을 미치는 싱크탱크다. 역대 미 행정부와 의회에서 근무한 전문가들이 참여하고 있다. 즈비그뉴 브레진스키(Zbigniew Kazimierz Brzezinski) 전 국가안보보좌관, 헨리 키신저(Henry Alfred Kissinger) 전 국무장관 등이 자문위원으로 활동한다. 따라서 '중앙일보-CSIS포럼'은 중앙일보와 CSIS가 한·미의 대표적 외교·안보 전문가들을 초청해 한반도 주변 상황을 진단하고 해법을 제시해 온 연례 포럼으로 평가받고 있다.

'중앙일보-CSIS 포럼 2016'은 2016년 5월 3일 미국 워싱턴 CSIS 본부에서 개최됐다. '한반도의 새로운 패러다임'을 주제로 한 이번 포럼에는 미국의 웬디 셔먼(Wendy Sherman) 전 국무부 정무차관, 로버트 아인혼(Robert Einhorn) 전 국무부 비확산·군축 특보, 마크 리퍼트(Mark Lippert) 주한대사, 한국의 김태영 전 국방부 장관, 서훈 전 국가정보원 제3차장, 안호영 주미대사 등 양국의 최고 전문가 20명이 참석했다. 양국의 현직 대사가 직접 참여해 눈길을 끌었다. 대니얼 러셀(Daniel Russel) 미 국무부 동아시아태평양 차관보는 현직 당국자로는 최초로 기조연설을 했다.

또한 홍석현이 2016년 2월 25일 미국 로스앤젤레스 인터콘티넨털 LA 센추리시티 호텔에서 태평양세기연구소(PCI·Pacific Century Institute)로부터 'PCI 빌딩 브릿지스 어워드'를 수상한 것도 주미대사 경력이 크게 작용했다는 후문이다. 미국과 아시아·태평양 연안국간 상호 이해와 교류 증진을 위해 1990년 설립된 비영리 재단인 PCI는 2000년부터 아·태 지역 국가의 가교 역할을 하고 미래 비전을 제시한 개인과 단체에 상을 주고 있다. 지금까지 윌리엄 페리(William Perry) 전 미 국방장관, 해럴드 브라운(Harold Brown) 전 미 국방장관, 돈 오버도퍼(Don Oberdorfer) 전 워싱턴포스트 기자, 크리스토퍼 힐(Christopher Hill) 전 미 국무부 차관보, 로버트 스칼라피노(Robert Scalapino) 전 UC버클리대 교수, 캐슬린 스티븐스(Kathleen Stephens) 전 미 주한대사 등이 상을 받았다.

PCI는 "공공과 민간 영역에서 빛나는 경력을 쌓으며 아시아·태평양 지역에 대한 이해를 높이는 데 기여한 홍석현 회장에게 상을 수여하게 됐다"고 밝혔다. 도널드 그레그(Donald Gregg) PCI 이사장(전 주한 미대사)은 "홍석현 회장은 『글로벌 아시아』 2015년 여름호 기고문 「타성에서 벗어나기(Breaking out of the Rut)」에서 대화와 포용정책을 강력히 지지하며 한반도 문제에 대한 탁월한 안목을 보여줬다"고 소개했다. 그는 2015년 6월 한국 대표 지성 32명과 함께 1400㎞ 북·중 국경을 답사하며 '평화오디세이' 활동을 한 것도 높이 평가했다.

홍석현은 수상소감에서 "식민주의·제국주의 역사가 없는 한국은 동아시아의 새 질서 창출을 위한 촉진자 역할을 할 수 있다"며 "유럽에서 꽃피운 상호 존중과 공존의 새로운 질서가 동아시아에 뿌리내리길 바란다"고 말했다.

평화오디세이

"평화오디세이에 참가한 대한민국 대표 지성들 30여 분의 생각이 같았습니다. 두 차례의 치열한 토론을 벌였던 국경 답사 일정과, 서울에서 가진 세 번째 마지막 세미나를 통해 모든 참가자가 동의한 두 가지 결론이 있습니다. 하루빨리 통일을 이루되 평화로운 방법으로 얻어내야 한다는 것과 우리가 통일의 주체가 돼야 한다는 것입니다. 어찌 보면 당연한 말 같지만 그것을 실천하기 위해서는 굉장히 많은 노력과 엄청난 인내를 필요로 할 것입니다. 우리는 이번 오디세이를 통해서 그것이 필수지 선택이 아니라는 사실을 다시 한 번 확인했습니다."

이 글은 홍석현이 한국의 대표지성 32명과 함께 2015년 6월 22일부터 27일까지 엿새 동안 북·중 접경지역 1400㎞를 답파하며 남북으로 갈라져 70년간 단장의 고통 속에 신음해온 한반도의 현실을 생생히 체험하고 나서, 토론과 기록을 모아 펴낸 『평화오디세이』의 서문에서 밝힌 대목이다.

2015년 '평화오디세이'에는 전직 총리·장차관급 인사, 국회의원, 교수·언론인, 시인·소설가·음악인, 의사, NGO 운동가 32명이 참여했다. 다음은 가나다 순으로 정리된 참가자 명단이다.

"강원택 서울대 교수, 고은 시인, 김근식 경남대 교수, 김병연 서울대 교수, 김영희 중앙일보 대기자, 김종민 한국콘텐츠공제조합 이사장·전 문화부장관, 김훈 소설가, 나경원 국회 외교통일위원장, 문정인 연세대 교수, 박명규 서울대 교수, 박인국 한국고등교육재단 사무총장·전 주유엔대사, 박재창 한국외대 석좌교수·행정학자, 백낙청 서울대 명예교수, 백영철 한반도포럼 이사장, 사공일 세계경제연구원 이사장, 송민순 북한대학원대학교 총장·전 외교통상부 장관, 송호근 서울대 교수, 신각수 국립외교원국제법센터 소장, 윤창현 서울시립대 교수, 이어령 한중일 비교문화연구소 이사장·전 문화부 장관, 이연호 연세대 교수, 이인호 KBS 이사장·전 주러시아대사, 이종화 고려대 아세아문제연구소 소장, 이태식 연세대 석좌교수·전 주미국대사, 임혁백 고려대 교수, 장사익 음악인·유니세프 친선대사, 장훈 중앙대 교수, 정남식 연세대 의무부총장, 정덕구 니어재단 이사장, 정운찬 동반성장연구소 이사장·전 국무총리, 정종욱 통일준비위원회 부위원장, 조건식 현대아산 사장·전 통일부 차관, 지만수 한국금융연구원 연구위원, 천영우 한반도포럼 이사장·전 청와대 외교안보수석, 최병일 이화여대 교수, 한비야 국제구호전문가, 홍석현 중앙일보·JTBC 회장"

이들은 2015년 9월 29일 '평화·공존·통일을 위한 시민 제안'을 채택했다. 이들은 평화·공존·통일을 위한 시민적 과제로 합의에 따른 평화통일 추진, 북한의 성의 있는 조치를 전제로 한 5·24조치의 발전적 해제 등 10가지를 채택했다. 다음은 시민 제안에서 주장한 주요 내용이다.

"분단에서 평화·공존과 통일로 가는 길은 우리 스스로 개척해야 한다. 정권이 바뀌어도 지속될 평화적 대북정책이 필요하다. 경제적 풍요와 군사적 위기가 겹친 '아시아 패러독스'의 모순이 중첩된 나라가 한국이다. 평화와 번영을 향한 인류의 꿈을 앞장서 실행하는 매력국가를 만드는 것이 아시아 패러독스를 해소하고 평화·공존·통일로 가는 지름길이다. 그러려면 과거에 집착했던 '국민적 적대감'에서 '시민적 화합'으로의 의식 전환이 필수적이다. 평화·공존·통일을 위한 역사적 과업을 각국 정부에만 맡겨 두지 말고 동북아 시민들이 힘찬 걸음을 내디뎌야 한다."

'매력국가론' 등 대부분 홍석현의 평소 소신과 통일구상을 반영한 내용이다. 당시 이들은 남북문제의 해결이 모든 문제를 해결하는 출발점이며, 그 주체는 우리일 수밖에 없고, 더 이상은 늦출 수 없다는 결론을 도출했는데 이 또한 홍석현의 평소 주장과 맥락을 같이한다.

중앙일보는 2016년 1월 1일 신년사설에서 이렇게 뒷받침했다. "우리도 북방을 품는 평화통일 정책 외에는 대안이 보이지 않는다. 글로벌 시장은 포화상태에 접어들고 중국 경제마저 힘을 잃고 있다. 이제 '우리의 소원은 통일'이라는 감상적 수준에서 벗어나 우리도 냉엄한 생존 차원에서 평화통일 정책을 펴야 할 때다. 이를 위해 한·미 동맹을 더 튼튼히 다지고, 중국 등 주변국들과 전략적 파트너십을 강화해야 함은 두말할 나위가 없다. 무엇보다 중요한 것은 남북 간의 대화 돌파구를 마련하고 교류·협력의 물꼬를 넓히는 일이다. 이것이 중앙일보가 지속적으로 펼치고 있는 '평화오디세이'의 정신이다."

'평화오디세이'는 '청년오디세이 통일스쿨'로도 진보했다. '청년오디세이 통일스쿨'은 '2016 어젠다'로 '통일, 교육부터 시작하자'를 제시한 중앙일보가 2030세대를 위해 마련한 통일 배움터다. 청년·대학생들의 북한 바로 알기와 통일 공감대 확산을 위한 배움터다. '청년오디세이 통일스쿨'은 2016년 6월부터 매주 수요일 오후에 열린다. '청년오디세이 통일스쿨'의 강사진으로는 정세현(전 통일부 장관) 통일스쿨 교장, 이국종 아주대병원 권역외상센터장, 전현준 동북아평화협력연구원장, 안병민 한국교통연구원 유라시아·북한인프라연구소장, 조봉현 IBK경제연구소 수석연구위원, 브라이언 마이어스 동서대 국제관계학과 교수, 김석진 통일연구원 선임연구위원, 강동완 동아대 정치외교학과 교수 등이다.

2016년 7월 3일부터 5박 6일의 일정으로 '청년오디세이 통일스쿨'의 청년 23명이 북·중 접경지역과 백두산·광개토대왕비 등과 중국 옌벤조선족자치주 룽징(龍井)의 윤동주 시인 생가 등을 답사했다. '청년오디세이'는 옌지(延吉)에서 단둥(丹東)까지 이어지는 1400km의 접경지역을 포함해 다롄(大連)까지의 1750km 코스를 버스만 32시간을 타고 훑는 대장정이었다고 한다. 중앙일보가 2016년 8월 15일까지 추진했던 실향민들의 그림 1만 5,000점을 모아 대형 설치미술 작품을 만드는 '꿈에 그린 북녘' 프로젝트도 '평화오디세이'의 산물이다.

'평화오디세이'는 2016년에도 이어졌다. 중앙일보에 따르면 '한국 대표지성 47인'과 함께 2016년 8월 8일부터 12일까지 5박 6일 동안 연해주 일대에서 진행됐다고 한다. 첫 방문지는 극동 러시아의 블라디보스토크 남쪽 210km 지점인 자루비노항(港)이었다. 2013년에 러시아의 접경지역인 북한 나진과 철도가 연결된 러시아 하산에 속하는 지역이다. 동북아 물류 거점인 중국 훈춘(琿春)과 가까워 동해로 나가는 항구가 없는 중국이 침을 흘리는 곳이다. 중국 지린성 정부가 2014년 러시아 슈마그룹과 손잡고 연간 물동량 6000만t 규모의 동북아 최대 항구로 공동 개발하기로 했다. 한국은 2008년부터 10조 원 규모의 투자를 추진했으나 현재는 중단된 상태다. 한국교통연구원 유라시아·북한인프라연구소장 안병민은 "자루비노는 한반도가 유라시아 대륙으로 나갈 수 있는 시베리아횡단철도(TSR)의 접점으로 발전 가능성이 큰 전략항"이라며 "배후 물류기지만 보완되면 한·중·러 3국의 최대 거점항구가 될 것"이라고 설명했다. 김태유 서울대 명예기금 교수는 "온난화의 여파로 북극항로가 본격적으로 열리면 동해가 극동의 지중해로 떠오르면서 이 지역의 개발이 더욱 탄력을 받을 수밖에 없다"고 했다. 최태원 SK그룹 회장은 "협력이 잘되려면 서로 이웃이라는 신뢰부터 쌓을 필요가 있다. 오디세이가 그 첫걸음이 되길 바란다"고 말했다.

8월 9일에는 블라디보스토크의 루스키 섬에 있는 극동연방대 대회의실에서 세미나도 개최했다. 8월 10일에는 한·러 경협이 이뤄지고 있는 현장 우스리스크도 찾았다고 한다. 블라디보스토크에서 북쪽으로 90㎞ 정도 떨어진 곳이다. 2만여ha 즉, 서울시의 3분의 1 크기만한 땅에서 옥수수와 콩, 귀리 등을 경작하고 있는 현대중공업의 하롤 농장이 있는 지역이다. 2016년 평화오디세이에는 정의화 전 국회의장 등 46명이 참가했다. 다음은 가나다 순으로 정리된 참가자

명단이다.

"강두식(현대자동차 러시아 판매법인 이사), 김광호(셀트리온 고문), 김병연(서울대 교수), 김석동(지평인문사회연구소 대표·전 금융위원장), 김영기(삼성전자 사장), 김영희(중앙일보 대기자), 김종민(한국콘텐츠공제조합 이사장·전 문화관광부 장관), 김진태(법무법인 인 고문 변호사·전 검찰총장), 김태유(서울대 교수), 나경원(국회의원), 노회찬(국회의원), 박명림(연세대 교수), 박인국(한국고등교육재단 사무총장·전 주유엔 대사), 박환(수원대 교수), 성원용(인천대 교수), 송기호(서울대 교수), 송민순(북한대학원대학교 총장·전 외교통상부 장관), 송호근(서울대 교수), 신각수(법무법인 세종 고문·전 주일본대사), 신범식(서울대 교수), 안병민(한국교통연구원 유라시아·북한인프라연구소장), 오세정(국회의원), 우윤근(국회 사무총장), 원유철(국회의원), 위성락(서울대 교수·전 주러시아대사), 유정준(SK E&S 대표), 유진태(신정글로벌 대표), 이광재(전 강원도지사), 이규형(삼성경제연구소 상근고문·전 주러시아대사), 이대식(삼성경제연구소 수석연구원), 이문열(작가), 이승철(전국경제인연합회 상근부회장), 이종화(고려대 교수), 이창운(한국교통연구원 원장), 이태림(법무법인 세종 선임외국변호사), 이희옥(성균관대 교수), 장훈(중앙대 교수), 정덕구(니어재단 이사장·전 산업자원부 장관), 정세현(평화협력원 이사장·전 통일부 장관), 정의화(전 국회의장), 조윤제(서강대 교수·전 주영국대사), 주완(김앤장 법률사무소 변호사), 최동열(현대자동차 러시아 생산법인장), 최진욱(통일연구원 원장), 최태원(SK그룹 회장), 홍석현(중앙일보·JTBC 회장), 황석영(작가)"(가나다순)

소설가 황석영은 2016년 8월 24일 중앙일보에 보도된 '평화오디세이' 참가 소감의 글 '갈라진 한반도를 넘어오라… 하산의 들녘은 우리에게 속삭였다'에서 이렇게 말했다. "현재의 세계적인 공황과 한반도가 부딪힌 정치·경제적 한계를 극복하고 활로를 모색하기 위해서도 국가 경영에 대한 비약적인 상상력과 기획의 대전환이 필요한 시점이다. 그것은 방향을 돌려서 '유라시아 대륙'으로 나아가는 길이라는 것을 나는 기회가 있을 때마다 주장해왔다. 한반도 북방에는 극동 시베리아와 만주와 몽골에 이어서 중앙아시아에 닿는다. '초원 길'은 고구려 이전부터 유라시아 대륙을 횡단해 중앙아시아와 유럽을 잇는 길이었다. 고대 사서에서도 고조선의 신시처럼 이들 다양한 민족과 문화와 교역이 기록되어 있으며 고구려와 발해는 '유목연합'이었던 셈이다. 그리고 유라시아 대륙에 실질적인 소통과 상생의 시대를 여는 길임을 잘 알면서도 말이다. 나는 이념적인 문제를 넘어 한민족의 활로를 여는 열쇠로 '알타이 연합'에 대한 기획을 실천하고자 노력해왔다. 몽골은 인구 250만 정도의 우리네 인천시만한 규모이지만 국토의 넓이는 중국에 절반을 점령당하고도 한반도의 7배나 되고 풍부한 자원과 개발 가능성을 지니고 있다. 몽골의 지도층은 우리와 수교를 개시하던 초기부터 일관되게 '몽골·남북한' 또는 '몽골·남북한·중앙아시아'가 모두 함께하는 '알타이 연합' 등으로 혈연적 연합을 제안해왔다. 구체적으로는 그 시발점으로 한반도의 1.8배 넓이인 동몽골 지역을 한국의 자본·기술과 북한의 노동력으로 개발해 달라는 것이었다. 몽골 측에서는 200만 정도의 이주자를 받아들이겠다는 제안도 있었다. 과거처럼 제국주의 시대가 아닌 이상 정복이나 전쟁에 의해서가 아니라 경제문화공동체를 구상한다면 우리가 몽골, 중앙아시아와 '알타이 연합'을 이루는 일이 상상으로만 그칠 일은 아니다."

전경련 상근부회장인 이승철은 "여러 강이 합쳐 평화라는 뜻을 가진 아무르강이 되듯, 남북한을 포함한 동북아 국가들이 이 지역에서 '평화의 합수(合水)'를 이뤄내야 한다"고 말했다. 마지막 날 세미나에서 참가자들은 '평화의 합수'를 위해 노력한다는 '아무르 다짐'을 했다고 한다. 홍석현은 "한반도의 반도성을 회복하는 그날까지 오디세이는 계속될 것"이라고 말했다.

중앙일보의 '평화오디세이'는 홍석현의 '북극항로' 구상과 연결된다. '제3의 개국'의 서막을 여는 '평화와 통일의 여정'이다. 현장에서 내일을 기획하는 프로젝트다. '홍석현의 대망론'은 그저 나온 게 아니다. '위대한 대한민국'을 향한 여정의 첫 걸음이자, 대권행보의 시작을 알리는 팡파레(Fanfare)로 들리는 것은 필자만의 느낌은 아닐 것이다.

3장

홍석현과 제3후보

第三開國

대권수업

조선일보 방상훈 회장이나 동아일보 김재호 사장은 기자생활을 했다. 방상훈은 외신부기자를 거쳐 주미특파원으로 근무했고, 김재호는 정치부기자로 정치현장에서 취재활동을 벌인 적이 있다. 이들은 처음부터 언론경영 수업의 일환으로 일선 취재기자를 경험한 것이다.

하지만 홍석현은 이런 과정을 거치지 않았다. 공직생활을 경험한 것이다. 이는 전적으로 선친 홍진기의 뜻에 따른 것이다. 1968년 경기고, 1972년 서울대 전자공학과를 졸업했다. 그리고 미국으로 유학을 가서 1978년 미국 스탠퍼드대 대학원에서 산업공학 석사, 1980년 스탠퍼드대 대학원에서 경제학 박사학위를 취득했다. 1977년 3월 스탠퍼드대 석사과정 졸업을 앞두고 세계은행(IBRD)에 입사해 이코노미스트로 1983년 3월까지 6년간 근무했다. 세계경제의 흐름을 현장에서 익히고 세계적인 경제전문가, 각국의 경제지도자들과의 인맥을 넓힐 수 있었다. 2002년 5월부터 2005년 2월까지 세계신문협회(WAN) 회장에 선출된 것이나, 2014년 4월 베르그루엔 거버넌스 연구소의 21세기위원회(Berggruen Institute on Governance, 21st Century Council) 멤버가 된 것도 이 시절에 쌓은 '인맥의 효과'라고 생각된다.

홍석현은 1983년 3월 귀국해 중앙일보에 입사하지 않았다. 비록 선친 홍진기가 중앙일보 회장이었지만, 실제 사주는 이병철 삼성그룹회장이었기 때문에 홍석현이 중앙일보 후계수업을 받을 수 있는 입장은 아니었다. 그보다는 공직 진출을 희망했다. 그래서 귀국 직후 곧바로 강경식 재무장관 비서관으로 공직생활을 시작했다. 그해 10월 강경식 장관이 대통령비서실장으로 영전하자 함께 청와대로 갔다. 1985년 1월까지 1년 3개월 동안 대통령비서실장 보좌관으로 근무한 것이다. 강경식 전 경제부총리는 "홍 회장은 매우 똑똑한 사람이며, 특히 경제에 대한 식견이 풍부해 많은 자문을 얻었다"고 말한 바 있다. 홍석현과 함께 재무부에 근무했던 공직자들도 "굉장히 똑똑한 사람"이라고 입을 모은다. 홍석현은 재무부장관 비서관으로 근무하면서 경제학박사로서 지니고 있던 이론을 더욱 정밀하게 체계화하고, 금융정책·경제정책을 피부로 익히는 계기가 됐다고 한다.

홍석현이 청와대에서 근무했던 시절은 전두환 정권이 86아시안게임과 88올림픽을 앞두고 경제발전에 드라이브를 걸던 시기였다. 한마디로 청와대 권력이 그 어느 때보다 막강했다. 정치도 경제도 청와대가 좌지우지했다. 특히 1983년 김영삼 전 대통령의 단식농성에 이어 1984년 5월 18일 구 야권의 재야 정치인들이 민주화추진협의회를 결성하면서 한국정치는 격랑의 소용돌이에 휩싸일 때였다. 따라서 청와대는 정치의 한복판이었다. 그런 시절 홍석현이 국정의 컨트롤 타워인 청와대 비서실에서 비서실장 보좌관으로 근무했으니 권력이 무엇인지, 권력의 운용방법 등을 직간접으로 터득했을 것이다. 정무감각도 상당히 익혔을 것이란 분석이 가능하다. 그런데 홍석현은 강경식 비서실장이 그만두게 되자 함께 청와대에서 나왔다. 당시 홍석현은 전두환 정권에 대해 서운하게 여겼던 것으로 알려졌다. 1년 3개월의 청와대 근무기간은 원대한 꿈을 실현할 수 있는 '수업기간'으로는 턱없이 부족했다고 판단했기 때문이다.

홍석현은 청와대에서 나와 잠시 쉬고 1985년 4월부터 1986년 9월까지 한국개발연구원(KDI) 연구위원으로 일했다. 그러나 선친 홍진기가 1986년 7월 13일 별세하는 바람에 KDI를 그만뒀다. 그리고 이병철 삼성그룹 회장 등의 권유로 9월부터 삼성코닝 상무로 근무하게 된다. 만일 선친의 별세가 없었다면 홍석현은 KDI에 좀 더 근무하다가 다른 공직생활을 했을지도 모른다. 선친의 뜻이 공직에 있었기 때문이다.

홍진기는 중앙일보 회장실에서 청와대와 북악산을 바라보며 "지금 내가 법무장관이라면 잘할 것 같네"라고 혼잣말을 했다고 한다. 홍진기는 그만큼 공직에 대한 의욕이 강했던 것이다. 뒤에서 들었던 박인택 비서실장의 전언이다. 선친이 생존했더라면 홍석현은 공직생활을 하다가 적당한 시기에는 국회의원선거에도 출마했었을 것이다. '공직생활–국회의원–대권도전'이라는 수순을 밟았을지도 모른다.

선친의 갑작스런 별세로 지분을 갖고 있는 삼성코닝에서 1994년 3월까지 근무했다. 최종 직급은 부사장이었다. 1994년 4월부터 매형인 이건희 삼성그룹 회장의 뜻에 따라 중앙일보 발행인을 맡게 됐다. 홍석현은 중앙일보 사장으로 근무하면서 정치부 기자들을 자주 만났다. 정치부 기자들로부터 정치권의 깊숙한 내용을 '정보보고' 형식으로 보고받았다. 특히 청와대 출입기자는 청와대의 모든 동정을 깊숙이 파악하는 것이 주요 임무였다. 홍석현이 그만큼 청와대의 권력에 깊은 관심을 가졌다는 방증이다. 중앙일보가 '청와대 비서실'을 장기 연재하고 이를 엮어 4권의 책으로 출판했다. 당시 '청와대 비서실'을 연재한 정치부기자는 김진·노재현·박보균·오병상 기자로 그동안 중앙일보에서 요직을 맡았다.

물거품이 된 '창–홍 라인'

홍석현이 본격적으로 정치에 개입하기 시작한 것은 1997년 대선부터다. 당시 홍석현은 '이회창 대통령 만들기'에 적극 나선 것으로 정치권과 언론계에 널리 알려졌다. 정치권 일각에선 이회창 후보가 당선되면 '이회창 대통령–홍석현 총리'를 의미하는 '창–홍 라인'이 국정을 운영할 것이란 성급한 전망까지 나왔다.

당시 중앙일보의 세 가지 사건이 이런 분석을 가능하게 했다. 첫째, 정치부 기자들이 작성한 정보보고 문건이 문제가 됐다. 제15대 대선을 앞두고 이인제 후보의 국민신당은 1997년 11월 29일 '이회창 경선전략의 문제점과 개선방향'이란 문건을 폭로했다. 국민신당은 중앙일보의 편집국장과 정치부장 등이 한나라당 이회창 후보를 지원하기 위해 정치부 기자들에게 지시해 작성한 대선전략 보고서라고 주장했다. 이 문건은 이회창 후보의 포용력 부족과 '법대로' 이미지 등 문제점을 지적하고 포용력 제고와 미래지향적 인상 부각 등을 대안으로 제시했다. 문건은 심지어 '창자론'·'씨말리기' 등 이 후보의 사석발언도 거론했다. 과격한 언어사용 등 스타일상의 문제점까지 지적한 것이다. 이 문건이 폭로되자 국민회의 김대중 후보 측과 국민신당 이인제 후보 측은 거세게 반발했다. 국민회의는 "중앙이 이 후보의 1급 참모임이 드러났다"고 비난했고, 국민신당은 "앞으로 남은 선거기간 중에는 이회창 후보와 김대중 국민회의 후보가 아닌 중앙을 주적으로 삼겠다"고 경고하고 검찰에 고발까지 했다.

물론 중앙일보 측은 "홍석현 사장이 이회창 후보를 만날 때 참고로 하라고 만든 문건"이라고 주장했다. "결코 이회창 후보에게 건네주기 위해 만든 문건은 아니었다"고 해명했다.

둘째, 중앙일보는 지면을 통해 이인제 후보를 의도적으로 무시하고 '이회창 대 김대중'의 양자대결구도로 몰고 감으로써 간접적으로 이회창 후보를 도왔다는 것이다. 투표일 3일 전에 중앙일보는 1면에 여론조사 결과를 토대로 '이회창 대 김대중'의 양자대결구도를 보도

했다. 이에 흥분한 국민신당 당원들은 중앙일보 앞에서 항의 시위를 벌이기도 했다. 이에 중앙일보 기자들은 당시 여론조사 결과가 양자 대결구도로 나왔기 때문에 사실 보도한 것이라고 해명했다. 다만 선거법상 금지돼 있는 여론조사 결과를 발표한 것은 편파보도로 비쳐질 수 있어 잘못이라고 인정했다.

셋째, 고흥길 전 중앙일보 편집국장이 이회창 후보의 특보를 맡은 것을 놓고 '홍석현-이회창 유착설'이 나왔다. 홍석현 사장의 비서실장과 편집국장, 논설위원을 지낸 고흥길이 1997년 2월 이회창 캠프로 간 것은 홍석현과 이회창 간에 '어떤 합의'가 있었기 때문이라는 것이다. 중앙일보 측은 "고 전 국장이 이회창 후보가 도와달라고 해서 간 것이지 홍 사장의 지시에 따른 것은 아니다"고 해명했다.

사실 홍석현과 이회창 간의 연결고리는 '학연'이다. 두 사람은 경기고 선후배 사이이다. 당시 정치부 기자들은 사석에서 '이회창 대 이인제 대결'을 'K1(경기고)과 K2(경복고)의 대결'이라고 얘기하기도 했다. 이는 경기고 출신 언론인 모임인 '화동클럽'이 이회창 후보를 지원했고, 경복고 출신 언론인들이 이인제 후보를 지원했던 것을 빗대어 한 말이었다.

홍석현이 1997년 대선에서 이회창 후보를 지원했다는 것은 '삼성X파일'에서 사실로 드러났다. MBC가 2005년 7월 22일 보도한 이른바 '삼성X파일'에 따르면 삼성그룹이 홍석현 당시 중앙일보 사장을 통해 1997년 대선에서 약 100억 원의 대선자금을 한나라당 이회창 후보 측에 제공했다는 것이다. '삼성X파일'에는 당시 홍석현 중앙일보 사장과 이학수 삼성그룹 회장 비서실장이 1997년 신한국당 대선 후보 경선을 앞두고 이회창 후보를 지원하기 위해서 자금전달 계획을 논의하는 내용이 들어 있다.

중앙일보는 1999년 홍석현이 구속된 뒤에야 비로소 1997년 대선 당시 이회창 후보를 지원했던 것을 간접적으로 시인했다. 1999년 10월 프리츠 국제언론인협회(IPI) 사무총장에게 보낸 편지에서 "1997년 12월 대선 당시 홍(석현) 씨가 사장 겸 발행인으로 있는 중앙일보는 김대중 씨에게 패배한 이회창 후보를 지지했다"며 "김(대중) 대통령은 홍 씨의 이 같은 죄악을 쉽게 잊지 않았다"고 주장한 바 있다.

언론계 일각에선 1997년 대선 당시 전육 편집국장의 책임이 크다는 분석도 있다. '반DJ성향'이 강한 전 국장은 '이회창 대세론'을 줄곧 주장했고 보도했다는 것이다. 하지만 최종 책임은 발행인 홍석현에게 있다. 중앙일보 여론조사팀은 '김대중 후보 당선 가능성'을 보고했다. 성병욱 주필 등은 보도의 균형과 공정보도를 여러 차례 강조했다. 하지만 이미 홍석현은 여론조사팀의 보고나 간부들의 고언을 듣기에는 너무 진도가 나가 브레이크를 밟을 수 없었던 것으로 분석된다.

결국 홍석현의 정치실험은 실패로 끝났다. 상당 기간 충격에서 헤어나지 못했다고 한다. 중앙일보는 김대중 정부 초기에 정부비판을 멈추지 않았다. 언론으로서의 균형감각을 회복하지 못한 것이다. 그 책임 또한 일정 부분 홍석현에게 있었다고 본다. 한마디로 홍석현이 시련을 겪을 수밖에 없는 상황이었다.

2002년 제16대 대선 때도 홍석현의 한나라당 이회창 후보 지원설이 나돌았다. "이회창 한나라당 후보가 당선되면 '홍석현'은 총리에 이름을 올릴 것", "홍 회장이 또 다른 꿈(대선)을 갖고 있는 것 아니냐"는 등의 얘기가 정치권에 파다했다. 1997년 대선 때 지원했기 때문에 그런 풍문이 나온 것으로 보인다. 하지만 2002년 대선 때 중앙일보는 비교적 객관적이고 공정하게 보도했다는 평가를 받았다. 1997년 대선 직후 치른 '홍역'을 되풀이할 정도로 어리석지는 않았기 때문이다.

정치권 인맥

홍석현과 가장 깊은 인연이 있는 정치인은 누가 뭐래도 김종필 전 총리(JP)다. 중앙일보는 2015년 총 114회에 걸쳐 '김종필 증언록-소이부답'을 연재했다. 중앙일보가 JP의 회고록을 연재한 것은 두 번째다. 2016년 3월 10일 홍석현은 서울 세종문화회관에서 열린 『김종필 증언록』 출판기념회에서 JP와의 인연에 대해 이렇게 설명했다.

"JP는 저희 집안과 특별한 인연이 있습니다. 1960년대 초 정치적 격변기 때, 우리 집안에 절체절명의 위기가 있었습니다. 제가 초등학교 때 겪어야 했던 악몽이었습니다. 집안의 그 어려움을 타개하는 데 운정(JP의 아호) 선생께서 커다란 도움을 주셨습니다. 또 저의 장인(신직수 전 중앙정보부장)은 6·25때 육본에서 육군 중위로 JP와 처음 조우

했다고 들었습니다. 뒤에 JP는 5·16의 주역으로, 장인은 박정희 최고회의의장의 법률고문으로 만났습니다. 두 분은 신설된 중앙정보부의 초대 부장과 차장으로 인연을 이어갔습니다. 생전에 장인은 제게 박정희 시대의 2대 주주는 누가 뭐래도 JP였다고 말씀하셨습니다. 책을 놓지 않는 총재님의 박학과 다방면의 재능을 늘 칭송하셨습니다."

중앙일보가 두 번씩이나 회고록을 연재하는 등 홍석현이 JP에게 특별한 공을 들이고 있는 것은 무엇 때문인가. "저는 운정 선생에게서 정도전과 한명회, 율곡의 역정과 향취를 느낍니다. 정도전에서는 나라의 기틀을 세운 비전과 집념이, 한명회에서는 난관을 타개하는 뱃심과 지략이, 율곡에서는 개혁과 구국의 성심이 JP의 덕목과 겹쳐 보입니다"는 홍석현의 'JP칭송'은 진정 무엇을 얻고자 함인가. '홍석현 대망론'이 없다면 설명이 되지 않는다. 홍석현은 JP가 생존해 있는 한 자연스럽게 충청권의 지역기반을 포용할 수 있는 여건을 갖추고 있는 것이다.

그러면서도 홍석현은 한때 국민의당 정동영 의원과 긴밀한 관계를 유지했다. 노무현 정부 시절이었다. 홍석현이 주미대사에 발탁된 배경에는 당시 통일부 장관이었던 정동영이 있었다. 홍석현은 정동영과는 서로 '통일코드'가 맞아 통일문제를 놓고 토론도 벌였다. 심지어 홍석현은 정동영 부부 등을 집으로 초대해 노래방기기로 노래를 하며 어울리기도 했다. 그러자 정치권에서는 '정동영-홍석현 연대설'까지 나돌았다. 정동영이 2007년 17대 대선에서 패배한 이후로는 서로 소원한 관계이나 언제든지 복원이 가능한 상태다. 홍석현으로서는 호남기반을 얻기 위해서는 정동영이 필요하기 때문이다.

홍석현이 지금까지 가장 친하게 지낸 정치인은 새누리당 이종구 의원이다. 고(故) 이중재 전 의원의 장남인 이종구는 서울 출신으로 경기중·고등학교를 졸업했다. 홍석현과는 동기동창이다. 홍석현이 1983년 3월부터 9월까지 강경식 재무부장관 비서관으로 근무할 때 이종구는 재무부 이재국 금융정책과 사무관이었다. 그때부터 두 사람은 각별한 사이가 됐다. 이종구는 재무부 이재국에서 잔뼈가 굵은 금융정책 전문가다. 그래서 세계은행 이코노미스트 출신 홍석현과는 대화가 됐던 것이다. 이종구가 20대 총선에서 서울 강남갑 출마를 위해 2015년 12월 15일 사무실을 오픈할 때도 홍석현은 참석했다. 홍석현은 축사에서 자신의 큰 뜻의 일단을 피력해 참석자들로부터 의구심을 불러일으키기도 했다.

홍석현이 이종구를 챙기고 있는 것은 정동영으로서는 호남 전체를 아우르기 부족하다는 판단도 작용하고 있는 것으로 보인다. 이종구는 선친 이중재 전 의원이 전남 보성에서 다섯 번 출마해 세 번 당선된 적이 있기 때문에 일정 부분 광주·전남지역에서 '지분'을 갖고 있는 셈이다. 이종구는 전남 보성군 득량면 선산을 수시로 찾고 있으며, 보성 출신 국민의당 박주선 국회부의장과는 각별한 관계를 유지하고 있다. 홍석현은 이종구의 이런 지역적 자산을 긍정적으로 평가할 수도 있는 것이다.

이종구 의원은 강재섭 전 한나라당 대표와 친하다. 강재섭이 설립한 '동행'의 핵심멤버이기도 하다. 2009년 2월 10일 창립된 재단법인 '동행'에는 강재섭의 대표 시절 당직을 맡았던 '친강재섭' 의원들과 영남과 수도권 출신의 중도성향 의원 40명이 동참했다. 당시 한나라당의 허범도·황우려·이명규·이사철·이주영·장윤석·정양석·정진섭·주광덕·주호영·이종구·나경원·김성조·권영세·권영진·김충환·나성린·유일호·윤석용·박보환·박종희·배영식·송광호·신영수·신지호·안홍준 의원 등이 참여했던 것이다. 20대 총선에서 당선된 의원들로는 이주영·주호영·이종구·나경원·정양석 의원 등이 있다. 황우려 전 의원은 당 대표와 교육부총리를 지냈다. 권영진 대구시장과 유일호 경제부총리도 현직으로 활동하고 있다. 결국 '동행'의 멤버들은 이종구 의원과 친하기 때문에, 대부분 홍석현과도 각별한 관계를 유지하고 있는 것으로 보인다.

홍석현은 또한 중앙일보 출신 정치인들과는 정기적으로 회동을 하고 있다. 여야에 모두 들어가 있는 중앙일보 출신 정치인들을 자주 챙긴다. 식사도 하고 격려도 한다. 더불어민주당 박병석 의원, 국민의당 박준영 의원을 비롯해 새누리당 이상일, 길정우 전 의원 등도 자주 챙긴다고 한다.

홍석현은 아울러 떠오르는 50대 잠룡들도 챙기고 있는 것으로 전해졌다. 20대 총선을 앞두고 새누리당의 남경필 경기지사, 원희룡 제주지사, 오세훈 전 서울시장, 더불어민주당 김부겸·김영춘 의원을 만나 대화를 나눈 것으로 전해졌다. 더불어민주당 김종인 전 대표와는 같은 원불교 신자이지만 각별한 관계는 아닌 것으로 알려졌다.

제3후보론

제20대 국회의원 총선거 이후 정치권과 언론의 시선이 2017년 차기 대권에 쏠려 있다. 총선 민심이 기존 대권구도를 바꾸었기 때문이다. 2017년 제19대 대통령선거의 구도는 어떻게 될까. 새누리당, 더불어민주당, 국민의당 간의 3자대결구도일까. 아니면 새누리당과 야당연합의 양자대결구도일까. 제3후보가 등장할까. 제3후보가 등장한다면 누구일까.

1987년 민주화 이후 대통령선거를 앞두고 주기적으로 제3후보가 등장했다. 1987년 제13대 대선은 노태우·김영삼·김대중·김종필의 4자대결구도였다. 총 유효 투표 중 가장 많은 표를 획득한 후보가 당선되는 단순다수제 선출방식과 대구경북·부산경남·호남·충청의 지역주의가 결합해 만들어낸 결과다. 13대 대선의 4자대결구도는 '87년 체제'의 산물로 일종의 '제3후보현상'이다.

1992년 제14대 대선은 정주영이 제3후보로 등장해 김영삼·김대중·정주영의 3자대결구도로 치러졌다. 1990년 2월 9일 민주정의당·통일민주당·신민주공화당이 '3당합당'을 통해 '영남·충청 지역연합'을 결성, 김영삼을 대선후보로 내세우자 정주영은 통일국민당을 창당했다. 정주영은 대구경북 중심의 민정계 세력이 김영삼을 지지하지 않을 것으로 판단, 3자대결구도를 만들면 승산이 있다고 보고 출마한 것이다. 그러나 제3후보 정주영은 16.31%의 득표율로 낙선했다.

1997년 제15대 대선은 이회창·김대중·이인제의 3자대결구도였다.

이인제가 제3후보로 등장한 것이다. 집권여당 신한국당 분열의 결과다. 신한국당 경선과정에서 민주계와 민정계가 대립, 상호반목하면서 민정계가 지원한 이회창이 후보로 선출되자 2위였던 민주계 이인제는 탈당해 국민신당을 창당했다. 이회창이 아들들의 병역 면제 의혹으로 당선되기 어렵다는 판단에서다. 이인제는 민주계의 지역기반인 부산경남과 자신의 지역기반인 충청이 결합하게 되면 승산이 있다고 봤다. 그러나 이인제는 19.2%의 득표율을 얻어 낙선했다.

2002년 제16대 대선은 정몽준이 제3후보로 등장했으나 최종적으로는 노무현·이회창 양자대결구도였다. 노무현과 정몽준이 여론조사를 통해 후보단일화를 이뤘기 때문이다. 노무현은 민주당 경선에서 '노풍(盧風: 노무현 바람)'을 일으켰지만, 6월 지방선거 참패 등 악재로 지지율이 하락했다. 게다가 '월드컵 4강 신화'의 후광효과로 '정풍(鄭風: 정몽준 바람)'이 거세게 불자 정몽준은 국민통합21을 창당했다. 정몽준은 후보단일화 직전까지는 의미 있는 제3후보였다.

2007년 제17대 대선은 문국현이 제3후보로 등장한 이명박·정동영·이회창·문국현의 4자대결구도였다. 문국현은 시민단체, 젊은 네티즌, 무당층의 지지를 받고 있다고 판단, 창조한국당을 창당했다. 정동영의 지지율이 높지 않은 것도 작용했다. 그러나 문국현은 5.8%의 득표율을 얻은 4위로 낙선했다. 당시 정동영은 문국현과 후보단일화를 추진했으나 성사시키지 못했다.

2012년 제18대 대선은 안철수가 제3후보로 등장했다. 그러나 최종적으로는 박근혜·문재인 양자대결구도였다. 문재인과 안철수 간의 후보단일화가 안철수의 자진사퇴로 이뤄졌기 때문이다. 제18대 대선에서 제3후보 등장은 '안철수 현상'으로 나타났다. '안철수 현상'은 2011년 10월 26일 서울시장 재보궐선거 전후로 나타나기 시작했다. 안철수는 여론조사의 압도적인 우위에도 불구하고 2011년 9월 6일 서울시장 후보직을 박원순에게 양보했다. 그 결과 안철수는 박근혜와의 1:1 가상대결에서 43.2%포인트를 얻어 40.6%포인트를 얻은 박근혜를 앞질렀다. '안철수 현상'이 제3후보 안철수를 만든 셈이다. 2016년 6월 '안철수 현상'은 현재진행형이다.

이상과 같이 역대 대선에서 제3후보는 등장했다. 제3후보는 집권세력의 내부 분열로 등장하는가 하면, 유력 정당 후보의 지지율이 하락한 경우에도 등장했다. 전자는 정주영·이인제의 경우이고, 후자는 정몽준·문국현·안철수의 경우다.

그런데 문제는 이러한 제3후보들이 모두 낙선했거나 단일화에서 탈락했다는 점이다. 대통령이 된 사람이 아무도 없다. 원인은 무엇인가. 그 답은 세 가지다. 첫째, 제3후보들은 확실한 지역기반을 갖고 있지 않았다. 정몽준·이인제·정몽준·문국현·안철수 등은 영남·호남·충청 3곳 중에서 확실한 지역기반을 갖지 못했다. 한국 대선에서 가장 큰 변수는 지역요인이다. 그래서 지역이 없는 후보의 당선 가능성은 희박하다. 후보 자신이 지역기반을 갖고 있지 않으면 최소한 지역정당이라도 선택해야 한다.

둘째, 제3후보들은 대선을 앞두고 신당을 창당해 후보로 나섰기 때문에 성공하지 못했다. 정주영은 통일국민당, 이인제는 국민신당,

정몽준은 국민통합21, 문국현은 창조한국당을 각각 창당했다. 안철수는 신당 대신 진심캠프만 차렸다. 신당으로 총선을 치를 수 있으나 대선을 치르기는 벅차다. 표를 모을 수 있는 '세(勢)'가 약하다. 따라서 제3후보는 제1당, 제2당에 입당해 당내경선을 통과해야 성공 가능성이 높다.

셋째, 정주영(11개월 전 창당)을 제외한 제3후보들은 12월 선거일로부터 6개월 이전에 대선출마를 선언해 충분한 대선준비를 하지 못했다. '바람'과 '무당층'에 의존했다. 대선에선 '바람'과 '무당층'에 의존할 경우 성공하지 못한다. 적어도 1년 이전에 출마를 선언하고 준비를 해야 한다. 대선을 너무 쉽게 생각하는 것은 민심을 가볍게 여기는 것과 같다.

2017년 대선에서도 제3후보의 등장이 유력하다. 집권여당과 야권이 분열됐기 때문이다. 새누리당은 친박계와 비박계 간의 계파 싸움으로 2016년 4·13총선에서 참패했다. 결국 제19대 대선에서도 제3후보의 등장은 필연적이다. '반기문 대망론'도 일종의 제3후보 현상이다.

야당의 경우 더민주와 국민의당이 연합하지 않거나, 더민주 문재인 전 대표와 국민의당 안철수 대표의 지지율이 새누리당 후보를 앞서지 못하면, 제3후보의 등장이 현실화될 수 있다.

2016년 유력한 제3후보는 반기문 유엔사무총장이다. 그의 2016년 5월 말 한국 방문 기간 동안 '반기문 대망론'이 위력을 발휘했기 때문이다. '대구경북+충청연합'의 지역기반을 구축하려는 점, 새누리당 친박계가 그의 입당을 추진하고 있는 점, 12월 임기가 끝나면 곧

바로 대선출마를 선언해 대권도전에 나설 것이라는 점 등이 '반기문 대망론'을 뒷받침하고 있다. 하지만 반 총장의 대권도전은 좀 더 지켜봐야 한다. 그의 지지도가 기대만큼 그리 높지 않다. 사실 반 총장은 최근 방한행보로 인심을 잃었다. 언론인들이 긍정적으로 평가하고 있지 않다. 새누리당 이정현 대표는 '슈퍼스타K' 방식의 대선후보 경선전략을 밝혔다. '반기문 꽃가마 태우기 세리모니'란 지적을 피할 수 없다.

그럼에도 불구하고 '반기문 대망론'이 시들해질 경우, 정치권의 시선은 홍석현 중앙일보·JTBC 회장에게로 쏠릴 수 있다. 김형오 전 국회의장이 사석에서 "홍 회장이 새누리당 후보가 될 수도 있다"고 말한 것으로 전해졌다. 정의화 전 국회의장의 '새한국의 비전'을 중심으로 '제3지대 정치세력화'를 추진하고 있는 한 인사는 "그동안 우리는 홍석현 회장을 생각하지 못했다. 이제 홍 회장을 포함시켜 새로운 정치 플랫폼을 만드는 것을 검토하겠다"고 밝혔다. 비박계의 한 인사는 "홍석현 회장이 비박계와도 친하다. 강재섭 전 대표의 '동행' 멤버들이 홍 회장의 영입을 추진할 수도 있다"고 했다.

야권에서도 홍석현의 이야기가 나온다. 더민주 소속의 한 의원은 "우리가 홍석현 회장을 주미대사로 만들었고 유엔사무총장을 시키려고 했지 않느냐. 홍 회장이 대권에 생각이 있다면 우리에게로 와야 한다"고 했다.

홍석현은 역대 제3후보가 실패한 사실을 잘 알고 있을 터다. 전철을 밟으면 필패이다. 그래서 그는 계산하고 또 계산하고 있고, 고민하고 또 고민하고 있을 것이다. '새누리'냐, '더민주'냐를 놓고 고심을 거듭하고 있을 것으로 관측된다.

홍석현이 반드시 새누리당으로 간다는 보장은 없다. 4·13총선 이후 민심이 새누리당을 떠났고, 반기문이 새누리당 후보가 될 수 있기 때문이다. 물론 더민주로 가는 것도 쉽지 않다. '문재인'이라는 확실한 대권주자와 친노·친문 세력이 강고하게 버티고 있기 때문이다. 국민의당과 제3지대 신당은 세력이 약하다. 그렇다고 신당을 창당할 수도 없는 처지다. 독자신당을 창당하기에도 위험 부담이 많다. '정주영의 실험', '문국현의 도전'을 되풀이할 생각은 없어 보인다.

홍석현은 서울 토박이여서 지역기반이 약하다. 태생적으로 영남·호남·충청의 지역기반과 무관하다. 지역기반이 없는 언론사 사주의 대권도전이 얼마나 어려운가를 알고 있을 것이다. 또한 대선을 치르려면 적어도 1년 반 이상을 준비해야 한다는 사실도 부담이다. 조기에 대권출마를 선언하는 것이 바람직한데, 상황이 여의치 않다고 보고 있다. 여기에 홍석현의 딜레마가 있다. 홍석현은 그래서 정치권의 변화를 기다리고 있다. 대권주자들의 움직임과 정치지형의 변화를 보고 나서 결심할 것으로 보인다. 제3후보가 아닌 제1, 제2의 후보가 될 수 있는 길을 찾아 나설 것이다.

옛글에 '무시자 상시야(無時者 常時也)'란 말이 있다. '때가 없다는 것은 항상 때가 있다'는 뜻이다. 변화, 즉 역(易)은 항상 있다. 따라서 항상 변화를 볼 수 있어야 한다. 2017년 대선은 2016년 총선의 연장이다. 민심의 흐름은 쉽게 바뀌지 않는다. 홍석현은 지금 변화를 바로 봐야 한다.

4장

홍석현의 캠프

第三開國

홍석현의 인재풀

중국 전국시대 제(齊)나라 공족이었던 맹상군(孟嘗君)은 제나라와 위(魏)나라에서 각각 재상을 지냈다. 식객(食客) 3천 명을 거느렸음에도 불구하고 황제는 되지 못했다. 인재를 아꼈지만 인재를 적재적소에 활용하지 못했다. 반면 인재를 활용해 성공한 인물은 중국 한(漢)나라의 제1대 황제 유방(劉邦)이다. 진(秦)나라 말기 군사를 일으켜 진왕 자영(子嬰)으로부터 항복을 받았다. 소하(蕭何)·조참(曹參)·장량(張良)·한신(韓信) 등 수많은 유능한 신하와 장수들의 보좌를 받아 해하(垓下)의 결전에서 항우(項羽)를 대파하고 중국통일의 대업을 이뤘다.

과연 홍석현은 맹상군에 머물 것인가, 유방처럼 통일의 대업을 이룰 것인가. 홍석현은 인재를 아낀다. 특히 지자(知者)를 알아본다. 장점이다. 중앙일보에 포진된 고정필자들의 진용을 보면, 그 '원대한 기획'의 핵심에 접근할 수 있다. 결코 이들 칼럼니스트 면면들은 간단하지 않다. 전직 총리가 두 명이다.

이홍구 전 총리는 중앙일보 고문으로 '중앙칼럼'에 칼럼을 쓰고 있다. 보수적인 그는 서울대 정치학과 교수 출신으로 국토통일원장관, 제28대 총리, 주영·주미 대사와 신한국당 대표 등을 역임했다. 홍석현은 이홍구가 정부의 통일방안인 '민족공동체통일방안'을 설계했기 때문에 중앙일보 고문에 위촉한 것으로 보인다. 그는 홍석현의 '통일프로젝트'에 꼭 필요한 인물이다.

'중앙시평'에 칼럼을 쓰고 있는 서울대 총장 출신 정운찬 전 총리(동반성장연구소 이사장)도 주목을 끈다. 진보적인 정운찬은 '인생을 빈부격차 완화를 위해 일하면서 살라'는 캐나다 선교사 프랭크 W. 스코필드(Frank W. Schofield, 한국명 석호필) 박사의 가르침에 따라 '동반성장'을 평생의 과제로 삼고 있다. 그는 2016년 2월 29일 중앙일보 '정운찬 칼럼'에서 개성공단에 대해 "평화의 상징이자 남북 동반성장의 모범이고 남북 사이의 안전핀"이라며 "평화통일을 추구한다면 핵과 미사일 문제를 풀려는 외교안보적 노력을 계속하되 개성공단은 다시 살려야 한다"고 주장했다. 홍 회장의 평소 주장과 맥락을 같이 한다.

세 명의 전직 장관도 필진이다. '글로벌 인사이트'를 집필하고 있는 사공일 전 재무부 장관(중앙일보 고문)은 최장수(4년) 청와대경제수석을 지냈다. 5공 시절 경제발전을 견인했다. 그는 2016년 중앙일보

인터뷰에서 '한국판 양적완화'에 대해 "양적완화라는 말은 이제 그만 접어야 한다"고 주장했다. 사공일은 "구조조정과 한국판 양적완화의 개념이 분명하지 않아 생긴 불필요한 논란"이라며 "정부와 한은이 제 역할을 하면서 야당과도 적극적으로 소통해 국가 경쟁력을 높여야 한다"고 강조했다. 한국 경제발전을 견인했던 그의 지혜가 홍석현에겐 필요했던가.

'Near와치'를 집필하고 있는 정덕구 전 산자부장관(NEAR재단 이사장)은 김대중 정부 시절 초기 산자부장관으로서 산업구조조정을 성공시켜 IMF위기를 극복하는 데 기여한 경제관료다. 그는 지난 5월 5일 'Near와치'의 '승자의 저주와 큰 바위 얼굴'이란 칼럼에서 "① 큰 안목을 가지고 전문성과 상식을 중시하며 현실감·균형 감각을 갖춘 인물, ② 지역주의·특정 정파에 볼모로 잡히지 않고 전 국민이 서로를 용납하고 화합하도록 이끌 포용적 인물, ③ 이 시대의 과제인 통일 기반 조성, 정체기로부터의 탈출, 그리고 국가 구조조정을 주도하며 이를 국민 모두에게 설득할 수 있는 인물, ④국가 공동체의 이익과 정파·개인의 이익이 충돌할 때 국가 공동체의 이익을 선택하며 희생할 수 있는 인물, ⑤국가의 미래를 개척할 쇄빙선의 역할을 하며 위험을 두려워하지 않는 인물이 이 시대가 요구하는 큰 바위 얼굴이다"고 했다. 큰 바위 얼굴과 홍석현을 오버랩(overlap)시켜 '홍석현 대망론'의 불쏘시개 역할을 하고 있다.

'과학 오디세이'를 집필하고 있는 김명자 전 환경부 장관은 한국과총의 차기 회장이다. 환경부 장관(1999~2003)으로 '헌정 최장수

여성 장관', '국민의 정부 최장수 장관'의 기록을 세웠다. 김명자는 2016년 4월 7일 '인공지능과 4차 산업혁명'이란 '과학 오디세이'에서 "4차 산업혁명은 사람과 사물과 공간이 인터넷으로 초연결되고, 거기서 생산되는 빅데이터를 기반으로 사이버 시스템과 물리적 시스템이 연동된 복합 시스템(Cyber Physical System)으로 재편되는 한편, AI 기술에 의해 최적의 상태로 제어되는 새로운 차원으로의 진화를 일컫는다. 요컨대 초연결과 초지능의 혁명이다. 4차 산업혁명의 핵심에는 AI, 사물인터넷(IoT, IoE), 로봇, 드론, 가상현실(VR), 3D 프린터, 자율주행차 등이 자리하고 있다"고 설명했다.

무엇보다 장하성 고려대 교수·장하준 캠브리지대 교수의 글을 게재한 것이 흥미롭다. 호남 명문가인 독립투사 장병준·장병상·장홍재·장홍염 선생, 장재식 전 산자부장관, 장하진 전 여성부장관 등의 집안 인물을 챙기는 것은 예사로운 일이 아니다. 호남, 특히 장가(張家) 인맥과 진보를 포용하는 상징적인 의미가 있다. 안철수 국민의당 대표의 멘토이자, 참여연대 경제민주화위원장 시절 소액주주 운동과 재벌 개혁 운동에 앞장섰던 장하성은 '한국 자본주의'에서 이렇게 주장했다.

"한국은 함께 잘사는 '정의로운 자본주의'를 실현할 한국의 현실에 맞는 정책들을 만들어낼 역량을 충분히 가지고 있다. 그러기에 자본이 아닌 노동으로 삶을 꾸려가는 절대다수의 국민들이 '계급투표'와 '기억투표'를 한다면 함께 잘사는 '정의로운 자본주의'가 현실이 되는 실질적인 민주주의가 이뤄질 희망은 있다." 이런 장하성의 '중앙칼럼'은 홍석현이 경제에서 상당히 진보적인 마인드를 갖고 있음을 보여준다. 앞서 장하준은 중앙일보에 '장하준 칼럼'을 기고했었다.

홍석현은 '삼성에 우호적인 장하준', '삼성에 비판적인 장하성'이란 쌍포로 자신의 아킬레스건인 '삼성의 벽'을 넘겠다는 것으로 풀이된다. 장하성은 2016년 7월 12일 '대한민국을 생각하는 호남미래포럼' 초청 세미나에서 '정의로운 한국 자본주의 어디서 찾을 것인가'라는 주제 강연을 통해 "심각해지는 불평등 구조를 극복하기 위해 산업화 세대와 민주화의 공로만 앞세워 기득권화한 486세대를 다 같이 극복하는 새로운 리더십을 창출해야 한다"고 주장했다. 새 인물이 대한민국을 이끌어야 한다는 것. 마치 홍석현을 염두에 둔 것처럼 들렸다.

또한 고려대 아세아문제연구소 소장인 이종화 교수(경제학)는 미국 하버드대 경제학 박사로 아시아개발은행 수석 이코노미스트와 이명박 정부의 대통령 국제경제보좌관을 지낸 국제금융 전문가다. 이종화는 2016년 7월 19일 '공정한 분배로 희망을 주는 사회'라는 제목의 '중앙시평'에서 "한국 경제는 무엇보다 소득분배와 경제성장을 동시에 저해하고 있는 구조적인 요인부터 고쳐야 한다. 중소기업 육성, 서비스업의 좋은 일자리 창출, 노동 개혁, 고령화 대책을 꾸준히 추진해야 한다. 재벌들의 지배력을 줄이고 경쟁력 있는 중소·벤처 기업들을 더 많이 키워야 한다"고 주장했다.

서강대 조윤제 교수(경제학)는 2016년 7월 15일 '개헌, 정치인 헌법학자 전유물 아니다'라는 제목의 '중앙시평'에서 "지금 한국사회가 당면한 가장 중요한 도전은 강고한 기득권 세력이 계층 간 이동 통로를 틀어막고 유착과 담합을 통해 지대를 추구하는 불공정사회, 부와 소득의 편중화로 인한 갈등사회, 자율적 감시, 규율이 결여되고 생태계가 파괴된 시장경제질서를 개혁해나가는 것이다"고 역설했다.

서울대 통일평화연구원장인 김병연 교수(경제학)는 영국 옥스퍼드대 경제학박사로 북한경제 전문가다. 김병연은 2016년 6월 2일 '점진통일, 가능합니까'라는 제목의 '중앙시평'에서 "지금까지 대북정책은 북한과 통일에 대한 체계적 지식에 기초하기보다 지도자의 성향과 표 계산, 구시대적 이념에 휘둘려 왔습니다. 그러나 정확한 지식, 좋은 통일의 비전을 가진 지도자와 우리 사회의 역량이 결집된다면 점진통일로 가는 길을 새로이 개척할 수 있습니다"고 말했다. 홍석현의 '그랜드 디자인'에 조언을 줄 수 있는 학자들이다.

그리고 정치학자들도 대거 필자로 기용했다. '중앙시평'의 장훈 중앙대 교수·문정인 연세대 명예특임교수·박명림 연세대 교수·박원호 서울대 교수 등이다. 특히 문정인은 김대중·노무현 정부 외교·안보 분야의 정책 브레인이었다. '햇볕정책'과 '동북아평화번영정책'의 기틀을 마련하는 데 일조했다. 2000년, 2007년 남북정상회담에 특별수행원으로 참여해 대북포용정책의 생성·발전·소멸 과정을 지켜봤다. 홍석현의 '통일프로젝트'에 큰 도움이 되는 인물이다.

'세상읽기'의 빅터차 미 조지타운대 교수·마이클 그린 미국 CSIS 고문, 중앙SUNDAY의 김재한 한림대 교수 등도 있다. 김기현 서울대 철학과 교수, 허태균 고려대 심리학과 교수, 김동규 서울대 의대 교수, 송인한 연세대 사회복지학과 교수, 김선영 서울대 생명과학부 교수 등도 칼럼을 쓰고 있다. 이들 모두 학계의 중진들로 오피니언 리더들에게 상당한 설득력을 지닌 메시지를 제공하고 있다. 진보와 보수가 골고루 섞여 있다.

일반적으로 신문사 외부 필진은 1~2년 정도 칼럼을 쓴다. 그러나 송호근 서울대 사회학과 교수처럼 오랫동안 필자로 기용하고 있는 것은 드문 일이다. 송호근은 대학시절부터 일간지에 칼럼을 쓴 정상급 보수 논객이다. 경북 출신으로 하버드대 사회학 박사인 그는 대구경북의 '지적 자존심'으로 평가된다. 그래서 박근혜 정부 출범 전 대통령직인수위원회 위원장 후보로 거론된 바 있다. 그럼에도 송호근은 2016년 5월 3일 '송호근 칼럼'에서 "통치자에서 조정자로 변신하라는 맹렬한 호소를 박 대통령은 읽어내야 한다. 마음속 화쟁(和爭)위원회가 필요하다"고 박 대통령을 겨냥했다.

위에 열거한 필자들 이외에도 소설가 복거일·김형경, 혜민 스님 등 40여 명의 외부 필진들이 있다. 중앙언론사로서는 최대 규모다. 인원수로는 조선과 동아를 능가한다. 그리고 하나같이 일당백의 인물들이다. 이들을 싸잡아 '홍석현 인재풀'이라고 하면 당사자들은 기분이 나쁠지도 모른다. 순수한 필자가 대부분이기 때문이다. 그러나 상당수 인사들은 홍석현이 직접 부탁해서 칼럼을 쓰고 있는 것도 사실이다. 중앙일보에 칼럼을 기고한다는 그 자체만으로도 '홍석현 대망론'에 친화적일 수밖에 없다.

칼럼니스트는 아니나 중앙일보 자문위원을 맡고 있는 김민환 고려대 미디어학부 명예교수도 홍석현의 언론부문 자문위원이다. 중앙일보 전체 논조의 조타수 역할을 담당하고 있다. 김민환은 평소 '몸통언론'을 강조한다. 그의 주장에 따르면 '몸통언론'은 정치적 중립의 지향성을 지속할 뿐만 아니라 객관적이고 공정하며 균형된 저널리즘을 구현하는 언론이다. 중앙일보가 2000년대에 들어와 조선일보·동아일보와는 다르게 정치적 중립을 지키려고 노력하고 다른 지향성을 보이고 있는 것은 김민환이 자문위원으로 참여한 후부터다. 홍석현이 정치적 중립을 유지하며 통일지향적 국가관을 갖게 된 데에는 김민환의 역할이 적지 않았다고 한다. 고문에서 물러난 이어령 전 문화부장관, 송좌 전 연세대 총장, 손병두 전 서강대 총장 등도 자문그룹에 속한다.

도올 김용옥과 손석희 앵커

"현대사회에서는 비즈니스 리더십(business leadership)의 사회적 기능이 중요한데, 나는 그러한 도덕적 사회기능을 수행하고 있는 리더로서 홍석현을 자신 있게 꼽는다. 홍석현은 끊임없이 독서하고 사유하고, 무엇인가 진정한 가치를 구현하고자 몸부림치는 사람이다. 나는 홍 회장의 '속생각'을 좋아한다. '속생각'이라는 것은 겉으로 다 표현하지 못하는 자기 생각이 있다는 것이다. 그가 처해야만 하는 주변세계와 그의 '속생각' 사이에는 가치관의 괴리가 있는 것이다. 아마도 그 '속생각' 때문에 손석희 같은 사람이 JTBC에서 버틸 수 있을 것이다."(『도올의 중국일기 1』, 82쪽)

한신대 석좌교수인 도올(檮杌) 김용옥(金容沃). 그가 누구인가. 도올은 1985년 『동양학(東洋學) 어떻게 할 것인가』의 출간을 시작으로, 유교·불교·도교·서양철학·신학 등에 관한 폭넓은 강연과 80여 권의 책으로 낙양의 지가를 올리고 있다. 연극 「시간의 그림자」·「그 불」 등을 직접 연출했고, 임권택의 「장군의 아들」·「개벽」·「취화선」의 대본을 썼다. 서화(書畫)에도 능하다. 『태권도철학의 구성원리』라는 책은 전북 무주 태권도공원을 낳았다. 무엇보다 도올은 '필로로기(philology: 문헌학)'에선 당대 1인자다.

요즘 그가 진행한 바 있는 JTBC의 강연프로그램 「차이나는 도올」은 시진핑 중국 국가주석을 '영웅'으로 부각시키는 등 신해혁명 이후 중국현대사를 일목요연하게 정리해 상당한 반향을 불러일으켰다. 2016년 5월 15일 방송에서는 임진왜란에 대해 「명량」의 김한민 감독과 토론하면서 "무능한 임금 선조를 반면교사 삼아야 한다"며 "지금 우리에게 필요한 지도자는 선조와는 다른 사태를 정확히 파악하고 국민들이 피해를 입지 않도록 바른 정보를 전달할 줄 아는 사람"이라고 말했다. 2014년 5월 2일 한겨레신문의 '세월호 참사 특별기고'에서 제기해 논란이 됐던 '박근혜 대통령 하야론'을 연상시켰다.

도올은 가끔 이해하지 못할 돌출언행으로 유명세를 탔다. 그래서 '길들어지지 않은 손오공', '재승박덕(才勝薄德: 재주는 많으나 덕이 부족함)한 천재'란 놀림도 받았다. 언제 어디로 어떻게 튈지 몰라 대부분

그를 애써 외면한다. 포용하기가 쉽지 않은 인물인 것이다. 그런 그를 홍석현은 과감히 '포용'했다. 도올도 홍석현의 포용에 대해 『중국일기 1』에서 "내가 아무리 '엄하게' 말해도, 그는 나의 말을 존중해주는 아량과 진심을 버리지 않는다"고 했다. 도올은 중앙일보에 '도올고함(檮杌孤喊)'이란 칼럼을, 중앙SUNDAY엔 '도올의 도마복음 이야기'·'신발굴 성서자료'를 연재한 바 있다.

손석희 성신여대 교수를 JTBC 보도부문 사장으로 영입할 때의 일화다. 홍석현은 손석희를 만나 영입을 제의했다. 그러나 손석희는 단박에 거절했다. 그럼에도 홍석현은 단념하지 않았다. 인재 욕심이 발동하면 쉽게 포기하지 않는다. '삼국지'에서 유비가 제갈량을 영입하기 위해 중국 양양성 융중이란 작은 마을의 초가집을 세 번 찾아간 것과 같이 홍석현은 손석희를 세 번 만났다고 한다. 이른바 삼고초려(三顧草廬)의 공을 들인 것이다. 하지만 손석희는 세 번 다 거절했다.

그런데 시간이 얼마 지나서 손석희는 홍 회장에게 전화를 걸어 만나자고 했다. 손석희는 만나자마자 대뜸 이렇게 제안했다고 한다. "홍 회장님, 한 가지 조건이 있습니다. 들어주시면 제가 JTBC에 가겠습니다. 조건은 삼성의 문제점을 객관적으로 보도하는 것입니다." 이에 홍석현은 "좋습니다. 그런데 나도 조건이 있습니다. 삼성을 다루되 제 누나(홍라희 리움 미술관장)와 사이가 나빠지지 않는 선을 유지해주십시오."

손석희는 2016년 7월 25일 JTBC 뉴스룸의 앵커브리핑에서 "힘 있는 대기업이 그 힘을 가지고 언론사들의 자율성을 침해한다면 그 것은 정당하지 않습니다. 사실 삼성이 받고 있는 의심은 바로 그런 것이기도 합니다. 무엇이 저널리즘의 본령에 맞느냐를 놓고 고민할 수 있는 자유도 있어야 할 것입니다"라고 밝혔다. JTBC가 이건희 회장 관련 의혹을 보도하면서 밝힌 입장이다.

손석희는 수년간 각종 설문조사에서 언론인 신뢰도 1위, 공신력 1위를 지켜왔다. 그가 진행하는 JTBC 뉴스룸은 '할 말은 하는 뉴스'라는 평가를 받고 있다. JTBC 뉴스룸은 앵커가 개별 리포트들을 연결시켜주는 캐스터 역할에 그치는 것이 아니라 취재·편집·인사권을 갖고 보도 전체를 총괄하는 미국식 앵커 시스템으로 운영되고 있다. 군더더기 없는 멘트와 차분한 진행이 손석희의 장점이다. 앞서 MBC 표준FM라디오 「손석희의 시선집중」에서 청취자들의 인기를 독차지 한 바 있다.

도올은 절대 함부로 허튼 소리를 할 사람은 아니다. 따라서 그가 "홍석현 회장의 '속생각' 때문에 손석희 같은 사람이 JTBC에서 버틸 수 있을 것"이라고 강조한 대목은 매우 의미심장하다.

손석희는 홍석현의 그 '속생각'을 '무엇'으로 여기고 있을까. 역으로 홍석현은 손석희를 발탁해 한국 뉴스시장을 장악한 진정한 의도는 어디에 있을까. 온갖 회유와 압력에도 공정보도의 보루임을 자임하고 있는 「뉴스룸」의 손석희 앵커가 만일 내놓고 '홍석현 대망론'에 불을 지피면 어떻게 될까. 상상만 해도 그 파괴력이 어느 정도인지를 짐작할 수 있다. 정치권의 한 인사는 "홍석현과 손석희의 조합의 파괴력은 상상할 수 없을 정도로 파괴력을 지닐 것이다. 특히 20~30대층에서 폭발적인 반응이 나올 수 있다"고 분석했다.

JTBC가 20~40대를 겨냥한 전현무의 「비정상회담」, 강호동의 「아는 형님」, 강호동·은지원·윤정수의 「천하장사」, 김제동의 「톡투유」, 김구라·전현무의 「헌집줄게 새집다오」, 유시민·전원책·김구라의 「썰전」, 김성주의 「냉장고를 부탁해」, 이승연·김새롬의 「이승연의 위드유」, 조세호·성규의 「걸 스피릿」 등의 프로그램을 제작 방송해 '2015년 시청자가 뽑은 최고의 방송사 1위'를 차지한 것은 결코 그냥 넘길 수 없는 대목이다. 단순히 시청률을 높이기 위해 김성주·전현무·강호동·김제동·김구라 등 당대의 MC를 다 불러 모은 것만은 아닐 터다. 말로 대중을 사로잡는 특별한 재주를 가지고 있는 이들을 기용한 것은 시청률 이상의 그 뭔가를 겨냥한 '치밀한 계산'의 맵이 보인다. 다른 종편과는 달리 청년층의 마음을 얻기 위한 '원대한 기획'인 셈이다. '홍석현 대망론'과는 직접적인 관련이 없지만 그렇게도 볼 수 있다는 말이다.

홍석현의 싱크탱크

홍석현의 싱크탱크는 중앙일보 통일문화연구소다. 통일문화연구소는 1972년 2월 설립된 공산권조사연구소를 모태로 하고 있으며, 1972년 9월 동서문제연구소로 명칭을 변경했다. 이는 다시 홍석현이 중앙일보에 입성해 1994년 3월 '제2창간'을 선언하면서 경영개혁 과정에서 통일문제연구소로 확대 개편됐다. 그리고 1996년 5월 통일기반을 조성하고 통일시대를 대비하는 연구기관으로서의 명실상부한 체제를 갖추기 위해 중앙일보 내의 현대사연구소와 통일문제연구소를 통합해 통일문화연구소로 명칭을 변경했다 .

통일문화연구소는 중앙일보 내의 연구기관으로 북한과 통일문제, 한국현대사 연구를 통해 남북통일과 민족동질성 회복에 기여하는 것을 목표로 삼고 있다. 평소의 연구결과를 기사화해 지면과 북한네트에 반영함으로써 통일문제에 대한 독자의 관심에 부응하고 북한 관련 기사의 질을 높이기 위해 노력하고 있다. 그동안 국내외 현대사 자료 발굴, 현대사와 북한 관련 국제학술심포지엄, 현대사와 통일 분야 외부 연구프로젝트 지원 등의 활동을 전개하고 있다. 1997~1998년 4차례 북한을 방문, 남북 문화교류 및 언론교류 활동도 벌였다. 당시 홍석현의 방북도 통일문화연구소가 추진했다.

중앙일보 중국연구소도 홍석현의 싱크탱크 역할을 하고 있다. 2007년 7월 출범한 중국연구소는 중국 관련 '토털솔루션 제공'을 목표로 하고 있다. '세계 최고의 중국 정보 허브'라는 원대한 비전을 갖고 있다. 중앙일보는 2007년 10월 초부터 지면을 통해 '800자로 보는 중국' 시리즈를 연재했다. 매주 한 차례 게재되는 '차이나 워치' 코너도 중국의 속내를 들여다보는 특집이다. 그러나 이보다 주목되는 것은 이메일 뉴스레터인 '차이나 인사이트'다. 중국의 뒷이야기를 매주 화요일과 목요일 두 차례에 걸쳐, 중국에 관심이 있는 3000여 분께 발송하고 있다. 이들은 중앙일보의 고객이자 홍석현의 잠재적인 후원그룹이다.

국제적으로 홍석현의 싱크탱크 역할을 담당하는 기구도 있다. 우선 중앙일보가 미국 전략국제문제연구소(CSIS)와 함께 개최하고 있는 '중앙일보-CSIS포럼'은 홍석현의 '통일 준비' 이미지 제고와 '대권수업'을 위한 포석이자 일종의 싱크탱크다. 앞서 밝혔듯이 중앙일보는 2011년 CSIS와 공동으로 '중앙일보-CSIS포럼'을 출범시켰다. 1962년 설립된 CSIS는 미국 정부의 안보·외교정책에 막강한 영향력을 미치는 미국 최고의 싱크탱크다. 한미관계의 중요성에 비춰볼 때 중앙일보가 CSIS와 손을 잡고 동아시아와 한반도 평화문제를 집중적으로 다루고 있는 것은 예사로운 일이 아니다. '중앙일보-CSIS포럼'에 참여한 한국과 미국의 외교안보 전문가들은 홍석현의 우군(友軍)일 수밖에 없다.

중앙일보가 제주특별자치도·국제평화재단·동아시아재단과 함께 주최하고 있는 '평화와 번영을 위한 제주포럼'(2001년 창설)도 크게 드러나지 않은 국제적인 싱크탱크다. 2016년 5월 25일부터 27일까지 '아시아의 새로운 질서와 협력적 리더십'을 주제로 열린 제11회 제주포럼에서 홍석현은 세계지도자 세션의 사회를 맡았다. 26일 세계지도자 세션에선 홍석현의 주도로 한국의 한승수 전 총리와 일본의 무라야마 도미이치(村山富市) 전 총리를 비롯해 엔리코 레타 전 이탈리아 총리, 짐 볼저 전 뉴질랜드 총리, 고촉통 전 싱가포르 총리, 마하티르 모하마드 전 말레이시아 총리 등은 '아시아의 미래'에 대해 열띤 토론을 벌였다. 홍석현은 '아시아의 미래'가 바로 남북통일과 직결되기 때문에 이 세션의 사회를 맡은 것으로 전해졌다. 홍석현이 총리 출신이 아님에도 불구하고 전직 총리들이 참석 회의를 진행한 것 자체가 시사하는 바가 적지 않다.

동시에 홍석현은 이 자리에서 각국 정상급 전직 총리들과 토론하면서 '글로벌 리더십'을 키우고 '국가경영 감각'도 간접적으로 익힌 것이다. 한마디로 중앙일보가 제주포럼에 주최로 참여하고 있는 것은 신문사 홍보보다 홍석현 개인의 '대권수업'을 위한 전략으로 해석될 수 있는 것이다. 그래서 '제주포럼'은 적절한 계기가 주어지면 홍석현의 국제적인 싱크탱크 역할을 담당할 수 있다고 본다.

그리고 홍석현이 이사로 참여하고 있는 '여시재(與時齋: 시대와 함께 하는 집)'라는 새로운 싱크탱크가 주목을 끌고 있다. 서울 종로구 부암동에 있는 재단법인 '여시재'는 조창걸 한샘 명예회장이 사재를 출연해 2015년 12월 15일 설립한 학술연구 공익재단이다. 2016년 8월 18일 공식 출범했다. 이헌재 전 경제부총리가 이사장을 맡았고, 이광재 전 강원도지사가 상근부원장을 맡았다. 그래서 '여시재는 이광재의 작품'이란 얘기가 파다하다.

조창걸은 2015년 3월 '한샘 드뷰(DBEW·Design Beyond East&West) 재단'에 보유 주식의 절반인 260만 주(약 4400억 원)를 순차적으로 내놓기로 하고 우선 60만 주(약 1000억 원)를 기부한 바 있다. 미국의 브루킹스 연구소 같은 싱크탱크를 만드는 데 필요한 자원을 지원하겠다는 것이었다. '여시재'는 이처럼 '한국판 브루킹스 연구소'를 지향하며 한국 최고의 싱크탱크로 미국 CSIS 등과 어깨를 겨누겠다고 한다. 나아가 싱크탱크를 넘어 '솔루션(solution)탱크'를 표방한다. 특정 주제에 대한 연구를 넘어서 실질적인 정책은 물론 문제 해결책까지 제시하겠다는 계획이다. '여시재'는 '동북아와 새로운 세계질서', '통일한국', '도시의 시대' 등 큰 틀에서 세 가지 주제를 정하고 정책 솔루션 개발, 인재 양성, 지식 플랫폼 운영 등의 사업을 추진할 계획이다.

이헌재는 2016년 8월 18일 '여시재' 출범 기자회견에서 한국이 처한 국내적 어려움에 대해 "소득 양극화가 심해지면서, 세습과 자격증만 쫓아다니는 지대 추구 현상이 점점 더 심각해진다"며 "경직된 봉건사회처럼 되돌아가는 게 아닌가 걱정이 될 정도"라고 설명했다. 이헌재는 한반도 주변 정세에 대해서도 이렇게 강조했다. "한국은 해양과 대륙 국가 사이에 끼어 흔들리고 있다. 동북아에서 미국과 중국, 서양과 동양의 힘과 문명이 모두 부딪치는 상황이다. 보호무역주의가 되살아나는 분위기가 조성되고, 강대국 사이의 군사적 긴장도 커지고 있다. 한반도가 화해 협력 속에 통일을 이루어도 힘이 모자랄 판에, 북핵 문제가 악화되면서 긴장은 더 고조되고 있다. 강대국 사이에서 미래를 제대로 예측하지 못해 한일강제병합이나 남북분단, 6·25전쟁 같은 비극을 겪었던 기억이 다시 떠오를 정도다. 그러나 한국 사회는 지금 너무나 무기력하다"며 "현 상황을 깨뜨리려는 담대함을 찾을 수가 없다. 기득권에 매달려 현재를 보수적으로 지키려는 모습만 눈에 띈다"고 밝혔다. "한국은 이제 스스로 운명을 개척하겠다는 의지를 갖고 세계를 설득해야 한다"며 "여시재는 뜻있는 지식인들이 모이는 광장이 되겠다"고 말했다.

'여시재'의 핵심 연구과제는 ① 미국과 중국 등 세계의 변화에 대한 연구 및 국제평화를 위한 방안과 글로벌 거버넌스에 대한 연구, ② 동북아 번영과 통일을 위한 전략과제 및 협력체제 구축방안 연구, ③ 지속가능한 성장과 디지털사회 선도를 위한 전략과제 연구, ④ 동·서양을 초월하는 신문명 및 문화교류 등에 대한 연구 등 네 가지다.

주목되는 것은 "서양의 물질문명과 동양의 정신문명을 융합한 '신문명'을 창건하겠다"는 취지와 이런 과제들이 바로 홍석현의 평소 지론과 일치하고 있다는 점이다. 게다가 경기고 선배인 이헌재가 이사장을 맡고 있다. 이사로 참여하고 있는 정창영 전 연세대 총장, 김도연 포항공대 총장(전 교육과학기술부 장관), 안대희 전 대법원 대법관, 박병엽 팬택씨앤아이 부회장, 김범수 다음카카오 이사회 의장, 김현종 전 외교통상부 통상교섭본부장·유엔주재대사 등도 홍석현과 가까운 인사들이다. 감사는 이공현 전 헌법재판소 재판관과 이재술 딜로이트 안진회계법인 회장이다.

게다가 '여시재' 설립을 실질적으로 주도한 이광재도 홍석현과 가까운 인물로 알려져 있다. 노무현 정부의 핵심 실세였던 이광재는 정동영 의원과 함께 홍석현을 주미대사로 추천한 인물로 전해지고 있기 때문이다. 이광재가 삼성그룹과도 가깝다는 것은 널리 알려진 사실이다.

'여시재'가 국가 차원에서 미래 비전을 모색하겠다는 것은 순수한 싱크탱크의 범위를 넘어서고 있다. '여시재'는 우선 2016년 9월부터 국내 주요 싱크탱크와 협력 프로젝트를 시작하고 10월에는 미국·중국·일본·러시아 등 주요국을 망라한 동북아 국제포럼을 개최하는 등 활동을 구체화하겠다고 밝혔다. 아직은 '여시재'가 '홍석현 대망론'과는 무관하지만, 어떤 계기가 주어지면 '홍석현의 싱크탱크' 역할을 담당할 수도 있다는 풀이가 가능하다.

홍석현의 외곽조직

홍석현은 바둑세계의 천하를 통일했다. 홍석현은 한국기원 총재, 국제바둑연맹(The International Go Federation, 약칭 IGF) 회장직을 겸임하고 있다. 대한바둑협회 회장을 역임한 홍석현은 2013년 12월 26일 한국기원 제18대 총재로 추대됐다. 그는 앞서 2014년 2월부터 2016년 8월 7일까지 사단법인 대한바둑협회 회장을 지냈다. 2014년 7월 5일 제35회 IGF 이사회에서 제11대 IGF 회장으로 선임됐다. 곧바로 IGF 총회에서 최종 승인을 받아 2년 간 국제바둑연맹을 이끌었다. IGF 회장에 한국인이 선임된 것은 홍석현이 처음이다.

1982년 3월 창설된 IGF는 74개 국가협회와 4개 단체(세계페어바둑협회·유럽바둑연맹·응창기바둑교육기금회·이베로아메리카바둑협회)가 회원으로 등록돼 있다. IGF에서 주관하는 주요 대회는 1979년 이후 올해로 35회째를 맞는 세계아마바둑선수권대회를 비롯해 국제아마추어 페어바둑선수권전, 세계학생바둑왕좌(王座)전, 스포츠어코드 세계마인드게임즈, 바이링(百靈)배 세계바둑오픈토너먼트 등이 있다.

홍석현은 1998년에 한국기원으로부터 명예 아마 6단을 받은 바 있다. 그는 2016년 3월 9일 프로 바둑기사 이세돌 9단과 구글의 인공지능(AI) 프로그램 알파고의 대국에 대해 "우주에서 일어난 사건 중 빅뱅이 가장 큰 사건이고, 두 번째가 생명의 탄생, 세 번째가 인공지능의 탄생이다. 인류가 만들어낸 가장 복잡하고 수준 높은 게임이 바둑인데, 오늘 인간과 인공지능의 역사적인 첫 대결이 이뤄지는 것 아니겠는가"라고 소감을 밝힌 바 있다.

이세돌 9단이 2016년 5월 10일 '홍진기 창조인상'을 수상한 것도 이와 무관하지 않다. '홍진기 창조인상'은 고(故) 홍진기 전 중앙일보 회장의 유지를 기리고자 과학기술·사회발전·문화예술 세 분야에서 창의적 업적을 이룬 개인이나 단체에 수여하는 상이다.

홍석현이 바둑계에 이처럼 공을 들이고 있는 것은 무엇 때문일까. 그냥 바둑을 좋아해서일까. 만 20세 이상의 한국인 중 바둑을 둘 줄 아는 사람은 20% 정도라고 한다. 바둑 인구가 대략 500만 명에서 600만 명에 달한다는 얘기다. 결코 적지 않은 숫자다. 홍석현이 바둑계를 평정한 것은 아마 이런 바둑 인구를 계산했을 것이다. '홍석현 대망론'을 뒷받침하는 잠재세력으로서는 매우 의미가 있는 세력이다.

홍석현이 경기고 총동창회장이 된 것은 2016년 1월 12일이다. 벌써 맡았어야 하는 경기고 총동창회장을 2016년에 맡은 것은 타이밍으로 볼 때 여러 가지 시사하는 바가 많다. 평준화된 이후 경기고의 명성은 예전 같지는 않다. 하지만 경기고 동문들은 앞으로도 상당 기간 사회 각계각층의 지도급 인사들의 다수를 형성할 것으로 보인다. 황교안 국무총리, 박원순 서울시장, 이종걸 더불어민주당 전 원내대표를 비롯해 정관계에서 경기고 출신들이 여전히 두각을 나타내고 있기 때문이다.

그동안 대권주자들도 적지 않았다. 이회창 후보(49회)를 비롯해 조순(45회)·이홍구(49회)·박찬종(54회) 후보 등이 있었다. 그러나 당선된 사람은 없다. 경기고 동문들 사이에선 '전국 제일의 명문고인 경기고 출신 중에서 대통령이 나와야 하지 않느냐'는 여론이 있다. '이회창 대통령 만들기'에 경기고 동문들이 가세했으나 실패했다. 앞으로 손학규(63회), 홍석현(64회), 박원순(70회)이 출마할 경우 '경기고 대통령' 바람이 다시 불 수 있다. 경기고총동문회는 '홍석현 대망론'의 초석이 되는 외곽조직인 셈이다.

홍석현은 또한 '함께하는 경청(傾聽)' 포럼의 명예이사장을 맡고 있다. '경청' 포럼은 2015년 6월 17일 화쟁문화아카데미·한국리서치·중앙일보의 공동 주관으로 출범했다. '경청'은 '몸을 낮게 기울여 상대의 이야기를 듣는다'는 뜻을 담고 있다.

'경청' 포럼은 인문정신을 토대로 경청과 대화의 문화를 우리 사회에 확산시키고, 시민의 지혜를 함양하는 공공대화(Public Dialogue)와 교육활동을 벌여나간다는 목표를 갖고 있다. 2015년에는 '세대 간

갈등과 대화'를 주제로 공공대화를 진행했다. 첫 행사는 2015년 7월 18일 서울 서소문 W스테이지에서 '남북문제와 통일에 관한 3040과 6070의 대화'를 주제로 열렸다. '경청' 포럼은 경청대화 모형을 개발하고, 그 타당성을 학술적으로 검증받기 위해 2016년 5월 21일 한국언론학회 정기학술대회를 통해 '경청대화 지수 개발과 배경' 세미나를 열었다.

'경청' 포럼은 '공공대화'를 추진하는 시민사회단체다. 정성헌 한국DMZ평화생명동산 이사장이 초대 이사장을 맡았다. 정성헌은 한국가톨릭농민회 사무국장과 부회장, 제4대 민주화운동기념사업회 이사장을 지냈다. 한국시민사회단체에서는 널리 존경을 받고 있는 인물이다.

이사진은 조성택 화쟁문화아카데미 대표(상임이사)와 김민환 고려대 명예교수, 노익상 한국리서치 대표, 오종남 스크랜튼여성리더십센터 이사장, 손혜원 더불어민주당 의원, 이하경 중앙일보 논설주간, 강신장 모네상스 대표, 주완 김앤장 변호사, 최명원 성균관대 교수 등 10명이다. 홍석현과 정념 스님이 명예이사장이다. 홍석현은 창립특별강연에서 "경청 문화가 뿌리내린다면 우리 사회의 소프트 인프라가 완전히 바뀔 수 있을 것"이라 강조한 바 있다.

'경청'은 창립선언문에서 다음과 같은 지향점을 밝혔다. "첫째, '경청'은 시민들의 지혜를 모으는 공론의 장이 되고자 합니다. 따라서 문제의 해결책을 제시하기보다 대화와 합의의 모범들을 만들어가겠습니다. 둘째, '경청'은 세대·성별·계층 간 공감과 소통의 마중물이 되고자 합니다. 소통이 이루어질 때 갈등과 이견은 더 이상 '문제적 상황'이 아닙니다. 더 큰 '진리'를 드러내는 에너지이며 보다 더 큰 선(善)을 만들어 가는 기회가 될 것입니다. 셋째, '경청'은 차이와 다양성을 존중하고자 합니다. 이와 함께 사회적 소수자의 의견과 입장을 소중히 여기며 사회의 조그마한 목소리 또한 놓치지 않고 귀 기울여 듣겠습니다."

'경청' 포럼은 홍석현의 '광폭행보'에서 드러나지 않는 부분이지만 매우 중요한 의미를 지니고 있다. '삼성X파일'이 폭로됐을 때 홍석현은 시민사회단체들로부터 무차별적인 공격을 받았다. 당시 홍석현은 시민사회단체의 중요성을 인식했고, 자신에 어울리는 시민사회단체를 구상하고 있던 차에 시민사회단체 '대부'로 알려진 정성헌 이사장과 함께 '경청' 포럼을 설립한 것으로 보인다.

홍석현은 이 밖에 2015년 12월 15일 64번째 '경주 명예시민'에 선정됐다. 경주시는 1976년 중앙일보·동양방송 창립 11주년 기념으로 경주 최초의 도서관인 중앙도서관을 건립해 경주시에 기증한 선친 홍진기의 뜻을 기려 홍석현을 명예시민으로 선정한 것이다. 홍석현은 "학창시절 경주에 사는 친한 친구와 함께 첨성대를 시작으로 경주 곳곳을 탐방한 기억이 난다. 오늘부로 경주시민이 되었으니, 경주에 대해 특별한 관심을 가지고 앞으로 경주를 도울 일이 있으면 돕도록 하겠다"고 말했다.

홍석현은 아울러 2013년 9월 26일 경희대 재단인 학교법인 경희학원의 이사로 선임됐다. 홍석현 개인은 경희대와 특별한 인연이 없다. 단지 경희대를 설립한 고(故) 조영식 전 경희대 총장과 선친 홍진기가 서로 친분관계에 있었을 뿐이다. 홍석현은 2015년 5월 28일 경희대 강연에서 이렇게 밝혔다.

"저희 집안과 미원(조영식 전 총장의 아호) 선생님 집안과의 인연은 거의 70년에 가깝습니다. 저희 선친과 미원 선생이 네 살 차이밖에 안 나지만 어떻게 인연이 돼서 사제관계였습니다. 미원 선생이 서울대 법대에 다니실 때 선친이 강의를 하신 적이 있어서 사제관계가 나중에 또 우정으로 발전해서 어려운 세상을 두 분이 살아가시면서 서로 힘이 되고 돕는 관계를 맺게 됐습니다. 이제 조 총장님하고 저하고 경희대 이사를 같이하는 세교가 있는 집안이 된 셈입니다. 이런 깊은 인연이 있기 때문에, 강연을 해보겠다는 생각이 들었습니다."

5장

지천명과 68세 도전

'이것 또한 지나가리라'

홍석현은 1999년 10월 2일부터 12월 14일까지 73일 동안 서울구치소에서 고대 이스라엘 왕 솔로몬의 '이것 또한 지나가리라'라는 글귀를 매일 나직이 읊조렸다. 홍 회장은 2016년 2월 19일 포스텍(POSTECH·포항공대)에서 명예공학 박사학위를 받고 수락연설에서 당시의 처지를 이렇게 말했다.

"1999년, 저는 예기치 않게 정치바람에 휩싸이게 됩니다. 그 소용돌이 속에서 저는 아버지가 겪었던 것과 같은 가시밭길을 걷게 됩니다. 길지 않은 시간이었지만 옥고(獄苦)를 치르게 됩니다. 할머니의 염원과 다른 길을 찾았던 운명의 함정 같은 일이었습니다. 그 고통은 하늘이 무너지는 것과 같은 힘든 경험이었습니다. 말과 글로써 다하지 못하는 아픔과 시련을 겪었습니다. 그때 제 머릿속에 솔로몬

왕의 혜안이 떠올랐습니다. 솔로몬은 반지에 이런 글귀를 새기라고 했습니다. "이것 또한 지나가리라."• 고통의 시기는 지나갔고, 고난은 새로운 삶의 씨앗을 키우는 계기가 되었습니다. 보수와 진보라는 이념의 틀을 넘어서 인간의 내면세계에 대해 고민하고 상념에 젖게 하는 세월이었습니다."

홍석현은 세무조사 발표 이후 김대중 정부의 김종필 총리, 김중권 비서실장, 김홍일 의원 등 여러 경로를 통해 직간접적으로 구속을 면해보려고 노력했다. 하지만 역부족이었다. 홍석현의 구속은 불가피한 현실로 다가왔다.

홍석현은 자신이 검찰에 출두하기 전날인 1999년 9월 29일 저녁

이것 또한 지나가리라 ————

고대 이스라엘 왕 다윗은 어느 날 큰 전쟁에서 승리한 기쁨을 오랫동안 기억할 수 있도록 반지를 만들기로 했다. 그래서 보석 세공사를 불러 말했다. "나를 위한 반지를 만들되, 거기에 내가 큰 승리를 거두어 기쁨을 억제하지 못할 때 그것을 조절할 수 있는 글귀를 새겨 넣어라. 동시에 내가 절망에 빠져 있을 때는 그 글귀를 보고 용기를 낼 수 있어야 하느니라." 보석 세공사는 그 명령을 받들고 멋진 반지를 만들었다. 반지를 만든 후 어떤 글귀를 넣을지 계속 생각했지만, 좀처럼 다윗이 말한 두 가지 의미를 지닌 좋은 글귀가 떠오르지 않았다. 고민하고 고민해도 마땅히 좋은 글귀가 떠오르지 않아, 다윗의 아들 지혜의 왕 솔로몬을 찾아갔다. "왕자시여, 다윗 왕께서 기쁠 때 교만하지 않게 하고, 절망에 빠졌을 때 용기를 줄 수 있는 글귀를 반지에 새기라고 하시는데, 어떤 글귀를 적으면 좋겠나이까?"

솔로몬이 잠시 생각한 후 말했다. "이것 또한 지나가리라(This, too, shall pass away)…" 유태인의 성경주석인 '미드라쉬(מדרש, Midrash, 성서해석을 추고하는 이야기나 전설, 우화)'에 나오는 유태인들이 항상 즐겨 읽는 구절이다. 이 글귀를 적어 넣어 다윗 왕에게 바치자 크게 흡족해하고 큰 상을 내렸다. 유태인들은 나치 학살 때도 이 구절을 붙잡고 이겨낼 수 있었다고 한다. 모든 상황은 일시적이고 영원하지 않으니 자만에 대한 경고를, 좌절에 대한 격려를 북돋아주는 격언이다.

자택으로 일부 회사 간부들과 사회부 기자들을 불렀다. 발렌타인 17년산 양주와 맥주를 섞어 이른바 '폭탄주'를 만들어 기자들에게 돌리며 자신의 소회를 밝혔다. 당시 홍석현은 자신의 사법처리 여부와 관계없이 권력에 대한 비판과 감시라는 언론의 정도를 포기하지 말라고 주문했다고 한다. 40여 명의 기자들은 다음 날 오전 홍석현이 대검찰청 현관에 나타나자 "사장님, 힘내세요"라고 외쳤다. 당시 일부 언론은 이를 두고 '자사 사주 감싸기'라며 비판하기도 했다. 홍석현은 10월 2일 서울구치소로 가면서 "중앙일간지 사주로서 경위가 어떻든 사회에 물의를 일으켜 죄송스럽게 생각한다"고 했다. 그러나 당시 현장에서 홍석현의 표정을 목격한 기자들의 표현에 따르면 홍석현은 만감이 교차한 듯 무거운 표정이었다고 한다.

홍석현은 구치소에 수감돼 1주일이 지나면서 점차 평온을 찾았다. '이것 또한 지나가리라'라는 글귀를 주문처럼 외면서 그렇게 된 것이라고 한다. 홍석현은 또한 구치소에서 동양고전도 읽었다.

홍석현은 특히 맹자의 '고자장'* 을 소리 죽여 자주 낭독했던 것으로 알져지고 있다. "하늘이 장차 그 사람에게 큰일을 맡기려고 하면, 반드시 먼저 그 마음과 뜻을 괴롭게 하고, 근육과 뼈를 깎는 고통을 주고, 몸을 굶주리게 하고, 그 생활은 빈곤에 빠뜨리고, 하는 일마다 어지럽게 한다"는 구절은 그의 마음을 크게 안정시켰다는 것이다.

홍석현은 옥중에서 시련을 겪으면서도 자신을 깊이 성찰할 수 있는 시간을 갖게 됐다고 한다. 권력의 속성과 언론의 본질을 이해했다. 권력이란 쉽게 얻어지는 것도 아니고 그렇다고 오래가는 것도 아니라는 것을 깨달았던 것이다. 언론은 정론직필에서 힘이 나온다는 것도 알게 됐다.

김대중 정부와의 갈등

중앙일보는 홍석현 회장이 구속되자 특별취재반을 구성해 김대중 정부에 대한 비판기사를 실었다. 10월 2일 지면을 통해 '국민의 정부 언론탄압 진상을 밝힌다'는 시리즈 기사를 냈다. 시리즈에서 흥미로운 대목은 당시 박지원 청와대 홍보수석이 1998년 3월 9일 중앙

맹자의 '고자장'(告子章句 下 15장)

"天將降大任於斯人也(천장강대임어사인야) 必先勞其心志(필선노기심지) 苦其筋骨(고기근골) 餓其體膚(아기체부) 窮乏其身行(궁핍기신행) 拂亂其所爲(불란기소위) 是故動心忍性(시고동심인성) 增益其所不能(증익기소불능): 하늘이 장차 그 사람에게 큰일을 맡기려고 하면, 반드시 먼저 그 마음과 뜻을 괴롭게 하고, 근육과 뼈를 깎는 고통을 주고, 몸을 굶주리게 하고, 그 생활은 빈곤에 빠뜨리고, 하는 일마다 어지럽게 한다. 그 이유는 마음을 흔들어 참을성을 기르게 하기 위함이며 지금까지 할 수 없었던 일을 할 수 있게 하기 위함이다."

중국 덩샤오핑(鄧小平)이 자주 암송했던 구절이며 '천강대임론(天降大任論)'이라고도 한다. 하늘이 어떤 사람에게 사명을 부여하기 위해서 먼저 그에게 정신적, 육체적 고통과 궁핍의 역경을 주어서 그로 하여금 사명을 완수할 수 있는 기질을 키우게 하고 또한 거듭 실패의 시련을 주어서 사명을 완수할 수 있는 능력을 키우도록 한다는 뜻이다. 조선시대 사대부들은 유배를 갔을 때 벽에 이 구절을 붙여놓고 참고 기다렸다. 정명도(程明道)는 "만일 완숙하기를 요구한다면 모름지기 이 시련 속을 통과해야 한다"고 말했다.

맹자(孟子: B.C. 372~B.C. 289)와 논쟁을 벌인 고자(告子)는 전국시대 제(齊)나라 사상가로 맹자와 동시대 인물이다. 고자는 성선설(性善說)에 대해 맹자와 논쟁을 벌였다고 한다.

일보 사장실을 찾아가 보도 태도에 대한 불만을 토로했다는 내용이다. 시리즈에 따르면 당시 박 수석이 홍석현 사장 등 간부진을 만난 자리에서 "우리가 이제 야당이 아닌 집권당인데 계속 이렇게 섭섭하게 할 수 있느냐"며 유리 물컵을 내동댕이쳤다는 것이다. 물론 당시 박 수석은 "잘못 보도되면 전화를 하거나 방문해서 납득되도록 설명하는 게 공보담당자의 일"이라면서 "당시 분위기는 화기애애했다. 또 물컵은 넘어지면서 책상에 떨어져 유리가 깨진 것"이라고 해명했다.

실제로 김대중 정부 초기 DJ와 청와대 참모진들은 중앙일보가 호남편중인사와 경제실정을 지속적으로 공격한 것에 대해 '손을 봐야 한다'는 생각을 갖고 있었다. 결정적인 사건은 이른바 '식소사번(食小事煩)'•에 얽힌 이야기 때문이라고 한다. 한겨레신문 성한용 선임기자의 'DJ는 왜 지역갈등 해소에 실패했는가'에 따르면, 홍석현이 주재

'식소사번' 소동

'식소사번(食小事煩)'은 삼국지에 나오는 말로 '먹는 것은 적고 일은 많이 한다'는 뜻이다. 중국 삼국시대 촉나라 재상 제갈량(諸葛亮)의 직무태도는 식소사번(食小事煩)이었다. 식사하는 시간까지 줄여가면서 바쁘게 일하는 스타일이었다. 오장원(五丈原)에서 제갈량과 대치하고 있던 위나라 사마의(司馬懿)는 제갈량이 밥 먹을 시간이 없을 정도로 일만 하고 있다는 '식소사번'이란 보고를 받고 주변 사람들에게 "제갈량이 머지않아 죽겠구나"라고 말했다는 것이다. 이런 내용이 정치권에 흘러들어 갔다. 당시 여당인 국민회의 일부 의원들이 서울 플라자호텔 커피숍에서 '홍석현 사장이 대통령이 곧 죽는다는 불경한 발언을 했다'며 흥분했다. 그런데 이 광경을 중앙일보 기자가 목격을 하고 회사에 돌아와 홍 사장에게 정보보고를 했다고 한다.

당시 여권은 중앙일보 측의 '식소사번' 언급을 '김대중이 곧 죽겠다'라는 의미로 받아들였다. 그래서 청와대가 발끈했고 보광에 대한 세무조사가 시작됐다는 분석이다. 물론 중앙일보 측은 '김대중 대통령의 건강을 염려한다'고 한 말이 와전된 것이라 해명했다.

하는 회의석상에서 DJ에 대해 '식소사번'이라는 말이 나왔는데 이를 알게 된 청와대 사람들이 격분했다는 것이다. 성한용은 당시 청와대 출입기자로 1998년 8월 청와대의 한 비서관에게서 이런 얘기를 들었다고 전했다.

홍석현이 구속되자 중앙일보는 시리즈 기사를 통해 DJ정부 인사가 해당 신문사의 만평과 칼럼, 인사에도 영향력을 행사하려 했다고 폭로했다. 당시 홍석현의 구속에는 위와 같은 정치적 배경이 작용했다고 주장했다. 중앙일보 사설도 흥분된 논조로 일관되게 '언론탄압'이라고 주장했다. "현직 공보수석은 본지가 보도한 전직 대통령 특종 인터뷰 기사가 마음에 안 든다고 해서 '세무조사 발표 때 무슨 말을 하는지 보자'고 말했다는데 이것이야말로 정부 당국이 자신들의 말과는 달리 이번 세무조사와 중앙일보의 보도 태도를 연계시켜 다루고 있다는 방증(傍證)이 아니고 무엇인가"라고 질타했고, "우리로선 부끄러운 일이지만 중앙일보 보도는 현 정권의 언론개입과 그것이 중앙일보 지면과 인사에 미친 결과들을 실명까지 거론해 구체적으로 적시하고 있다"고 지적했다.

중앙일보는 10월 홍석현의 구속을 막기 위해 IPI(국제언론인협회)의 프리츠 사무총장에게 이런 편지를 보냈다. "프리츠 씨… (이번 세무조사는) 사회적으로 홍석현 사장을 매장하고 중앙일보를 주인 없는 신문으로 전락시키며, 정부의 충성 어린 대변자로 훈련시키려는 목적입니다. 이번 조사는 내년 4월 총선을 대비한 김 대통령의 주요 전략이며, 총선의 결과는 현재와 퇴임 후 김 대통령의 미래를 정의할 것입니다. 귀하의 즉각적인 행동이 긴급히 요청됩니다.”

반면 중앙일보 오동명 사진기자는 11월 4일 중앙일보 사옥에 중앙일보 임직원들의 자성을 촉구하는 다음과 같은 대자보를 써 붙여 큰 파장을 일으켰다. “중앙일보는 일 개인의 신문이 되어서는 안 된다. 홍석현 사장의 탈세혐의 고발 사건에 대한 ‘중앙일보사의 입장’의 일부분을 여기에 다시 인용해본다. ‘……중앙일보는 어느 개인이나 외부그룹이 간섭할 수 없는 독자들의 신문이자 우리 사회의 소중한 자산이다……’ 여기서 어느 개인이나 외부그룹에는 홍석현 사장과 삼성도 포함돼야 한다.” 중앙일보 전체가 홍석현의 구속에 대해 ‘언론탄압’이라고 비판한 것은 아니었다. 상당수 기자들은 중앙일보가 정론직필의 언론 본연의 길을 가야 한다고 생각했다.

1999년 12월 14일 서울지법 형사합의21부(재판장 김이수 부장판사)는 홍석현에 대해 특가법상 조세포탈죄 등을 적용해 징역 3년에 집행유예 5년과 벌금 38억 원을 선고하고, 구속 73일 만에 홍석현을 석방했다. 재판부는 판결문에서 “홍석현 사장이 당시 언론사 사주이자 발행인으로서 유죄로 인정된 액수만 18억 5000여만 원을 탈세하는 등 죄질이 무겁고 사회적으로도 비난받아 마땅하다”면서도 “홍 사장이 재판기간 중 탈세한 금액을 모두 납부하고 반성하는 뜻으로 사장직에서 물러났으며 상당 기간 반성하는 시간을 갖겠다고 다짐하는 점 등을 참작해 이같이 선고한다”고 설명했다. 홍석현은 이어 2000년 5월 26일 대법원에서 징역 3년, 집행유예 4년 및 벌금 30억 원의 판결을 받았다.

그리고 홍석현은 2000년 8월 15일 광복절특사로 사면·복권된다. 그 보름 후 중앙일보 회장으로 복귀했다. 당시 청와대 민정수석은 홍석현을 구속시킨 신광옥 전 대검중수부장이었다. 신광옥은 홍석현이 구속된 이후 홍석현에 대한 각계의 여론을 조사했다. 신광옥은 언론계, 정계, 재계 등 홍석현과 인연이 있는 사람들을 만나 의견을 청취했다. 그런데 만나는 사람마다 한결같이 홍석현에 대해 '괜찮은 사람이며 훌륭한 지도자'라고 칭찬했다고 한다. 신광옥은 많은 고민을 거듭한 뒤 김대중 대통령에게 사면·복권을 건의했다. 신광옥의 건의를 받은 김대중은 "그렇지 않아도 우리 집사람이 빨리 홍 사장을 풀어주라고 성화를 부리고 있네. 그렇게 하게"라고 말했다.

이희호는 일찍부터 홍석현을 잘 알고 있었다. 홍석현을 만나면 조카를 대하듯 귀여워했다. 이희호는 홍석현의 할머니 이문익과 같은 집안이었기 때문에, 홍석현의 어린 시절을 잘 알고 있었다. 또 이희호 여사는 홍석현의 모친 김윤남의 이화여전 선배여서 홍석현에 대한 애정이 각별했다고 한다. 신광옥은 김대중으로부터 홍석현과의 관계를 듣고 홍석현을 사면·복권시켰다고 한다. 그러나 중앙일보는 신광옥이 법무차관 시절 '신광옥 법무차관, 민정수석 때 진승현 씨 1억 받았다'는 기사를 써 신광옥을 낙마시켰다.

18년의 준비와 68세의 실천

홍석현은 2016년 2월 19일 포스텍 명예공학박사 수락 연설에서 "천명(天命)을 찾아야 한다"고 강조했다. 홍 회장의 연설 중 관련 내용은 이렇다.

"자기 내면에 숨겨져 있는 자기만의 삶의 뜻, 즉 천명을 찾아야 합니다. 천명은 무엇입니까. 무언가 뚜렷이 드러나진 않지만, 이루고 싶은 꿈같은 겁니다. 자신만의 가치와 장점, 자신의 정체성, 자기만의 비전과 목표라고도 할 수 있습니다. 하지만 내면의 뜻을 발견하는 일은 쉽지 않습니다. 공자도 오십이 되어서야 지천명(知天命), 그 뜻을 알게 되었다고 합니다. 공자가 그 뜻을 실천한 것은 그로부터도 18년이 지난 나이 68세 때입니다. 그때서야 비로소 자기 인생의 뜻(天命)이 저술과 후학을 키우는 교육에 있다는 것을 깨닫습니다. 5년의 짧은 세월에 공자는 자기의 지혜와 경륜을 담은 저술활동을 합니다. 공자는 73세에 돌아가실 때 '하늘이시여, 내게 5년만 더 허락해 주시옵소서'라는 아쉬움을 토로했다고 합니다."

'오십이지천명(五十而知天命: 쉰 살에는 천명을 알게 되었다)'는 『논어(論語)』 위정편(爲政篇) 4장(四章)에 나오는 내용이다. 공자(孔子)는 70세가 지나서 인생을 회고하며 이렇게 말했다. "吾十有五而志于學(오십유오이지우학: 나는 열다섯 살에 학문에 뜻을 두고) 三十而立(삼십이립: 서른 살에 독립하였으며) 四十而不惑(사십이불혹: 마흔 살에는 현혹되지 않게 되었고) 五十而知天命(오십이지천명: 쉰 살에는 천명을 알게 되었으며) 六十而

耳順(육십이이순: 예순 살에는 귀가 순해져 말의 본심을 알게 되었고) 七十從心所欲 不踰矩(칠십종심소욕 불유거: 일흔 살에는 마음대로 해도 법도에 어긋남이 없었다)."

공자는 50세 때 노(魯)나라의 공산불요(公山弗擾)가 비읍(費邑)에서 반란을 일으키고 자신을 초청했으나 망설이다 응하지 않았다. 그리고 1년 뒤 노나라 임금 정공(定公)이 공자를 중도(中都)의 읍재로 삼았다. 공자가 1년 동안 행정을 잘 펼치자 사방이 모두 그를 본받았다. 그로 말미암아 사공(司空)이 됐고, 다시 대사구(大司寇)가 됐다. 사공은 내무부 장관과 같은 자리이고, 사구는 법무부 장관과 같은 공직이다. 그러나 공자는 노나라 상경(또는 대부)으로 실세인 계손씨(季孫氏)의 견제와 이웃나라인 제나라의 계략으로 인해 공직생활을 그만두고 유랑길에 올랐다.

공자는 51세부터 4년간 노나라에서 공직생활을 한 뒤, 55세부터 무려 14년 동안 수십 명의 제자들과 함께 자신의 학문적 이상을 현실 정치에서 실현시켜 줄 어질고 현명한 군주를 찾아 기약 없는 여정에 나섰다. '노나라·위나라·조나라·송나라·정나라·진나라·위나라·진나라·채나라·초나라·위나라·노나라'를 돌아다닌 주유열국(周遊列國) 기간은 참기 어려운 고달픈 세월이었다. 생명에 위협이 가해지는 위험에 빠지기도 하고 수모와 조롱을 당하기도 했다.

공자는 68세(B.C. 484) 때 노나라 상경(上卿)인 계강자(季康子)가 부르자 14년 만에 노나라로 돌아왔다. 그리고 유약(有若), 증삼(曾參), 자하(子夏), 자장(子張) 등의 제자를 가르쳤다. 저술활동에도 전념했다. 이 때 『시경』과 『서경』, 그리고 노나라의 사관들의 기록을 토대로 『춘추』를 집필하고, '예(禮)'에 관한 기록들도 정리했다.

공자는 50세 때 교육자로 사는 것이 하늘의 뜻임을 알았다. 그러나 먼저 자신의 정치이상을 실현하기 위해 천하를 주유했다. 하지만 이상은 실현되지 않았다. 결국 18년이란 세월이 지난 뒤 고향으로 돌아와 후학을 가르치고 저술활동에 몰두했다. 18년 만에 천명을 실천한 것이다. 공자는 "천명을 알아서 덕(德)을 이루는 것은 나에게 달렸다. 인*의예지(仁義禮知)의 도(道)를 알고 실천하는 것이 군자의 지천명이다"고 했다.

홍석현의 경우를 보자. 홍석현이 50세가 되는 해에 무슨 일이 있

공자의 인(仁)

중국 산동성 제남에는 박돌천(豹突泉) 등 72개의 샘이 있다. 그로부터 72km 거리의 태산(泰山, 1545m)에도 72개의 샘이 있다. 그리고 다시 남으로 72km 거리에 곡부(曲阜)가 있다. 곡부는 공자의 고향으로 노나라 수도였다. 72명의 중국 황제가 태산에서 '봉선(奉禪)' 의식을 거행했다. '봉'은 하늘에 대한 제사이고 '선'은 땅에 대한 제사를 의미한다. 그런데 공자의 제자는 72명이었다. 공자는 만 72년을 살았다. 그렇다면 '72'란 숫자는 무엇을 의미하는가. '72'는 인간의 수다. '7+2'는 9다. 9는 구궁(九宮)을 의미한다. 인간의 몸에 있는 9개의 구멍이다. 그래서 72, 즉 9는 '완전한 인간'의 수를 의미한다. 즉, '성인(聖人)의 수'를 의미한다.
태산에서 곡부까지는 대평원이다. 공자가 태어난 곡부의 창평향(昌平鄕)은 산이 없는 대평원이다. 그래서 마을 이름에 '평(平)'이 들어 있다. 태산의 정기가 대평원으로 뻗어 간 셈이다. 공자는 "태산에 오르니 천하가 작아 보인다"고 말했다. 공자도 태산에 오른 후 천하를 도모한 것이다. 공자는 태산에서 곡부에 이르는 대평원을 바라보며 '평'을 생각했다. 공자에게 '평'은 '균(均)'이다. 그 '균'을 받쳐주는 이념은 인(仁)이다. 그래서 조선은 '균'을 이루는 '성균(成均)'을 매우 중요시 여겼다. 교육기관의 이름을 '성균관(成均館)'이라고 한 것도 바로 이 때문이다. '균'의 현대적 의미는 불평등과 양극화의 해소다. '천명'의 실천은 불평등과 양극화 해소에서부터 시작해야 한다.

었던가. 그는 50세였던 1999년 탈세 혐의로 구속됐다. 그렇다. 서울구치소에서 '지천명(知天命)'한 것으로 보인다. 홍석현이 공자의 '지천명'을 거론한 것은 자신과 유사했기 때문인 것으로 분석된다.

홍석현은 서울구치소에서 많은 것을 생각했을 것이다. 보광그룹과 언론사 사주로서 돈과 언론권력을 쥐고 '갑'의 인생을 살았지만 정치권력 앞에서 한없이 무력하다는 사실을 깨달았을 터다. 젊은 시절부터 꿈꿔오던 '통일대통령'의 길을 준비해야겠다는 '결심'을 했을 것이다.

여기서 방점은 공자가 '지천명'을 실천한 '68세'에 있다. 홍석현이 68세가 되는 해는 2017년이다. 홍석현이 68세가 되는 2017년이면 '천명(대권)'의 길을 갈 가능성이 높다.

대통령의 조건

홍석현이 '통일대통령'을 꿈꾸고 있는 것은 사실이다. 그가 대선에 나온다면 이 꿈을 실현하기 위해서다. 중앙일보가 미국 전략국제문제연구소(CSIS)와 함께 '중앙일보-CSIS포럼'을 개최하고 있는 것도 '통일준비' 이미지 제고와 '대권수업'을 위한 포석의 하나다. 2016년 5월 3일 '중앙일보-CSIS 포럼 2016' 이후 미국 워싱턴 정가에서 '한국의 차기로 미스터 홍을 주목해야 한다'는 얘기까지 나왔다고 한다. 예사로운 일이 아니다. 운명의 절묘한 반전(反轉)은 시작되는 것인가.

이상훈 MBN 정치부차장은 대학교수, 국회의원, 보좌관 등을 상대로 차기 대통령의 조건을 취재해 2016년 7월 25일 매일경제 정치사이트 '레이더P'에 '다음 대통령? 두 개라도 갖춘 사람을 찾아봐!'라는 칼럼을 썼다. 이 차장이 제시한 대통령의 조건은 이렇다.

"첫째는 절박함이다. 당연히 권력에 대한 절박함이다. 거창한 말로 '권력의지'라고도 하는데, 꼭 대통령이 되고 싶고, 왜 돼야 하는지 이유가 분명해야 한다. 중요한 건 그 이유가 스스로만 이해하는 이유가 아니라, 유권자 다수가 고개를 끄덕이는 이유여야 한다는 것이다. 둘째는 '심쿵 유발'이다. 가슴을 파고드는 스토리가 있어야 한다. 인생살이가 최소한 상투적인 영화나 드라마의 소재가 될 수준이어야 한다. 찢어지게 가난해 고학으로 공부해 성공했어도 옛 시절을 잊지 않고 검소하다던가, 부잣집에 태어났어도 늘 어려운 사람들과 스스럼없이 어울리며 고생길을 걸었다든가 등이다. 셋째는 먼지가 안 나와야 한다. 다른 말로 도덕성이다. 부동산투기, 병역면제, 논문표절, 탈세, 전관예우 등 일부 고위공직자가 보여준 편법과 불법에 사람들이 신물을 내면서 부쩍 중요도가 높아진 조건이다. 정작 자기 자신은 탈법·불법에 절었으면서도 대통령만큼은 심오한 도덕성을 갖추길 바라는 게 현실이다. 탈탈 털어 먼지가 너무 나오면 안 된다. 넷째는 분위기 파악이다. 시대정신이라고도 할 수 있는데, 세상 분위기를 잘 살펴 사람들이 무엇에 분노하고 무엇에 기뻐하는지 세심하게 알아내야 한다. 그리고 아는 데 그치는 게 아니라 분노를 가라앉히고 기쁨을 더 크게 할 자신만의 비법을 내놓아야 한다. 그게 정책이다. '저 사람 뭔가 할 것 같은데'라는 말을 들으면 성공이다."

한국사회에서 이 네 가지 조건을 모두 갖춘 사람을 찾기는 쉽지 않다. 두 가지를 갖춘 사람도 드물다. 그런데 홍석현은 세 가지를 갖췄다. '권력의지', '스토리', '시대정신' 등 세 가지를 갖춘 것이다. 그러나 나머지 한 가지 조건인 병역면제와 탈세 부분이 최대 약점이다. 탈세로 인해 옥고를 치렀으니 넘어갈 수 있으나, 병역면제에 대해서는 명쾌한 해명이 있어야 할 것이다. 중앙일보의 한 인사는 홍석현의 병역면제 사유에 대해 "결핵도 앓으시고… 어쨌든 몸이 굉장히 허약했던 것으로만 안다"고 말했다. 이런 설명으로는 국민들을 쉽게 납득시키지 못할 것이다.

하지만 이런 조건들보다 홍석현의 약점은 '귀족 이미지'다. 이른바 '금수저' 색깔을 지우는 것이 최대 과제다. 삼성과의 관계, 보광그룹, 중앙일보, 스탠포드대 경제학 박사 등등 '귀족·금수저'의 이미지가 너무 강하다. 정부의 고위공직자 출신인사는 "(대통령)감은 감인데 집안이…"라고 했다. '신흥 귀족'으로서 국민들과 호흡을 함께하기에는 너무 거리가 있다는 것이다. 홍석현의 한 고교동창은 "너무 똑똑한 게 약점"이라고 말했다. 똑똑하기 때문에 쉽게 가까이 갈 수 없다는 얘기다.

홍석현이 진정 대권에 생각이 있고, '통일대통령'을 꿈꾼다면 보다 낮은 데로 임해야 한다. 민생현장에서 국민들과 스킨십을 강화해야 한다. 전국 방방곳곳 생생한 민생현장에서 민초들이 생각하는 통일방안·통일생각이 무엇인지를 청취해야 한다. 서민들이 바라는 일자리와 경제가 무엇인지도 경청해야 한다. '민심은 천심'이라는 말은 '백성이 하늘'이요, '백성의 생각이 시대정신'이라는 얘기다. 지도자들로부터 지혜를 얻는 것도 중요하지만, 이는 자칫 뜬 구름을 잡을 수 있다. 백성의 투박한 소리에 지혜가 담겨 있다. 홍석현의 강점은 그의 역량이 국내 문제를 넘어 국제 문제를 해결할 수 있다는 점이다. '통일대통령'뿐만 아니라 한국을 세계 일류국가로 만들 수 있는 지도자의 비전과 역량을 지니고 있다. 그러나 이는 '대통령 이후'의 과제다. '대통령 이전'에는 민심의 바닥에서 국민과 함께 호흡할 수 있어야 한다.

대망론과 호남

'홍석현 대망론'에 대해 필자에게 보인 정치권과 언론계 인사들의 반응은 다양하다. '홍석현이 2017년 대선에서 과연 출마할 수 있을까', '인물은 인물인데…', '손석희와 결합하면 엄청난 파괴력을 지닐 것 같다', '참신한 포인트다'는 다양한 반응이 나왔다. '정치세력이 없는데 가능하겠느냐', '정주영 회장의 전철을 밟을 수 있다', '지역기반이 없는데…' 등등의 회의적인 반응도 있다. 사업을 하는 사람들과 중도적 지식인 그룹들은 대부분 '공감한다'는 반응이었다. 진보적인 지식인들은 삼성을 거론하며 부정적인 반응을 보였다. 특히 '어느 당으로 갈 것 같으냐'는 질문이 많았다.

홍석현이 대선에 나가려면 정당을 선택해야 한다. 신당을 창당할 것인지, 기존 새누리당·더불어민주당·국민의당 가운데 어느 당에 입당할 것인지를 결정해야 한다. 정당 선택은 민심, 지역과 밀접한 관계가 있다. 당연히 민심이 받쳐주고 있는 정당을 선택할 것으로 보인다. 그리고 어느 지역을 기반으로 할 것인지를 고려해야 할 것이다. 한국 정당들은 최근 다소 완화됐지만 지역주의 투표로 인해 지역정당체제를 오랫동안 유지해왔기 때문이다. 가령, 새누리당은 영남, 더불어민주당과 국민의당은 호남을 기반으로 하고 있다. 충청은 더민주와 국민의당보다 새누리당에 가깝다. 따라서 지역 선택은 정당 선택이기도 하다. 아울러 확실한 지역기반을 가져야 세(勢)를 형성할 수 있고, 세를 가져야 흔들리지 않는 대권주자의 입지를 구축할 수 있다.

누구도 지역기반 없이는 대선에서 승리할 수 없다는 게 대다수 정치학자들이 관련 논문에서 밝힌 분석이다. 1987년 이른바 '87년체제'가 출범한 뒤 제13대 대선 이후 '지역'은 유권자의 투표행태와 지역정당의 패권적 위치를 결정짓는 주요한 변수로 작용해왔기 때문이다.

박찬욱 서울대 교수는 "민주화 이후 전국 규모로 실시된 선거에서 표심의 향방을 예측 또는 설명할 때 가장 먼저 고려된 것은 지역 요인"이라고 주장한다. 이갑윤 서강대 교수는 "민주화 이후 한국인의 투표행태에서 나타나는 가장 큰 특징은 투표결정 요인으로 출신 지역의 영향력이 여전히 크다는 것"이라고 강조한다. 그는 지역투표의 영향력이 별로 감소하지 않고 강하게 지속되고 있는 현상은 지역민과 정당 간에 선거연합이 형성돼 결빙됨으로써 지역정당제와 지역투표가 서로를 강화시키며 존속하기 때문이라고 분석했다. 윤광일 숙명여대 교수는 "지역주의에 대한 고려 없이 한국의 선거를 설명하기는 극히 어렵다"고 했고, 조기숙 이화여대 교수는 "지역주의 투표가 단순히 전통적인 감정의 결과가 아니라 합리적인 선택의 결과이며, 목적지향적인 행위"라고까지 주장했다.

그렇다면 홍석현의 지역은 어디인가. 그의 지역은 '서울'이다. 1949년 10월 20일 서울 종로구 동숭동에서 태어나 초·중·고를 비롯해 대학교를 서울에서 다녔다. 현재 서울 용산구 이태원동에 살고 있다. 전형적인 서울 토박이다. 게다가 선친 홍진기는 서울 왕십리에서 태어났다. 홍석현의 8대조 이전부터 왕십리에 뿌리를 내리고 살았다고 한다.

홍석현의 조부 홍성우(洪性佑)는 왕십리에서 정미소를 운영했으며, 지금의 한양대 일대의 땅을 소유했다고 한다. 그러나 홍진기가 경성제일고보(현 경기고)에 입학하던 해 홍성우는 금광개발에 실패해 정미소마저 남의 손에 넘겼다. 왕십리 일대의 땅과 가평의 임야도 날아갔다. 그래서 홍석현의 할머니 이문익은 왕십리에서 경성제대 예과가 있는 청량리로 이사해 생활의 방편으로 하숙을 쳤다. 당시 경성제대 예과를 다닌 홍진기가 하숙생을 직접 선발했는데, 문홍주 전 문교부 장관·황산덕 전 법무부 장관·계창업 전 대법관·김봉관 전 농림부차관·선우종원 전 국회사무총장 등 경성제대 수재들이었다.

해방 이후 서울 출신으로 대통령이 된 사람은 없다. 대통령을 지낸 이승만(황해)·윤보선(충남)·박정희(경북)·최규하(강원)·전두환(경남)·노태우(경북)·김영삼(경남)·김대중(전남)·노무현(경남)·이명박(경북) 등 전직 대통령들과 박근혜 대통령(대구) 등 모두가 서울 출신이 아니었다. '향세경점(鄕勢京漸: 시골 세력이 서울을 지배)'이다. 이런 현상 때문에 서울 출신들은 서울에서 큰소리를 치지못했다. 서울시장을 비롯해 국회의원, 구청장, 시·구의원 중에서 순수 서울토박이들이 몇 명이나 되는가.

홍석현은 서울을 지역기반으로 하고 있기 때문에 지역차별, 특정지역 패권주의에서 비교적 자유로울 수 있다. 하지만 이는 역으로 지역기반이 취약하다는 것을 말해준다. 서울이란 지역기반만으로 대권에 도전하는 것은 무모하다. 전국 각지의 출향민(出鄕民)들이 서울 인구의 80% 이상을 차지하고 있기 때문이다. 결국 홍석현은 영남, 호남, 충청 중에서 어느 지역을 선택할지를 고민하지 않을 수 없다.

그런데 홍석현의 가계(家系), 특히 모계(母系)는 호남에 가깝다. 홍석현의 모친 김윤남은 전남 목포에서 태어났다. 광주에서 초등학교·중학교에 이어 호남 제일의 명문여고인 광주욱(旭)공립고등여학교(별칭 '욱고녀', 현 전남여고)를 졸업했다. 오빠 김홍준(金弘準)은 광주서중(현 광주일고)을 다녔다. 김윤남의 선친 김신석(金信錫) 전 호남은행 전무는 경남 산청군 생초면 어서리 출신이지만, 생애 중요한 시절을 목포와 광주에서 보냈다.

일제강점기 현정은 현대그룹 회장의 조부인 현준호(玄俊鎬) 대표는 호남은행을 설립한 뒤, 부산상고를 졸업해 조선은행에 근무하고 있던 김신석을 목포지점장에 전격 발탁했다. 그는 당시 금융계에서 회계의 달인으로 꼽힌 인물이었다. 목포 지점장을 거쳐 전무로 승진한 김신석은 호남은행의 회계업무를 완벽하게 처리했다. 그 결과 무려 50일간의 총독부의 고의적인 특별감사에도 불구하고 호남은행은 회계상 전혀 꼬투리를 잡히지 않았다고 한다. 그가 호남은행의 전무로 재직하며 현준호의 동지이자 최측근이 되었음은 물론이다.

김신석이 목포지점장 시절 낳은 딸이 바로 김윤남이다. 1943년 12월 17일 김윤남은 이화여전 시절 전주지방법원 판사로 근무한 홍진기와 결혼해 홍라희 리움관장, 홍석현 회장, 홍석조 BGF리테일회장, 홍석준 보광창업투자회장, 홍석규 보광회장, 홍라영 리움총괄부관장 등을 낳았다. 특히 홍라희 관장의 이름을 '전라도에서 얻은 기쁨'이라는 뜻의 '라희(羅喜)'라고 지은 것을 보면 홍진기의 호남에 대한 생각의 일단을 엿볼 수 있다. 홍진기는 자신의 생애에서 가장 여유롭고 편안하고 행복했던 시기를 전주에서 살던 때라고 회상했다(『이 사람아, 공부해』 96쪽). 김윤남도 전주 시절에 대해 "전주는 맛의 고장이고 인심도 좋았다. 동네 나가면 '판사 아씨 온다'고 했는데 동네 유지들이 여러 차례 초대를 하고 음식을 대접했다"고 회고했다(『이 사람아, 공부해』 94쪽).

홍 회장의 또 다른 호남 기반은 원불교다. 전남 영광 출신 소태산(少太山) 박중빈(朴重彬) 대종사가 창시한 원불교는 전북 익산에 중앙총부가 있다. 원광대학교도 전북 익산에 있다. 원불교는 호남을 지역기반으로 한 종교인 셈이다. 1962년 홍 전 회장이 구속돼 있을 때 김윤남은 친정 올케의 권유로 원불교 종로 교당을 찾았다. 원불교에 다니면서 남편 홍 전 회장의 석방을 위해 지극정성으로 기도했다. 매일 306자로 된 원불교의 '심불 일원상 내역급 서원문'을 백번 독송하며 기도를 했다고 한다. 김윤남 여사는 그 기도 덕분으로 남편이 죽지 않고 감옥에서 나올 수 있었다고 믿었다. 그래서 홍 전 회장을 비롯해 홍라희·홍석현 등 전 가족이 원불교 신자가 됐다고 한다(『이 사람아, 공부해』 286~287쪽 참조).

김윤남은 평생 서원문 백독(百讀)과 참선 수행, 독실한 신심(信心)으로 원불교에서 수행의 두 번째 높은 계위(階位)인 출가위에 오른 원정사(圓正師)다. 그런 만큼 사후(死後)에도 원불교 신도들로부터 상당한 예우를 받고 있다. 따라서 원불교가 평소 정치에 개입하지 않지만, 원정사의 아들 홍석현이 대권에 도전할 경우 원불교 520개 교당의 1백만 신도들은 이심전심(以心傳心)으로 지원할 수밖에 없을 것이란 분석이 가능하다.

아울러 홍석현이 호남을 기반으로 할 수 있는 분야는 대북정책이다. 호남 사람들은 김대중 전 대통령의 '햇볕정책'을 지지해야 관심을 갖는다. 무턱대고 대북강경정책을 펴면 호남 민심을 얻을 수 없다. 4·13총선에서 더불어민주당이 호남에서 참패한 것도 김종인 전 대표의 '북한궤멸론'과 무관하지 않다. 국민의당 호남후보들이 총선기간 내내 '김종인 전 대표의 북한궤멸론은 햇볕정책과 결별을 선언한 것'이라고 맹공을 폈기 때문이다.

홍석현은 2015년 12월 14일 경남대 북한대학원대학교에서 '통일로 가는 길: 매력국가'라는 주제의 특강을 통해 "한국이 남북관계에서 주도적 역할을 자임하고 (그 역할을) 늘려나가야 한다"며 "창의적이고 적극적인 남북관계 관련 정책으로 미국과 중국을 설득하고, 북핵문제와 한반도 평화정착 문제를 돌파해야 한다"고 강조했다. 그는 "그나마 열려 있는 것이 개성공단인데, 현재는 원래 계획의 3분의 1 수준인 것을 계획대로 확장해 활성화해 나가고, 중국의 일대일로와 우리 정부의 유라시아 이니셔티브를 잘 활용해서 북한 철도 문제와 러시아 가스관 연결 문제를 해결함으로써 남북한 경제번영에 기여해야 한다"고 밝혔다.

한국사회에서 보수와 진보를 구별하는 잣대는 대북정책이다. 피상적으로 생각하면 홍석현이 보수적인 안보관·통일관을 갖고 있는 것으로 보이지만, 이처럼 김대중 정부의 '햇볕정책', 노무현 정부의 '대북포용정책'과 노선을 같이한다.

이런 맥락에서 볼 때 홍석현은 결국 호남과 서울을 기반으로 한 정당을 선택할 것이란 분석이 설득력이 있다. 물론 홍석현 자신은 전혀 지역색이 없다. 중앙일보는 '지역'을 고려하지 않고 '능력과 품성 위주 인사'를 한다는 정평이 나 있다. 홍석현의 모계가 호남과 가깝다고 해서 호남인재를 중용할 것이라고 생각한다면 대단한 착각이다.

홍석현이 호남·서울만의 지원으로는 대권에서 승리하기 어렵다. 영남·호남·충청·강원·수도권을 모두 아우르는 '대(大)지역연합'을 기초로 한 선거연합을 추진해야 가능하다. 현행 대통령제의 승자독식 성격에서 탈피해 권력독점이 아닌 권력공유의 2원집정부제적 국가 운영전략을 마련해야 한다. 보수와 진보 간의 이념갈등을 해결할 수 있도록 보수와 진보가 참여하는 '정책연대 프로그램'도 개발하고, 지역균열·세대갈등·노사문제를 조정·해결할 수 있는 '국민통합 정책대안'을 제시해야 할 것이다. 그것만이 진정한 호남포용정책이 될 수 있다.

2부

홍석현과
제3의 성공조건

1장

홍석현 스토리

第三開國

'법과대학은 가지 마라'

홍석현은 1949년 10월 20일 서울 종로구 동숭동에서 태어났다. 가장 기뻐한 사람은 할머니 이문익이었다. 만 네 살의 라희와 두 살의 명희에 이어 또 딸이면 어찌하나 걱정하던 차에 장손이 태어났으니 뛸 듯이 기뻐한 것이다. 당시 선친 홍진기는 법무부 조사국장이었다. 그러나 6·25가 발발해 돌도 지나지 않은 홍석현은 어머니 김윤남과 라희, 명희 누나들과 함께 뚝섬으로 피란을 갔다. 홍석현은 3개월 정도를 뚝섬에서 보냈다.

1950년 9월 서울이 수복되자 동숭동 자택으로 돌아왔으나, 중공군의 참전으로 12월 초 홍석현의 가족들은 '스리쿼터'라고 부르던 트럭을 타고 대구를 거쳐 부산으로 피란을 갔다. 홍석현의 가족들은 부산 대청동과 초장동에서 한겨울을 났다. 낮 생활은 대청동에서 보냈다. 그러나 방이 좁아 홍석현과 부모는 대청동, 할머니와 라희 누나는 초장동에서 잤다고 한다. 그러다가 동대신동을 거쳐 서대신동에서 살았다. 6·25 동안 대부분 이곳에서 지낸 것이다. 홍석현은 부산과도 인연이 있었던 셈이다.

1953년 7월 27일 휴전이 되자 8월에 서울 동숭동 옛집으로 다시 돌아왔다. 1954년 2월 7일 선친이 법무부 차관으로 승진하자 차관 관사가 있는 서울 종로구 신문로 1가 58-1번지로 가족들은 이사했다. 홍진기가 1958년 2월 20일 법무부 장관에 발탁되자 종로구 원남동 200번지로 거주지를 옮겼다. 이처럼 홍석현은 부산 피란 때를 제외하고 어린 시절을 종로에서 보낸 것이다. 서울시 종로구 동숭동, 신문로, 원남동에서 살았던 것이다.

홍석현은 1956년 서울 덕수초등학교에 입학했다. 초등학교 5학년이었던 1960년 4·19학생혁명이 일어났다. 홍진기는 1958년 2월 20일부터 1960년 3월 22일까지는 법무장관, 3월 23일부터 4월 25일까지는 내무장관을 지냈다. 3·15부정선거 이후 마산사태로 최인규 내무장관이 물러나자 법무장관에서 내무장관으로 자리를 옮긴 것이다. 마산사태 수습의 총책임자가 됐다. 그러나 4월 11일 김주열 씨의 사체가 마산 앞바다에 떠올랐다. 마산을 비롯해 전국이 분노했다. 4·19혁명에 불을 댕긴 것이다. 4월 18일 고려대 학생 3000여 명이 시위를 했다. 평화적 시위였다. 그런데 오후 7시 30분경 학교로 돌아가는 대학생들을 반공 청년단과 조직 깡패들이 쇠파이프, 쇠갈고리, 몽둥이, 벽돌 등을 휘두르며 기습했다. 200명의 학생들이 부상당했다.

이에 다음 날인 4월 19일 서울대·성균관대·동국대 등을 비롯한 서울 시내 대다수 대학생들이 지금의 광화문에 집결해 대규모 시위에 나섰다. 경무대로 가기 위해 중앙청 앞 1차 저지선을 뚫고 효자동 전차 종점까지 진출했다. 학생들이 경무대 앞 최후 저지선으로 갔을 때 총성이 울렸다. 경찰이 발포한 것이다. 이승만 정권의 조종을 울리는 신호탄이었다. 결국 4월 25일 홍진기는 내무장관에서 물러났다. 4월 26일 이승만 대통령은 하야했다. 그리고 5월 18일 홍진기는 구속됐다. 발포명령이 아닌 정·부통령 선거법(24조, 82조 등) 위반 혐의였다. 실제로 경무대 앞의 발포명령자는 경호실장 곽영주로 밝혀졌기 때문이다.

8월 19일 제2공화국이 출범한 뒤 10월 8일 1심 선거공판에서 홍진기는 발포 명령 부분에서는 무죄, 선거법 위반 부분에서는 유죄가 인정돼 징역 9월을 선고받았다. 선거법 위반도 3·15부정선거를 주도한 혐의가 아니라 법무장관으로서 공무원들이 자유당 후보를 지지하도록 독려했다는 혐의였다. 발포명령에 대해 무죄판결을 내린 재판장 장준택 서울지법 부장판사는 1960년 12월 26일 동아일보 인터뷰에서 "현행법에 의거, 최선을 다했다. 일부의 비난도 적지 않았으나 10년 후에는 내 마음을 모두 알게 될 것이다…. 나로서는 현행법이 허용하는 한 세 배 이상으로 엄한 판결을 내렸다"고 했다. 『이 사람아, 공부해』에 따르면 훗날 김동정 배심판사도 "홍진기에게 무죄판결을 내린 당시 재판부의 판단이 옳았다는 소신에는 지금도 변함이 없다"고 회고했다고 한다.

하지만 여론이 악화되자 10월 12일 국회는 '민주 반역자에 대한 형사사건 임시 처리 법안'을 통과시켰다. 이 법안의 통과에 따라 발포명령 사건에 대한 공판절차가 정지됐다. 그리고 국회는 10월 17일 헌법에 규정된 '법률 불소급의 원칙'에 예외 규정을 두는 헌법개정안을 제안했고, 국무회의는 같은 날 개헌안을 의결해 대통령 공시 제1호로 공고했다. 이 헌법 개정안은 11월 23일 민의원, 11월 24일 참의원에서 통과됐다. 민주당 정부는 여론에 떠밀려 소급법 제정의 길을 연 것이다. 이에 따라 1960년 12월 30일 특별재판소 및 특별검찰부 조직법, 12월 31일 부정선거 관련자 처벌법과 반민주 행위자 공민권 제한법이 제정됐다.

그리고 1961년 1월 4일 발포명령 사건에 대한 공판 절차 정지 조치가 취소됐다. 곧바로 특별재판부와 특별검찰부의 활동이 시작됐다. 그런데 이런 와중에 1961년 5월 16일 5·16쿠데타가 일어났다. 군사정부는 4·19혁명의 뒤처리 등을 모두 원점으로 되돌렸다. 위헌 요소가 있는 소급법은 바로 잡아지지 않았다. 선거법 위반으로 받은 징역 9월형이 없던 것으로 됐다. 6월 21일 공포된 혁명재판소 및 혁명검찰부 조직에 관한 임시 조치법에 따라 특별재판소는 혁명재판소로, 특별검찰부는 혁명검찰부로 바뀐 것이다.

결국 홍진기는 다시 재판을 받게 됐다. 혁명검찰부에 의해 사형 구형을 받았고, 혁명재판부 제1심판부도 1961년 9월 30일 홍진기에게 사형을 선고했다. 그러자 홍진기와 함께 이승만 정부의 마지막 장관이었던 김정렬 전 국방장관이 당시 김종필 중앙정보부장(JP)을 만나 구명운동을 폈다. 김종필 부장은 당시 박정희 의장에게 직접 선처를 건의했다. 홍진기는 1961년 12월 19일 혁명재판부 상소 1심판부 판결에서 무기징역으로 감형됐다. 그리고 1963년 12월 16일 형집행정지로 풀려났다. 앞에서도 밝혔듯이, 홍석현은 2016년 3월 10일 『김종필 증언록』 출판기념회에서 JP와의 인연에 대해 "JP는 저희 집안과 특별한 인연이 있습니다. 1960년대 초 정치적 격변기 때, 우리 집안에 절체절명의 위기가 있었습니다. 제가 초등학교 때 겪어야 했던 악몽이었습니다. 집안의 그 어려움을 타개하는 데 운정(JP의 아호) 선생께서 커다란 도움을 주셨습니다"고 말했다.

홍석현은 경기중학교에 막 입학해서 선친을 1번 면회했다고 한다. 『이 사람아, 공부해』에서 이렇게 말했다. "아버지께서 기결수가 되고 나서는 어머니와 할머니는 매일 면회를 가셨지만 나는 한 번 면회를 갔다. 자식들의 면회를 아버지께서 원하지 않으셨다. 보통 미결에서 기결로 넘어갈 때 머리를 깎는데 그 전에 오라는 아버지의 말씀이 있었다. 그래서 확정 판결이 나서 기결수 방으로 옮기시기 전에 누님과 석조와 내가 할머니와 어머니를 따라 면회를 갔다. 그때가 1962년이니까 내가 중학교에 막 들어갔을 때였다."

홍석현은 또 2016년 2월 19일 포스텍 명예공학박사 수락 연설에서 당시의 상황을 이렇게 회고했다. 그리고 자신이 법과대학에 진학하지 않은 배경에 대해서도 설명했다. "제가 초등학교 5학년이었던 1960년, 4·19학생혁명이 있었습니다. 선친께서는 당시 법무, 내무장관으로 자유당 정권의 마지막 내각에서 재직하셨습니다. 그 격동 속에서 정부의 모든 장관들, 자유당 중진들과 함께 저희 선친께서도 구속이 되었고 3년 반 동안 옥고를 치루셨습니다. 저희 집안에 불어닥친 정치광풍의 여파는 엄혹했습니다. 그 고통을 겪으신 할머니께서는 저에게 이런 말씀을 하셨습니다. '네가 무슨 공부를 해도 좋다. 그러나 절대로 법과대학은 가지 마라. 이 세상에서 가장 의리 없고 인간미 없는 사람들이 검사와 판사들이다.' 그 말씀을 거의 세뇌 수준으로 저에게 반복하셨습니다. 그 시절은 아득한 옛날이지만 생생하게 기억납니다. '응답하라! 나의 학창 시절' 그랬습니다. 할머니의 말씀은 저의 잠재의식에 깊숙하게 박혔습니다. 저도 졸업생 여러분처럼 부모님 덕분에 좋은 머리를 갖고, '한 공부' 한다는 얘기를 들었습니다. 선생님께서는 어느 대학에도 들어갈 수 있다고 했지만 저는 일치감치 법과대학은 제쳐놓았습니다."

홍석현은 경기고를 우수한 성적(전교 4, 5등)으로 졸업했다. 경기고 학생회장도 맡았다. 당시 동기생들은 "공부도 잘했고, 매우 똑똑한 학생이었다. 특별히 튀는 것은 없었다"고 말한다. 그는 서울법대에 진학할 수 있는 실력이었으나, 서울법대를 가지 않았다. '절대로 법과대학은 가지 마라'는 할머니의 '세뇌교육'의 영향이다. 홍석현은 경기중 1학년에 입학한 뒤 선친을 면회했다. 어린 학생의 입장에서 선친이 옥고를 치른 모습을 보고 할머니의 가르침이 일리가 있다고 생각했을 것이다.

김완희 박사와 전자공학, 그리고 경제학

"1960년대 중반 김완희(金玩熙) 박사라는 선각자가 등장합니다. 컬럼비아대 전자공학과 교수였던 그분을 박정희 대통령은 초청합니다. '우리가 이렇게 못 먹고 사는데 나라를 일으켜야 하지 않겠느냐'는 요지의 대통령 편지를 받고 김완희 박사는 감동했습니다. 그는 조국을 위해 헌신하기로 결의했고, 대한민국의 전자산업 육성에 온몸을 바쳤습니다. 1967년 모든 신문에 김완희 박사의 공학도적 애국심, 선구자적 열정과 신념이 크게 보도됐습니다. 그분의 의지와 헌신은 고등학생이던 저의 가슴을 파고들었습니다. 저는 전자공학을 하겠다고 결심했습니다."

홍석현은 2016년 2월 19일 포스텍 명예공학박사 수락 연설에서 자신이 서울대 전자공학과에 진학하게 된 배경을 설명한 내용이다. 미국 컬럼비아대 전자공학과의 종신교수로 재직하고 있던 김완희 박사가 1967년 9월 4일 귀국하면서 연일 신문지면을 장식하고 있었던 시절, 홍석현은 경기고 3학년 2학기에 재학 중이었다. 3학년 2학기는 대학진로를 최종 결정해야 하는 시기다.

1967년 9월 16일 김완희는 청와대에서 박정희 대통령에게 '전자공업 진흥을 위한 건의서'를 보고했다. 모두 7개항으로 된 이 건의서는 한국의 전자공업 적응성이 우수함을 열거한 뒤 수출전략산업으로 지정해야 하고, 정부 차원의 지원이 필요하다고 역설했다. 제2차 경제개발 5개년계획이 완료되는 1971년까지 전자공업 육성을 법적으로 뒷받침할 관련법을 제정하고, 지도적 역할을 수행할 전자공업진흥원 설치를 건의했다. 전자공업육성자금의 확보와 조기 방출 등도 강조했다. 이는 한국 정부의 전자공업 육성 기본정책의 바탕이 됐다. 오늘날 한국이 'IT강국'이 된 것도 김완희의 공로가 크다고 본다.

김완희는 이후 대통령의 특별자문과 상공·체신 및 과기처 장관의 고문으로 활동하며 한국 전자사업의 기초를 닦았다. 김완희가 건의한 전자공업진흥법은 1968년 12월 28일 제정됐다. 전자공업진흥원 설치안 역시 1976년 한국전자공업진흥회(현 한국전자산업진흥회)의 출범으로 빛을 보게 됐다. 그는 10년 넘게 지속된 박정희의 귀국 요청에 1978년 결국 미국 컬럼비아대 종신교수직을 내던지고 한국으로 돌아와 전자공업진흥회 상임회장과 전자공업협동조합 이사장 등으로 활동했다.

당시 언론에는 연일 이런 김완희의 애국심과 함께 전자공업에 대한 청사진이 대서특필됐다. 매일 저녁 중앙일보를 통해 이런 기사를 읽은 고교 3년생 홍석현은 동생 홍석조 BGF리테일 회장이 서울대 법대에 진학한 것과는 다르게 서울대 전자공학과에 진학했다. 그 아래 동생인 홍석규 보광회장도 서울대 외교학과에 진학했다. 동생 석조는 18회 사법시험에 합격해 광주고검장(검사장)을 역임했고, 석규는 13회 외무고시에 합격해 외무부 기획조사과 과장을 지냈다.

홍석현은 1972년 서울대 전자공학과를 졸업하고 1973년 미국 스탠퍼드대로 유학을 갔다. 1978년 스탠퍼드대 대학원에서 산업공학 석사학위를, 1980년 스탠퍼드대 대학원에서 경제학 박사학위를 받았다. '전자공학·산업공학·경제학'을 공부했는데, 이는 경제학 공부를 더욱 탄탄하게 만들었다고 본다. 홍석현은 1977년부터 1983년까지 당시 한국인으로는 드물게 세계은행(IBRD) 경제개발연구소 이코노미스트(경제조사역)로 사회생활을 시작했다. 이는 홍석현이 국제경제를 보는 안목, 경제위기 상황 파악 및 대처 능력에 있어서 그만큼 기본이 튼튼하다는 것을 말해준다. 앞에서 이야기했듯이 1983년 귀국 이후에는 재무부장관 비서관, 대통령 비서실 보좌관 등을 거치며 행정 경험과 정치 감각을 익히기도 했다.

한국에 스탠퍼드대 동문들은 대략 500여 명 가까이 된다. 안철수 국민의당 전 대표, 진대제 전 정보통신부장관, 이희국 LG 사장, 최재원 SK 부회장, 허광수 삼양인터내셔날 회장, 권오현 삼성전자 부회장, 송문섭 엠세븐시스템 유한회사 사장, 허염 실리콘마이터스 사장, 원재연 큐릭스 사장, 박진선 샘표식품 사장, 김재열 제일기획 사장, 허세홍 GS칼텍스 부사장 등이 스탠퍼드대 출신들이다. 이 중에서 진대제 전 장관, 이희국 사장은 경기고와 서울대 전자공학과를 졸업해 스탠퍼드대에서 전자공학 박사학위를 받았다. 스탠퍼드대 동문들은 매년 5월과 12월 두 차례 모임을 갖고 있다. 스탠퍼드대 한국 총동문회장은 장준호 인포뱅크 사장이 맡고 있다. 이들은 모두 홍석현의 스탠퍼드대 후배들이다. 계기가 주어지면 홍석현을 지원할 수 있는 인물들이다.

해외에선 구글의 공동창업자인 세르게이 브린와 래리 페이지, 야후의 공동설립자 제리 양, 휴렛팩커드를 창립한 윌리엄 휴렛, 나이키의 공동창업자 필 나이트도 스탠퍼드대에서 공부했다. 현재 주한미국대사인 마크 리퍼트는 스탠퍼드대 정치학과를 졸업하고 대학원에서 국제정치학 석사학위를 받았다. 리퍼트 대사는 주미대사를 지낸 홍석현과 각별한 관계를 유지하고 있다. 홍석현이 아들 홍정도 중앙일보·JTBC 사장을 스탠퍼드대 경영대학원에서 MBA과정을 마치도록 한 것도 이런 배경을 고려했기 때문인 것으로 분석된다.

그런데 홍석현의 인생에서 최대 약점은 병역면제다. 홍석현은 1969년 징병검사에서 질병(결핵)으로 제2국민역 판정을 받아 군 복무를 하지 않았다. 병무청에 따르면 병적기록은 영구보존이기 때문에 남아 있지만 일반적인 참고자료의 경우 보존연한 3년이 지나면 폐기한다. 따라서 당시 담당 군의관의 소견이나 진단서, 엑스레이 등 판정기록을 확인하기 쉽지 않다. 중앙일보 관계자는 "당시 홍석현 회장은 저체중과 폐결핵이 겹쳐 병역면제 판정을 받았다"고 했다. 1969년이면 홍 회장이 서울대 전자공학과 1학년에 다니고 있었고, 선친 홍진기는 중앙일보 사장으로 재직 중이었다. 반면 아들 홍정도는 연세대에 다니다가 1999년 4월1일부터 2001년 5월31일까지 현역으로 병역을 마쳤다.

세계은행-재무부-청와대

홍석현은 1980년 미국 스탠퍼드대에서 경제학 박사학위를 받고 귀국하지 않았다. 우선 한국 정세가 불안했다. 1979년 12·12쿠데타에 이어 1980년 '서울의 봄', 5·18광주민주화운동 등으로 한 치 앞을 볼 수 없는 상황이었다. 게다가 선친 홍진기가 회장으로 있던 중앙일보의 여건도 녹록하지 않았다. 중앙일보 사주가 이병철 삼성그룹회장이어서 더욱 그랬다. 그러나 무엇보다 스탠퍼드대 대학원 재학시절인 1977년 3월부터 세계은행에서 인턴으로 일하고 있었고, 1980년 스탠퍼드대에서 경제학 박사학위를 취득하자마자 워싱턴에 있는 세계은행 본부에서 이코노미스트로 정식 근무하기로 결정돼 있었기 때문에 한국에 올 여건이 아니었다.

이코노미스트는 이론에 밝은 경제학자 또는 경제전문가를 일컫는다. 금융과 실물에 이르는 거시경제 전반의 흐름을 읽고 미래에 대한 분석과 전망을 내놓는다. 장·단기 주요 경제정책과 관련된 판단은 이코노미스트의 몫이다. 노벨 경제학상을 수상한 조지프 스티글리츠(Joseph E. Stiglitz) 하버드대 교수와 『빈곤의 종말』을 쓴 제프리 삭스(Jeffrey Sachs) 컬럼비아대 교수도 세계은행에서 이코노미스트로 활약한 바 있다. 세계은행에서 실력을 연마하고 이론을 정립해 노벨 경제학상을 수상한 것이다.

세계은행(World Bank)의 원래 정식 명칭은 국제부흥개발은행(IBRD: International Bank for Reconstruction and Development)이다. 1944년 브레튼우즈 협정을 기초로 1946년 미국 워싱턴에 본부를 설립한 국제협력기구로 제2차 세계대전 이후 각국이 입은 전쟁 피해복구와 개발 목적으로 설립됐다. 현재는 IBRD 외에 국제개발협회

(IDA), 국제금융공사(IFC), 다자간투자보증기구(MIGA), 국제투자분쟁해결본부(ICSID) 등 5개 기관으로 구성돼 있다. 이들을 통칭해서 세계은행그룹이라고도 한다. 현재 187개 국가가 가입돼 있다. 우리나라는 1955년에 58번째로 IBRD에 가입했고, 1970년 대표이사국으로 선임됐다.

세계은행의 주요 업무는 ①개발도상 가맹국에 대한 개발 자금 지원, ②개발정책 수립 및 진행에 관한 기술 지원, ③개도국으로의 재원 및 기술 이전에 관한 조정 역할, ④경제개발 담당자에 대한 연수실시 등이다. 따라서 세계은행은 1970~1980년대 한국에게는 매우 중요한 국제기구였다. 당시 한국은 상당한 금액의 IBRD의 경제재건차관을 들여와 사회간접자본을 확충하고 경제발전의 토대를 마련했었다.

홍석현이 세계은행에서 맡은 주요 업무는 한국의 경제 현황과 각종 금융 통계를 파악해 보고서를 작성하는 일이었다. 자연스럽게 한국경제를 이해할 수 있게 됐다. 한국의 경제 관료, 특히 재무부 관료들과 인연을 맺었다. 더불어 중국의 경제자료를 파악·조사하는 일도 했었다. 많은 중국의 경제분야 지도자들도 만나 관계를 맺었다. 오늘날 중국의 지도자들과 많이 알게 된 것도 세계은행에서 형성한 인맥의 결과다.

홍석현이 1983년 3월 귀국한 뒤 재무부에 특채된 것도 세계은행 이코노미스트 경력을 가진 홍석현과 같은 인재가 필요했기 때문이다. 특히 당시 강경식 재무부장관에게는 홍 회장이 필요했다. 세계은행을 비롯해 전 세계 경제분야의 지도자들과 인연을 맺고 있었고, 전공도 경제학이었기 때문이다. 강경식은 원래 경제전문가가 아니다. 서울대 법대 출신으로 미국 시라큐스대 맥스웰행정대학원에서 행정학 석사학위를 취득했을 뿐이다. 물론 오랫동안 경제기획원에서 잔뼈가 굵은 정통 경제관료다. 주로 경제정책을 입안했다. 그래서 강경식은 경제학을 제대로 공부한 경제전문가가 필요했다. 경제지식과 영어에 능통하고 국제적 감각을 갖춘 홍석현은 강경식의 입맛에 딱 맞는 인재였다. 이것이 장관 비서관으로 발탁된 배경이다. 그리고 강경식은 8개월 뒤 대통령비서실장으로 자리를 옮기면서 홍석현을 비서실장 보좌관으로 데리고 갔다. 이는 홍석현에 대한 강경식의 신임이 어느 정도였는지를 말해준다. 실제로 강경식은 홍석현에 대해 "세계경제를 비롯해 경제 관련 질문을 하면 막힘이 없이 답변했고, 많은 조언을 해줘 큰 도움이 됐다. 당시 국내에는 그만한 인재가 없었다"고 평가했다.

홍석현은 청와대에 근무하면서 경제분야를 넘어 국정 전반에 걸쳐 많은 경험을 하게 된다. 전두환 정권 초기 청와대의 권력은 말할 필요가 없다. 청와대 행정관만 해도 그야말로 나는 새도 떨어뜨리는 권세를 갖고 있었다. 심지어 청와대 출입기자들도 자기 고향의 시장·군수·경찰서장·세무서장의 인사를 주물렀다고 한다. 그런 시절 대통령비서실장의 보좌관은 권력의 심장부였다. 국정운영, 정국주도 등 통치의 모든 것을 체험할 수 있는 자리였다. 당시 청와대 출입기자들이 전해준 홍석현에 대한 이야기는 많다. 그러나 상당 부분 부풀린

측면이 있다.

아무튼 홍석현은 청와대 근무를 매우 즐겼다고 한다. 원래 강경식 비서실장은 지하경제 양성화를 위한 금융실명제 실시에 관심이 많았다. 재무부장관으로 재직하면서 금융실명제를 추진했으나 정·재계의 반발로 실패했다. 비서실장으로 자리를 옮겨서도 경제안정, 자율화와 개방화를 지속적으로 추진하면서 금융실명제를 실시해야 한다는 생각을 접지 않았다. 전두환 대통령의 재가를 받아 법안까지 만들었다. 홍석현이 금융실명제법 성안에 참여했음은 물론이다. 그러나 법은 국회를 통과하지 못해 실현되지 않았다.

홍석현은 1985년 1월 강경식 비서실장과 함께 청와대를 나왔다. 관료 생활에 미련을 버리지 못해 상당히 아쉬워했다고 한다. 그가 청와대를 떠나면서 바로 삼성이나 중앙일보로 들어가지 않고 한국개발연구원(KDI) 연구위원으로 일한 것은 공직에 대한 미련 때문인 것으로 분석된다. 홍석현은 KDI에서 김중수 전 한국은행 총재, 장현준 전 에너지경제원장, 좌승희 박정희대통령기념재단 이사장, 양수길 전 OECD대표부대사, 박원암 홍익대 교수 등과 인연을 맺었다.

'세계은행·재무부·청와대·KDI'에서 근무한 홍석현의 경력은 결코 간단하지 않다. 경제정책은 물론 국가운영에 대한 식견을 충분히 쌓았다고 본다.

홍석현은 1986년 7월 13일 선친 홍진기가 작고하자 지분을 갖고 있던 삼성코닝에 입사했다. 삼성코닝 상무, 전무, 부사장을 역임했다. 그는 1994년 중앙일보로 옮기기 전까지 삼성에 재직하면서 '이병철-이건희' 회장의 경영수완과 리더십을 배웠다. 경제이론에 이어 실물경제를 현장에서 배우고 경영의 노하우를 쌓았다.

학력과 경력에서 대한민국의 그 누구에게도 뒤지지 않은 스펙을 쌓은 것이다. 전형적인 '금수저의 길'을 걸은 것이다. 지식과 경험을 충분히 쌓은 홍석현으로서는 중앙일보 대표이사로 취임하면서 미래의 '큰 꿈'을 꿀 만도 했다.

사랑과 야망

홍석현 회장과 부인 신연균(申硯均) 아름지기재단 이사장의 러브스토리는 알려져 있지 않다. 두 사람은 1976년 결혼했다. 1953년생인 신연균은 1949년생인 홍석현보다 네 살 어리다. 결혼 당시 홍석현은 미국 스탠퍼드대 대학원에서 공부하고 있었고, 신연균은 이화여대 사회학과를 졸업하고 대학원에 다니고 있을 때다. 둘 다 대학원생 신분으로 결혼했다.

이화여대 사회학과는 '파워 그룹'으로 유명하다. 현정은 현대그룹 회장, 인재근·유승희 더불어민주당 의원, 최영희·전여옥 전 의원, 지은희·장하진 전 장관, 이해찬 의원의 부인 김정옥 여사, 오거돈 전 해양수산부 장관의 부인 심상애 여사 등이 사회학과 출신들이다.

신연균이 결혼할 당시 부친 신직수(申稙秀)는 중앙정보부장이었다. 군 법무관 출신의 신 전 중앙정보부장은 박정희 전 대통령이 5사단장이던 시절 법무참모를 지냈다. 1961년 국가재건최고회의 법률고문을 거쳐 서울중앙지방검찰청 검사를 역임했다. 1963년에는 김종필 중앙정보부장 아래 중앙정보부 차장을 지냈다. 1963년 12월부터 1971년 6월까지 7년 6개월간 제11대 검찰총장을 역임했고, 이어 1973년 12월까지 제22대 법무부 장관을 지냈다. 그리고 1973년 12월부터 1976년 12월까지 제7대 중앙정보부장을 맡았다.

1970년대 후반 무렵에도 중매결혼이 대세였다. 언론사 사장 아들과 중앙정보부장 딸이 중매로 결혼할 수 있었던 시절이다. 두 사람이 연애결혼을 할 여건도 아니었다. 홍석현이 1973년 미국 유학길에 올랐을 때 신연균은 이화여대 2학년 재학 중이었다. 서로 만나 사귈 수 있는 상황이 아니었다.

사실 홍석현의 선친 홍진기는 신직수에게 정신적 부채의식이 있었다. 홍진기가 1961년 12월 19일 혁명재판부 상소 1심판부 판결에서 무기징역으로 감형될 때, 그리고 1963년 12월 16일 형집행정지로 풀려났을 때, 신직수는 사실상 박정희 전 대통령의 법률자문을 맡고 있었기 때문에 모종의 역할을 한 것으로 보인다. 물론 결정적인 역할은 당시 김종필 중앙정보부장이 했지만, 신직수도 박정희 전 대통령의 법률적 판단에 조언했을 가능성이 높았다.

아무튼 두 집안은 적지 않은 인연이 있었고, 그 인연으로 인해 두 사람은 손쉽게 결혼할 수 있었던 셈이다. 일각에선 두 집안의 인연보다 홍석현이 '야망'을 갖고 있었기 때문에 중앙정보부장 사위가 된 것이라고 얘기한다. 홍석현은 당시 재계와 관계에서 1등 사위감으로 알려졌다. 외모가 출중하고 경기고–서울대–스탠퍼드대를 졸업한 수재 인데다가 중앙일보 사장 아들에 삼성그룹 며느리의 동생이었기 때문이다.

신연균은 빼어난 미모를 자랑하지 않으나 단아하면서도 기품이 있는 여성으로 알려졌다. 조용한 내조로 유명하다. 중앙일보 기자들은 "10년 전만해도 사모님(신연균 이사장)은 소녀 이미지를 지니고 있었다"고 전했다. 기자들이 이태원 자택을 방문할 경우 직접 앞치마를 두르고 식사대접을 준비한 것으로 알려지고 있다. 중앙일보 기자들에게는 비교적 '인기가 있는 사모님'인 셈이다. 홍석현과 신연균의 애정관계는 매우 깊은 것으로 알려졌다. 신연균은 자녀들 교육도 잘 시켰다. 홍석현의 사생활이 매우 건전한 것은 신연균에 대한 애정이 변함없기 때문이라고 한다. 선친 홍진기가 자나 깨나 강조했던 '가화만사성(家和萬事成)'의 영향도 작용했다고 한다.

신연균은 '아름지기재단'을 운영하고 있다. '아름지기'는 '아름다운 우리 것을 가꾸고 지키는 사람들'을 의미한다. '아름지기'는 문화유산의 가치에 대한 사회일반의 인식을 제고하고, 문화유산의 보존과 전승을 위한 제반활동을 목적으로 2001년 12월 13일 설립된 재단법인이다. '아름지기' 사옥은 서울시 종로구 통의동 35-32번지에 있다. 한옥으로 된 아름지기 사옥을 방문하면 신연균의 품격을 읽을 수 있다. 화려하지 않으면서도 절제된 건축미학이 돋보인다. 실내장식과 소품들이 한국적 정서를 풍기면서도 세련미를 더해준다.

'아름지기'는 서울 통의동 이상의 집과 경남 함양한옥을 운영하고 있다. 현대인을 위한 한옥연구, 전통공예를 접목한 새로운 문화상품 개발, 우리 음식문화의 세계화를 위한 연구, 전통의례의 현대화 등의 활동도 하고 있다. '종묘환경 가꾸기 등 자발적인 문화봉사도 하고 있다.

'아름지기'는 화려한 여성 멤버를 자랑한다. 홍라희 삼성미술관 리움 관장, 조석래 효성그룹 회장의 부인 송광자 씨, 이명희 신세계그룹 회장, 정유경 신세계 부사장, 박삼구 금호아시아나 회장의 부인 이경렬, 호텔 '반얀트리 서울' 남충우 회장의 부인 서재량 등이 참여하고 있다. 남자도 있다. 이어령 전 문화부장관, 조현준 효성그룹 사장(조석래 회장의 장남), 이희상 동아제분 회장, 박영주 한국메세나협의회장(이건산업 회장), 김영호 일신방직 회장도 창단 주요멤버다.

전문가들로 구성된 자문위원으로는 박경미 PKM갤러리 대표, 배병우 사진작가, 승효상 건축가·이로재 대표, 안상수 홍익대 시각디자인과 교수, 윤인석 성균관대 건축학과 교수, 이인호 명지대 석좌교수, 이재후 김앤장법률사무소 대표이사, 임희주 신세계갤러리 고문, 정영선 조경가·조경설계 서안 대표, 최욱 건축가·ONE O ONE 대표 등이 있다.

문화예술, 건축 분야의 막강한 인맥을 보유하고 있는 '아름지기'는 결과적으로 홍석현의 외곽조직 성격을 지니고 있다. 아름다운 우리 문화유산을 보존하고 가꾸기 위해 많은 사업을 하고 있는 그 자체가 홍석현 이미지 제고에 도움이 되기 때문이다. 홍석현이 챙기지 못하는 틈새의 인맥을 부인 신연균 이사장이 조용히 관리하고 있는 셈이다.

2장

독서와 수행

第三開國

이 사람아, 공부해

"부디 자포자기하지 말고 마음을 단단히 먹고 부지런히 책을 읽는데 힘쓰거라. 초서(鈔書: 책에서 중요한 내용을 골라 뽑는 일)나 저서하는 일도 혹시라도 소홀히 하지 말도록 해라. 폐족이면서 글도 못하고 예절도 갖추지 못한다면 어찌 되겠느냐. 보통 집안사람들보다 100배 열심히 노력해야만 겨우 사람 축에 낄 수 있지 않겠느냐."

다산 정약용 선생의 『유배지에서 보낸 편지』의 한 대목이다. 다산이 1802년 유배지 전남 강진에서 집에서 보내온 편지를 받고 맨 처음 답장으로 보낸 편지다. 자녀들에게 독서를 강조한 것이다.

홍석현의 선친 유민(維民) 홍진기도 비슷한 편지를 보냈다. 유민은 1962년 옥고를 치르면서 갓 중학생이 된 홍석현에게 보낸 편지에서 "독서를 많이 한다니 좋은 일이다. 요즘 아버지는 『플루타르크 영웅전』, 『한중록』, 『백만인의 성서』 등을 읽었는데 무척 좋았다. 너도 읽어보아라. 많은 도움이 될 것이다"고 했다. 같은 해 대학생이 된 장녀 홍라희 리움관장에게는 "사람의 일생에서 말을 배우는 5~6세 때와 철학을 배우는 18~19세 때, 이 두 시기가 정신과 지식이 가장 크게 발달한다. 이때 배운 것이 거의 일생을 지배한다. 힘껏 독서하라"고 강조했다.

홍석현이 미국 스탠퍼드대에서 박사학위를 받고 세계은행 본부에 근무하기 위해 워싱턴으로 막 이사했을 때였다. 유민은 국제전화로 "요즘 무슨 책을 읽고 있느냐"고 물었다. 당시 홍석현은 이사 등으로 바빠서 책을 가까이하지 못했다고 대답했다. 그러자 당장 불호령이 떨어졌다. 유민은 "공부는 평생 하는 것"이라며 호되게 질책을 했다. 훗날 홍석현은 "이때처럼 크게 혼난 적은 없다"고 회고했다.

유민은 홍석현에게 독서방법론을 가르쳐줬다. 한마디로 '동양학을 기본으로 하라'는 가르침이다. 사서삼경을 비롯해 불경 등 동양고전을 탄탄히 공부해 기본을 쌓은 뒤 서양의 고전을 읽어야 한다는 게 유민의 독서법이었다. 동양학이 없는 서양학문은 한국의 현실에 맞지 않는 내용이 많음을 일깨워준 것이다. 홍석현처럼 미국박사로 세계은행에서 근무한 엘리트들이 빠질 수 있는 지적 오류를 일찍 잡아준 셈이다. 원래 유민이 가장 강했던 분야는 법학이 아니라 문화와 역사와 철학, '문사철'이었다. '동양학을 기본으로 하라'는 그냥 나온 말이 아니다. 유민의 오랜 독서 경륜이 묻어 있는 말이다.

중앙일보 창간 때부터 논설위원·고문으로 참여했던 이어령 전 문화부장관은 유민에 대해 이렇게 회고했다. "유민을 알고 호모 에두칸두스(Homo Educandus)라는 말을 아는 사람은 함께 박수를 쳤을 것이다. 호모 에두칸두스는 교육의 인간, 배우는 것을 특성으로 한 사람을 뜻하는 말이다. 유민이 그랬다. 과학도가 아니면서도 반물질의 이론을 남보다 일찍이 알고 있었던 그 하나만을 두고 봐도 유민이야말로 가장 뛰어난 호모 에두칸두스의 표본이라고 할 수 있을 것이다."

방우영 전 조선일보 회장은 유민에 대해 "풍부한 법률론과 냉철한 사고로 한국신문협회 내에서 '홍 판사'로 알려진 그의 중용지도(中庸之道)를 오늘의 후배들이 교훈으로 삼아야 할 것이다"고 평가했다. 『이 사람아, 공부해』를 집필한 중앙일보 김영희 대기자도 유민에 대한 평가에서 이렇게 말했다. "1965년에서 1986년까지 그의 지적 향기가 충만했던 중앙일보에서 일한 사람들에게는 의식의 저변에 늘 '이 사람아, 공부해'라며 끊임없이 독려하던 그의 모습이 생생하게 살아 있다. …(중략)… '나는 생각하기 때문에 존재한다'는 말로 서양 근대 철학을 세운 데카르트를 패러디한다면, 그는 '나는 읽기 때문에 존재한다'로 일생을 살았다."

유민은 옥중에서 러시아어, 불어를 공부했으며, 일본어로 된 불경도 많이 읽었다. 심지어 일본어로 된 '산스크리트어 문법'까지 읽었다. 현재 홍석현은 서대문형무소의 직인이 찍힌 이 책을 입수해 보관하고 있다. 유민의 손때가 갈피갈피에 묻어 있는 책이어서 소중하게 여긴다고 한다.

홍석현이 2011년을 중앙일보의 '공부하는 해'로 선포했던 것도 이런 유민의 DNA를 이어받았기 때문이다. 2011년 1월 25일 중앙일보 내에 'J-코기토'라는 공부 모임이 발족됐다. J는 중앙일보의 영문 첫 글자를 의미한다. 코기토는 데카르트의 '나는 생각한다. 그래서 나는 존재한다(Cogito ergo sum)'에서 생각을 의미하는 라틴어 'Cogito'다. 중앙일보 기자들은 살아남기 위해선 책을 읽고 공부를 열심히 해야 한다.

홍석현 역시 독서와 토론을 소홀히 하지 않는다. 그래서 홍석현의 동양학은 상당한 수준에 있다. 김용옥 교수나 박석무 전 의원 등 동양학에 일가견이 있는 지식인들은 이구동성으로 홍석현의 동양학

독서로 성공한 사람들의 이야기

독서는 오래전부터 동서양에서 개운(開運: 운을 좋게 한다)의 한 방법으로 제시돼왔다. 유불선(儒佛仙)과 동양의 '문사철'을 통달한 타이완(臺灣)의 국사(國師) 남회근(南懷瑾, 2012년 사망)은 『주역강의』에서 "첫째가 덕(德), 둘째가 운명(命), 셋째가 음덕을 쌓는 것, 다섯째로 독서를 꼽고 있습니다"라고 개운의 방법으로 독서를 강조했다. 그는 10만 권의 책을 읽은 것으로 알려졌다. 조선의 세종은 1권의 책을 100번 읽는 것을 기본으로 하는 독서로 왕위에 올랐다. 정조는 『고금도서집성』 5천 권을 북경에서 구입해 읽었다.

미국의 버크 헤지스(Burke Hedges)는 『독서, 그 풍요로운 삶』에서 "하루에 단 15분씩만 독서를 한다면 당신의 인생은 분명히 풍요로워질 수 있다"고 강조했다. 『멋진 신세계』의 작가 올더스 헉슬리(Aldous Leonard Huxley)는 "글을 읽을 수 있는 사람은 누구든지 능력을 극대화시키고 존재 방식을 다양화시키며, 인생을 충만하고 중요하고 즐겁게 만들 수 있는 능력이 있다"고 했다.

링컨(Abraham Lincoln) 대통령은 10대 소년시절 마을에서 반경 50마일 이내의 모든 책을 읽었다. 그 독서의 힘으로 미국 제16대 대통령이 됐다. 제2차 세계대전을 승리로 이끌고 한국전쟁 참전을 결정한 해리 트루먼(Harry S. Truman) 대통령은 14세 때까지 성경을 처음부터 끝까지 몇 번이나 읽었고 브리태니커 백과사전을 모두 읽었다. 그는 미국의 제33대 대통령이 됐다.

수준을 칭찬한다. 미국 박사라고 할 수 없을 정도로 동양학에 대한 상당한 전문적 지식을 갖췄기 때문이다. 동양학은 균형감각을 갖게 한다. 동양학의 핵심이 중도(中道)에 있기 때문이다. 홍라희 관장도 "동생 석현이는 균형감각을 갖고 있는 게 큰 장점"이라고 말한 바 있다.

전 세계에서 가장 큰 도시락회사를 경영하고 있는 김승호 회장은 『생각의 비밀』에서 성공한 부자들의 습관을 이렇게 말했다. "성공한 사람들의 가장 일반적인 습관은 독서다. 무려 88% 이상이 하루 30분 이상 독서를 즐긴다. 반면 가난한 사람들은 2%만이 독서를 즐긴다. 장거리 비행 시에 일반석 승객들은 대부분 영화를 즐기지만 비즈니스석 승객들은 일을 하거나 두툼한 책을 읽는다. 성공한 사람들은 지근거리에 책을 둔다. 가방, 사무실 책상, 침대 옆, 자동차 등 어디에도 책이 흔하게 보인다."

김승호의 이런 발언은 홍석현을 연상시킨다. 홍석현의 독서 폭은 넓다. 자신의 전공인 경제학 서적은 물론 경영학·정치학을 비롯해 유학과 불교철학 등 동양철학, 동양사와 동양문화와 관련 서적들을 광범위하게 읽고 있다. 심지어 풍수지리, 명리학 등 강호동양학에도 조예가 깊다. 그래서 어떤 분야의 전문가를 만나도 높은 수준의 대화가 가능하다고 한다. 부인 신연균 이사장이 '아름지기재단'을 설립한 것도 홍석현의 동양학 공부 수준을 반영한다. 그리고 이런 동양학의 공부는 나중에 서예로 이어진다.

서예로 내공을 쌓다

서예(書藝)는 단순한 붓글씨가 아니다. 수신(修身)의 예술이다. 몸과 마음을 단련시키는 동양의 예술이다. 벼루에 먹을 갈면 묵향(墨香)이 머리를 맑게 한다. 붓을 들고 허리를 꼿꼿하게 세우고 앉으면 저절로 호흡이 조절된다. 어느새 들이쉬는 숨이 단전에 내려간다. 서예를 하고 있으면 자연스럽게 단전호흡을 하게 된다. 건강에 큰 도움이 되는 것이다.

송하진 전북지사의 선친 송성용(宋成鏞)은 한국서예의 독자적 경지를 이룬 호남의 대표적 서예가다. 유년 시절부터 매우 몸이 약해 주변으로부터 40세까지만 살아도 다행이라는 말을 들었다. 그는 오직 서예로 평생을 보냈다. 40세의 두 배가 넘는 86세까지 살았다. 청나라 말기부터 개화기에 걸쳐 중국 서화계의 쌍벽을 이루었던 오창석(吳昌碩)은 83세, 제백석(齊白石)은 95세를 살았다. 서예는 장수의 비결인 셈이다.

서예는 정신을 집중시킨다. 몰입의 예술이다. 부드러운 털에 먹물을 묻혀 쓰는 것이 서예다. 힘과 먹물의 조절이 관건이다. 붓을 어떤 각도로 세우냐에 따라 선과 획의 모양이 좌우된다. 집중하지 않으면 서예는 엉망이 된다. 붓으로 글씨를 쓰고 있으면 자신도 모르는 사이에 집중이 이뤄진다. 붓글씨는 어떤 일보다도 강하게 정신을 한 곳으로 몰입하게 만든다. 따라서 서예가들의 내공은 간단하지 않다. 정상급 서예가들은 도사급 내공을 지니고 있다.

동양학을 공부하다 보면 서예에 관심을 갖게 된다. 홍석현도 마찬가지다. 서예를 배운 것이다. 심지어 서예 공부를 위해서 서울 용산구 이태원 자택 정원 한쪽에 한옥 별채를 지었다. 서예는 한옥에서 해야 그 묘미를 느낄 수 있기 때문이다.

스승은 서예가 하석(何石) 박원규다. 그는 전주 서예가 송성용 문하에서 서예를 배웠다. 대만에 유학해 독옹 이대목으로부터 전각을 배웠다. 서울 옥수동에서 '작비서상'이라는 서예 아카데미를 운영하며, 압구정동 석곡실에서 작품 활동에 몰두하고 있다. 그는 2016년 5월 2일 제5회 일중서예상 대상 수상자로 선정됐다. 1988년 작품집 『마왕퇴백서노자서임서본(馬王堆帛書老子書臨書本)』이 하버드대 도서관에 소장되면서 주목받기 시작했다. 일중서예상은 일중(一中) 김충현 선생의 예업을 기리고자 2008년 제정됐다.

홍석현의 서예 실력도 상당한 경지에 달했다고 한다. 그동안 중국에서 수십 권의 중국법첩(中國法帖)을 입수해 이태원 한옥 별채에서 갈고 닦았다. 법첩은 옛 명필들의 글씨를 모사(模寫)하거나 탑본(搨本)해 만든 서첩이다. 중국 역대 서가들의 필적이 담긴 『순화각첩(淳化閣帖)』을 비롯해 왕희지(王羲之)의 행서(行書)를 집자(集字)한 『대당삼장성교서(大唐三藏聖教序)』, 구양순(歐陽詢)의 『황보탄비(皇甫誕碑)』, 안진경(顏眞卿)의 『다보탑비(多寶塔碑)』 등 중요 서예가의 법첩을 입수한 것으로 알려졌다. 홍석현의 내공은 서예로 쌓은 셈이다.

과거 조선시대 대권수업인 세자교육에서 가장 핵심 과목이 바로 서예였다. 역대 조선의 왕들의 붓글씨를 보면 놀라운 경지에 달했음을 알 수 있다. 해방 이후 노무현 대통령을 제외한 역대 대통령들도 모두 청와대에서 붓글씨 연습을 했다. 서예가 제왕학(帝王學)의 기본이었기 때문이다. 대통령은 아니었지만 서예에서 일가를 이룬 정치인들로는 백범 김구, 성재 이시형, 해공 신익희 선생 등이다. 김종필 전 총리를 비롯해 고인이 된 윤길중 전 국회부의장과 양순직 전 의원 등도 서예의 대가로 꼽힌다.

한국 대통령들의 필적

역대 제왕의 필적을 '어필(御筆)'이라 한다. 동양의 최고 어필은 당태종(唐太宗) 이세민(李世民)의 필적이다. 당나라 때 서예가 전성을 이룬 것도 당태종의 영향이다. 구양순·안진경 등 최고의 서예가들이 모두 당나라 때 나왔다.

조선시대 제왕 중에서 문종·세조·성종·인조·선조·효종·숙종·정조의 어필이 빼어나다. 특히 성종의 어필은 조선 4대 명필인 안평대군(安平大君) 이용의 필적과 구별할 수 없을 정도로 수준이 높았다. 정조의 어필도 그의 학문 수준만큼이나 빛을 발한다. 석봉(石峯) 한호, 자암(自庵) 김구, 봉래(蓬萊) 양사언, 양송체(兩宋體)를 창안한 동춘당(同春堂) 송준길, 고전(古篆)에 능한 미수(眉叟) 허목, 자신만의 독특한 서체를 완성시켜 조선을 비롯한 중국에도 큰 반향을 일으킨 추사 김정희(金正喜) 선생 등이 조선 명필의 반열에 오르고 있다.

해방 이후 이승만 대통령을 서도에서 제일로 여긴다. 비록 추사·석봉의 뒤를 잇는 서법을 취하지 않았으나 나름대로의 경지를 개척했다. '청간정(淸澗亭)' 현판으로 유명하다. 윤보선 대통령도 상당한 경지를 갖고 있었다. 박정희 대통령은 처음에는 낮은 평가를 받았으나 유신정권 후반에는 상당한 평가를 받았다. 전두환·노태우 대통령의 경우 전 대통령이 노 대통령보다 잘 썼다.

김영삼·김대중 대통령의 경우는 김대중 대통령이 김영삼 대통령보다 잘 쓴다는 평가를 받았다. 경매시장에서 가격이 훨씬 높다. 김영삼 대통령의 '大道無門(대도무문)'과 김대중 대통령의 '行動(행동)하는 良心(양심)으로 民主回復 祖國統一(민주회복 조국통일)'이 유명하다. 노무현 대통령은 휘호가 별로 없다. 이명박 대통령도 청와대에서 서예 공부를 열심히 했다. 후대에 남는 것이 자신의 필적이기 때문에 역대 대통령들은 청와대에서 서예를 소홀히 하지 않았다. 자신의 내공을 유지하는 방법이기도 했다.

홍석현이 한옥 별채를 지으면서까지 서예를 연마한 것은 무엇 때문인가. '대권=서예'이기 때문인가.

홍석현은 심지어 흩어져 있는 서예 관련 단체들을 통합해 서예진흥위원회를 만들고, 예술의 전당에 세계에서 유일한 서예박물관을 개관했다. 그는 서예진흥위원회 회장이다. 2015년 3월 24일 여의도 국회 사랑재에서 제2차 서예진흥위원회 휘호 행사도 개최했다. 홍석현은 서예로 한·중·일 화합을 추진하고 있다. 그는 인사말에서 "광복 70주년, 한일 수교 50주년을 맞는 올해 서예가 시민 심성 개조와 대외 공공외교 증진에 기여할 수 있는 일이 많다"고 강조했다. 사토 마사루(佐藤勝) 주한일본대사관 공보문화원장은 "세 나라가 서예를 통해 교류하는 것이 중요한 시점"이라고 공감했다. 서예진흥위는 조직도 강화했다. 서예계 원로인 초정(艸丁) 권창륜 씨 등 76명을 정책자문위원으로 위촉했다.

홍석현이 서예진흥위원회 회장을 맡은 것은 그만큼 서예에 자신이 있다는 반증이다. 이미 일반인의 수준을 넘어 '준 명필'이라고 불러도 손색이 없다고 한다. 중앙일보 관계자들은 "상당한 수준이다. 매우 잘 쓴다"고 했다. 그는 한옥 별채에서 서예를 통해 끊임없이 내공을 쌓으면서 서예계를 평정한 것이다. 홍석현의 '광폭행보'는 서예계에서도 나타나고 있다.

다산과 홍석현

홍석현 회장은 주말이면 경기도 남양주시 다산유적지 인근 별장을 찾는다. 다산(茶山) 정약용(丁若鏞) 선생 묘소 뒤편에 위치한 이 별장은 북한강과 남한강이 합쳐지는 양수리(두물머리)를 바라보고 있다. 풍광이 빼어나다. 즉 운길산을 주산으로 하고 북한강과 남한강이 만나 팔당호를 이루는 중심을 보고 있는 대한민국의 길지(吉地) 중 하나다.

운길산(雲吉山)은 높이 610.2m로 경기도 남양주시 조안면 북한강과 남한강이 만나는 두물머리(양수리) 북서쪽 지점에 솟아 있다. 운길산 8부 능선의 수종사에서 홍 회장의 별장을 내려다 보는 전망은 입을 다물지 못하게 한다. 조선시대 세종에서 성종 대까지 무려 6명의 왕 아래에서 '문병(文柄: 문장과 권력)'을 장악했던 서거정(徐居正)은 그 풍광을 "동방 사찰 중 제일의 전망"이라고 극찬하고 이렇게 노래했다.

> 가을이 오매 경치가 구슬퍼지기 쉬운데
>
> 묵은 밤비가 아침까지 계속 내리니 물이 언덕을 치네.
>
> 하계(下界)에서는 연기와 티끌을 피할 곳이 없건만
>
> 상방(上方, 절) 누각은 하늘과 가지런하네.
>
> 흰 구름은 자욱한데 뉘게 줄거나.
>
> 누런 잎이 휘날리니 길이 아득하네.
>
> 내 동원(東院)에 가서 참선 이야기하려 하니

밝은 달밤에 괴이한 새 울게 하지 마라.

원래 이 별장은 고(故) 정주영 전 현대그룹 명예회장의 별장이었다. 2001년 3월 21일 정주영 전 회장이 작고한지 100여 일쯤 지났을 무렵, 별장의 실제 소유자인 고(故) 정몽헌 전 현대그룹 회장이 지인에게 이 별장을 팔아달라고 부탁했다. 그리고 그 지인이 홍석현에게 매입을 제의했다. 홍석현은 평소 풍수지리에 밝아 둘러보기만 하면 살 것이란 판단에서다. 홍석현은 별장을 보자마자 마음에 들어 즉시 매입했다고 한다.

정주영은 골치가 아플 때마다 이 별장을 자주 찾았다고 한다. 수기(水氣)가 많은 곳이어서 스트레스로 생긴 화기(火氣)를 다스릴 수 있는 장소였기 때문이었다. 수승화강(水昇火降)을 위한 최적지인 셈이다. '수승화강'이란 '물은 위로, 불은 아래로'라는 뜻이다. 이는 본래 음양오행설에서 나온 용어로 차가운 기운을 올라가게 하고 뜨거운 기운은 내려가게 해야 건강을 유지할 수 있다는 한의학 원리 중 하나다.

홍석현도 2005년 주미대사에서 낙마한 뒤 이곳에서 이른바 '셀프 유배'를 1년 정도 보냈다. 홍석현은 매일 아침 팔당호의 운무를 보면서 다산유적지 일대를 산책했다. 팔당호의 수기로 주미대사 낙마 이후 생긴 화기를 다스렸다. 다산 묘소도 참배했다. 자연 다산에 대해 관심을 갖게 됐다. 다산이 유배에서 풀려 말년을 이곳에서 보낸 이유도 알게 됐다. 그 때부터 홍석현은 다산의 책을 읽기 시작했다.

그리고 김민환 고려대 명예교수의 소개로 다산학(茶山學)의 대가 박석무 전 의원을 만났다. 홍석현은 김민환과 박석무를 팔당 별장으로 불러 술을 마시며 마음속의 응어리를 풀었다. 박석무로부터 다산의 학문에 대해 강의도 들었다.

『여유당전서(與猶堂全書)』의 '원정(原政)'을 보면 다산은 정치에 대해 이렇게 설명했다. "정치란 바로잡는 것이요, 백성을 균등하게 하는 것이다. 누가 시켜서 땅에서 나오는 이익을 독차지하여 부후(富厚)하게 지내며, 누가 시켜서 땅에서 나오는 혜택이 막혀 가난하고 박한가. 토지와 백성의 숫자를 헤아려 균등하게 나누어 가지도록 바르게 해 주는 것이 정치이다." 이 중에서 '정치란 바로잡는 것(政也者正也: 정야자 정야)'이고 '우리 백성을 고루 살게 하는 것(均吾民也: 균오민야)'이라는 구절은 박석무가 정치인들에게 강조하는 대목이다.

다산이 '원정'에서 제시한 '균민정치'는 다음 5가지로 요약될 수 있다. 첫째, 땅을 균분(均分)함으로써 독점된 땅을 바로 잡는 것이다. 둘째, 물산의 유무에 치우침이 없도록 유통을 원활하게 하는 것이다. 셋째, 올바른 군사적 징계와 원조를 통해 공존의 국제질서를 구축하는 것이다. 넷째, 공정한 상벌제도를 확립하는 것이다. 다섯째, 적임자의 등용을 통해 공직 진출의 공정성을 확보하는 것이다. 한마디로 불평등과 양극화를 해소해 인재를 적재적소에 발탁해 모든 국민이 고르게 잘 살게 만드는 것이 '균민정치'라는 것이다. 그리고 다산은 '탕론(湯論)'을 통해 "천자라는 것은 대중이 추대해서 되는 것이다(天子者 , 衆推之而成者也: 천자자, 중추지이성자야)"라고 했다. 백성이 임금을 뽑아 올려야 한다는 얘기다. 이는 일종의 근대적 국민주권론으로 '균민정치'의 결론이다.

홍석현은 마침내 2011년 1월 26일부터 매우 화요일에 중앙일보 사옥에서 '다산학' 강의를 개설했다. 강의는 물론 박석무가 맡았다. 강의에는 중앙일보 기자들을 비롯해 대학교수와 의사들도 참석했다. 다산의 '균민정치'가 강의의 핵심이었다. 김영희 대기자는 강의 소감을 이렇게 말했다. "어떻게 그 시절에 다산은 국왕과 황제를 상향식으로 선출해야 한다는 이론을 펼 수 있었을까. 성리학을 이데올로기로 하는 그 시대에 어떻게 주자(朱子)의 가르침을 정면으로 뒤집는 반론을 제기할 수 있었을까. 수강생들은 정약용의 학문의 깊이와 학자로서의 소신에 감동하고 박석무의 열강에 갈채를 보낸다."

2012년 4월 7일 경기도 남양주시 실학박물관 옆 다산 묘역에서 다산 정약용 선생 176주기 묘제가 봉행됐다. 중앙일보가 후원했다. 당시 묘제는 전통 예법에 따라 40여 분간 진행됐다. 홍석현이 첫 잔을 올리는 초헌관, 다산의 7대 종손 정호영이 둘째 잔을 올리는 아헌관, 김용옥 교수가 종헌관으로 마지막 셋째 잔을 올렸다. 송재소 성균관대 명예교수가 축문을 읽었다. 홍석현은 인사말에서 "지난 10여 년간 이런 저런 인연과 독서를 통해 다산의 학덕과 나라 사랑하는 마음을 배울 수 있었다. 나라와 백성을 걱정하고 더불어 잘 사는 사회를 염원한 다산의 정신을 21세기를 사는 후손들이 각자의 분야에서 살려내는 작업이 그 분의 뜻을 받드는 진정한 의미일 것"이라고 말했다.

한편 박석무가 다산을 만나게 된 것은 1971년 전남대 법과대학 대학원 석사학위 논문을 쓰면서부터다. 『다산 정약용의 법 사상』이란 논문을 집필하면서 다산 연구에 집중했다. 그러다가 1973년 유신 반대 유인물인 전남대 「함성」 지 사건에 연루돼 1년 동안 복역하면서 옥중에서 본격적으로 다산 연구를 시작했다. 이때의 결실이 『유배지에서 보낸 편지』라는 베스트셀러다. 이후 『다산산문선』, 『다산논설선집』 등을 펴냈고 『다산 정약용 유배지에서 만나다』라는 명저를 냈다. 인터넷에 연재한 『풀어쓰는 다산이야기』도 유명하다.

그는 민주화운동에 투신해 네 차례 옥고를 치렀다. 1988년 평민당 간판으로 제13대 국회에 진출한 후 재선의원을 지냈다. 사실 그는 정치보다는 '다산연구'에 일생을 바친 호남 출신의 대표적인 재야학자다. 한국고전번역원 원장·한국학술진흥재단 이사장·단국대학교 이사장 등을 역임했으며, 현재 실학박물관 석좌교수, 단국대학교·성균관대학교 석좌초빙교수, 다산연구소 소장을 겸임하고 있다. 다산연구소는 서울시 중구 서소문로 100번지 중앙일보 빌딩 7층에 있다. 홍석현이 배려한 것이다. 홍석현의 '박석무 포용'은 호남과 민주화운동 세력을 동시에 취하는 '1석 2조'의 전략으로 풀이된다.

원불교와 수행

홍석현의 종교는 원불교로 법명은 석원, 법호는 원산(圓山)이다.

소속은 원불교 서울 원남교당이다. 어머니 김윤남의 영향이 크다. 김윤남(金允楠)의 원불교 법호는 '신타원'이며 법명은 '혜성'이다. 통칭 '신타원 김혜성'으로 불리워졌다. 법위(계위)는 원불교 출가위•로 원정사다. 재가신도가 도달할 수 있는 최고의 법위다. 일각에선 김윤남이 원불교에 대한 지원을 많이 했기 때문에 출가위로 추대된 것이라고 주장하지만, 이는 원불교를 잘 모르는 오해에 불과하다. 김윤남은 원불교 입교 50년 동안 매일 3시간 참선하는 등 원불교의 마음공부를 게을리하지 않았다. 오직 도(道)를 위해, 오직 수행(修行)을 위해 살았다고 한다. 원불교 전체 신도들이 '신타원'이라면 한결같이 존경하고 있다. 원불교 모두가 인정한 출가위다.

홍석현 가족들이 소태산(少太山) 박중빈(朴重彬) 대종사가 창시한 원불교에 귀의한 배경은 대략 다음과 같다. 1962년 유민 홍진기가 구속돼 있을 때, 김윤남은 친정 올케의 권유로 원불교 종로 교당을 찾았다. 원불교에 다니면서 남편 홍진기의 석방을 위해 지극정성으로 기도했다. 매일 306자로 된 원불교의 '일원상 서원문•'을 백번 독송하며 기도를 했다고 한다. 이와 더불어 김윤남은 시어머니 이문익과 함께 새벽마다 서울 성북구 정릉 천중사에서 남편의 석방을 기도했다.

당시 김윤남은 옥중의 남편에게 『원광(圓光)』이라는 원불교 기관지를 넣어주었다. 홍진기는 『원광』을 읽고 원불교에 귀의했다. 그리고 참선을 시작했다. 『이 사람아, 공부해』에는 홍진기의 육성이 실려 있다.

"내가 불교 교리 중 가장 소중한 가르침으로 간직하고 싶은 진리는 제행무상(諸行無常), 제법무아(諸法無我)였다. 수행 방법으로는 선(禪)에 대한 깊고 끝없는 매력을 느꼈다. 그래서 어느 때는 춥고 어두운 감방 안에서도 꼬박 밤을 새우며 열 시간 이상씩 가부좌 자세로 참선을 했고, 출옥 후의 삶에서도 수시로 집에서 시간을 내 참선을

원불교의 '일원상 서원문(一圓相 誓願文)'

'일원(一圓)은 언어도단(言語道斷)의 입정처(入定處)요 유무초월(有無超越)의 생사문(生死門)인바, 천지부모동포법률(天地父母同胞法律)의 본원(本源)이요 제불조사범부중생(諸佛祖師凡夫衆生)의 불성(佛性)으로 능이성(能而成) 유상(有常)하고 능이성(能而成) 무상(無常)하여 유상(有常)으로 보면 상주불멸(常住不滅)로 여여자연(如如自然)하여 무량세계(無量世界)를 전개(展開)하였고, 무상(無常)으로 보면 우주(宇宙)의 성주괴공(成住壞空)과 만물(萬物)의 생로병사(生老病死)와 사생(四生)의 심신작용(心身作用)을 따라 육도(六途)로 변화(變化)를 시켜 혹은 진급(進級)으로 혹은 강급(降級)으로 혹은 은생어해(恩生於害)로 혹은 해생어은(害生於恩)으로 이와 같이 무량세계(無量世界)를 전개(展開)하였나니 우리 어리석은 중생(衆生)은 차심불일원상(此心佛一圓相)을 체(體)받아서 심신(心身)을 원만(圓滿)하게 수호(守護)하는 공부(工夫)를 하며, 또는 사리(事理)를 원만(圓滿)하게 아는 공부(工夫)를 하며, 또는 심신(心身)을 원만(圓滿)하게 사용(使用)하는 공부(工夫)를 지성(至誠)으로 하여 진급(進級)과 은혜(恩惠)는 얻을지언정, 강급(降級)과 해독(害毒)은 얻지 아니하기로써 일원(一圓)의 위력(威力)을 얻도록까지 서원(誓願)하고 여일원(與一圓)으로 합(合)하도록까지 서원(誓願)함.'

이 서원문은 소태산이 1938년 만든 '심불일원상내역급서원문(心佛一圓相內譯及誓願文)'이며 1943년 '일원상 서원문'으로 개칭됐다. 이 서원문은 원불교의 종지(宗旨)인 일원상(一圓相)의 진리와 연계돼 있어 원불교 교의(敎義)의 핵심으로 통칭되는 경문이다. 원불교에서는 참다운 신앙과 수행력을 얻기 위해서 이를 아침저녁으로 외우고 각종 의식행사 때 독경 문으로 활용하고 있다. 뜻이 깊고 신비한 주문으로도 알려져 있다. 원불교에 따르면 '진리와 인간의 관계를 이어 주는 위대한 경문으로 본문 내용은 진리의 근원과 작용을 밝히고, 진리를 깨닫는 길을 밝히며 진리의 위력을 얻고 하나 될 것을 서원하는 과정으로 엮어졌다'고 한다. 306자의 짧은 문장 속에 일원(一圓)의 진리와 이를 구현하는 구체적인 방법으로서 '사은(四恩)'과 '삼학(三學)' 등 원불교의 기본 교리가 집약돼 있다.

했다."

불교의 진리는 눈으로 읽어서는 그 참뜻을 깨닫기 어렵다. 참선을 하고 나서 경전을 보면 단박에 그 뜻이 확연하게 들어온다. 머리로 이해하고 아는 지식은 그저 망상에 불과하다. 홍진기는 '제행무상, 제법무아'의 참뜻을 온 몸으로 깨달았기 때문에 옥중생활에서 담담한 자세를 잃지 않았다.

김윤남은 원불교에서 기도한 덕분으로 남편이 죽지 않고 감옥에서 나올 수 있었다고 믿었다. 그래서 홍진기를 비롯해 전 가족이 원

김윤남의 출가위 경지

김윤남은 평생 서원문 백독(百讀)과 참선 수행, 독실한 신심(信心)으로 원불교에서 수행의 두 번째 높은 계위(階位), 즉 법위(法位)인 출가위에 오른 원정사(圓正師)다. 원불교에 따르면 법위는 부처로 되어가는 사닥다리 또는 층계라는 뜻에서 법계라고도 한다. 법위등급을 법계로 말할 때, 보통급을 교도, 특신급을 교선(敎選), 법마상전급을 교정(敎正), 법강항마위를 정사(正師), 출가위를 원정사(圓正師), 대각여래위를 대원정사(大圓正師)라 부른다. 그러니 김윤남이 출가위에 올랐다는 것은 일반 신도로 대단한 도의 경지에 오르지 않고서는 불가능한 일이다. 다음은 원불교가 밝힌 출가위(원정사)의 경지다.

① 가는 곳마다 동남풍을 불리게 된다.

② 언제나 텅 빈 마음으로 산다.

③ 마음속에 아무런 사량계교나 분별 시비가 없다.

④ 우주 만물의 온갖 이치와 인생의 모든 일에 조금도 막히고 걸릴 것이 없다.

⑤ 심량광대, 원융무애, 호호탕탕하여 걸리고 막힐 것이 없다.

⑥ 차별에 집착하지 않고 평등에도 빠지지 않아서 평등과 차별을 자유자재로 운용한다.

⑦ 겉으론 보통 사람과 다를 바가 없으나, 자기 자신을 남김없이 다 바쳐버린 헌신 봉공의 생활을 하되 겉으로 아무런 흔적도 없고 다시는 중생세계로 퇴전하지 않는다.

⑧ 모든 종교의 근본정신에 정통하여 어느 한 종교에 집착하지 않는다.

⑨ 때로는 무언설법을 합니다. 말로 하지 않더라도 항상 진리를 설한다.

불교 신자가 됐다고 한다. 어느 날 김윤남이 원불교 신앙에 입문을 권유할 사람을 소개시켜달라고 하자 홍진기는 "큰딸부터 입문을 시키면 되는 걸 왜 멀리서 포교 대상을 찾으시오"라고 반문했다는 것이다.

김윤남은 2013년 6월 5일 별세했다. 유족들은 현금 100억 원을 포함해 주식과 콘도 회원권 1개 구좌 등 168억 원의 유산으로 '신타원 기념기금'을 만든 뒤 전액 원불교 서울교구에 기부했다. '신타원 기념기금'은 원남 교당 신축과 국내·외 교화사업에 쓰이고 있다. 김윤남은 평소 자녀들에게 "다 내가 지은 것이었더라. 자기가 짓고 자기가 받는 것이었다. 금생에 이해가 안 가는 고통이라면 전생에 내가 지은 것이다. 그래서 짓는 것이 중요하다. 잘 받으려고만 하지 말고 먼저 복을 잘 지어야 한다"고 강조했다고 한다.

홍석현은 이런 부모들 밑에서 성장했기 때문에 어린 시절부터 수행이 무엇인지를 알고 있었다. 특히 모친 김윤남의 수행생활은 홍석현에게 깊은 영향을 미쳤다. 원불교에 따르면 '이건희 삼성'과 '홍석현 중앙일보'는 홍진기·김윤남의 신심과 원력, 그리고 대산 종사, 좌산 상사 등의 정신적 지도가 없었다면 불가능했을 것이라고 얘기한다.

홍석현은 고등학교 2학년 때부터 원불교 마음공부를 시작했다. 본격적인 수행은 2005년 주미대사에 낙마하고부터다. 그는 2016년 2월 19일 포스텍 명예공학박사 수락 연설에서 이런 말을 했다. "저의 업보와 고통은 끝나지 않았습니다. 지난 번보다 몇 배 힘든 시련이 저를 기다리고 있었습니다. 7개월이라는 짧은 대사 재임을 마치고 유배 아닌 '셀프 유배'로 1년여를 지냈습니다. 그 칩거생활은 저를 다시금 유불선과 기독교의 정신세계로 이끌었지요. 자연과 벗삼는 귀거래사의 멋스러움도 즐길 수 있었습니다."

홍석현이 수행을 통해 궁극적으로 도달하고자 하는 도(道)의 경지는 '일원상(一圓相)'이다. 소태산 대종사는 "만유가 한 체성이며 만법이 한 근원이로다. 이 가운데 생멸 없는 도와 인과보응 되는 이치가 서로 바탕하여 한 두렷한 기틀을 지었도다"고 말했다. 대산 종사는 "일원은 공(空)이 아니요 하나 자리며 그 하나는 낱이 아니요 열이 근원한 자리이므로, 그 열은 하나가 나타난 자리요 그 하나는 열의 본래 고향이니라. 그러므로 도에 뜻을 둔 사람은 먼저 그 하나를 얻어야 하느니라"고 강조했다. 서광혜는 「원불교 일원상 서원문에 관한 연구」에서 "모든 존재들이 존재하는 소이(所以)와 존재방법이 근본적으로 다를 수 없는 하나라는 것이며, 그 내용이 간단 극명한 표현으로 생멸 없는 도와 인과보응되는 이치라는 용어를 사용했다"고 설명했다.

원불교의 일원상(一圓相)은 『천부경(天符經)』의 '하나(一)사상', 서산대사의 일원상(一圓相)과 맥락을 같이 한다. 서산은 『선가귀감(禪家龜鑑)』에서 이렇게 말했다. "一物者 何物, O頌云(일물자 하물, O송운: 한 물건은 무엇을 말하는가, 허공에 둥근 동그라미를 그리고 옛 어른의 게송으로 말함). 古佛未生前(고불미생전: 이 세상에 옛 부처님 태어나기 전) 凝然一圓相(응연일원상: 빈 허공에 서린 기운 한 가지 모습) 釋迦猶未會(석가유미회: 석가모니 부처님도 알지 못하니) 迦葉豈能傳(가섭개능전: 가섭인들 이 도리를 어찌 전하랴)." '한 물건'이 일찍이 생겨난 적도 없고 없어진 적도 없었기에 이름 붙일 수도 없고 모양을 그릴 수도 없다는 뜻이다. 이는 경허(鏡虛) 스님의 '萬法歸一 一歸何處(만법귀일 일귀하처: 만법이 하나로 돌아가는데 이 하나는 어디로 가는고)'란 화두로 이어진다. '일원상'은 '하나'로 우주의 본체요, '참나'다. 그 자리에 들면 우주와 하나가 된다. 범아일여(梵我一如)의 경지다.

홍석현은 수행자처럼 평소 간단한 식사를 즐긴다. 중앙일보 기자들에 따르면 편집국 부장단과 회식할 때 불고기 백반이 성찬이라고 한다. 일부 부장들과 식사를 할 때 일식집에서 유부우동을 시켜 당혹스럽게 만들 때도 있다는 것이다. 그리고 자주 찾는 식당이 중앙일보 인근에 있는 진주회관이다. 진주회관은 콩국수 집으로 54년의 역사를 자랑한다. 비서실에서 예약을 하면 진주회관 측은 2층에 자리를 준비한다. 진주회관 관계자는 "홍석현 회장이 자주 온다. 다른 사람들은 예약이 안 되지만, 홍 회장은 오랜 단골이어서 2층에 자리를 마련한다"고 했다. 언론사 사주의 식사로서는 매우 검소한 편이다. 이런 식습관은 오랜 수행에서 나온다. 수행자에게는 소식(小食)과 조식(粗食)이 기본이다.

3장

홍석현의 가계를 말하다

第二開國

아버지 홍진기

홍석현의 인맥은 화려하고 거창하다. 부모와 형제들의 인맥 또한 화려하고 거창하다. 대한민국 제일의 '신흥귀족'으로 일컬어도 손색이 없다.

원래 홍석현의 집안은 남양 홍씨 남양군(南陽君)파로 조선 후기엔 '한양의 귀족'이 아니었다. 왕십리에서 정미소를 운영하는 정도의 재력을 지닌 집안이었다. 선친 홍진기는 1917년 3월 13일 경기도 고양군 한지면 하왕십리(왕십리 1동 841번지)에서 아버지 홍성우(洪性佑)와 어머니 이문익(李文益)의 장남으로 태어났다.

홍석현의 선대는 조선 중기에 왕십리에 정착했다고 한다. 8대조 할아버지 이전부터 왕십리에 살았다는 것이다. 홍석현의 증조부(홍준표)는 이재에 밝아 동대문 밖에서는 가장 큰 정미소를 운영해 가산을 크게 일으켰다고 한다. 증조부는 1930년에 조부(홍성우)에게 물려줬다. 조부는 동아일보와 시대일보의 지국을 경영했다는 얘기도 있다. 신문에 관심이 많았던 것이다. 조부의 '신문 DNA'가 선친과 홍석현으로 이어진 셈이다. 그러나 조부는 금광에 투자했다가 많은 손해를 입었다고 한다. 조부가 금광에 투자하기 전까지만 해도 지금의 한양대 일대의 땅을 소유하고 있었다. 하왕십리 집은 대지가 1000평이 넘는 저택이었다. 그러나 1921년 조부의 금광 투자 실패로 가세가 기울었다.

선친 홍진기가 경성제일고보에 다닐 때는 매우 생활이 어려웠다고 한다. 1934년 경성제대 예과에 입학했다. 계창업 전 대법관, 문홍주 전 문교부장관, 이항녕 전 홍익대 총장 등이 동기생들이다. 홍진기의 어머니 이문익은 가산을 정리해 아들 홍진기의 학교가 가까운 청량리로 이사를 하고 생활의 방편으로 하숙을 쳤다. 당시 경성제대 예과를 다닌 홍진기가 하숙생을 직접 선발했는데, 문홍주, 계창업, 황산덕 전 법무부 장관, 김봉관 전 농림부차관, 선우종원 전 국회사무총장 등 경성제대 수재들이었다.

홍진기는 1937년 경성제대 예과 3년 과정을 마치고 본과에 진학했다. 학과는 법학과였다. 그는 1939년 11월 고등문관시험에 낙방하고 1940년 3월 경성제대를 졸업했다. 그리고 그해 4월 경성제대 법문학부 법학과 조수로 근무했으며, 10월 고등문관시험 사법과에 합격했다. 그러나 홍진기는 교수가 되기 위해 법학과 조수로 일했다. 그러다가 대학당국이 조선인 조수제도를 없애버리자 교수의 꿈을 접고 1942년 4월 경성지방법원 사법관 시보가 됐다. 법률가의 삶을 살게 된 것이다.

1942년 어느 날 동일은행 김신석(金信錫) 상무가 경성지방법원 검사정(현재의 지검장)을 인사차 찾아왔다. 김신석은 이후 경성지방법원 인사조정위원으로 선임돼 법원에 자주 왔다. 당시 홍진기의 동료였던 전남 구례 출신 최윤모 사법관 시보가 이화여전의 재원으로 알려진 김신석의 딸 김윤남에게 청혼할 것을 권유했다. 그래서 김신석과 절친한 지도교수 니시하라에게 중매를 부탁해 1943년 판사 임용을 앞두고 약혼했고, 1943년 10월 전주지방법원 판사로 임용된 뒤 12월 17일 결혼했다. 당시 전주지법에서는 항일독립투사에 대한 재판이 없었다고 한다. 일반 형사·민사 재판이 대부분이어서 항일독립투사들에게 불리한 재판을 한 건도 하지 않았다는 것이다. '친일'을 하지 않았다는 얘기다. 그리고 1945년 7월 15일 홍라희 리움 관장이 태어났다. '라희'라는 이름은 '전라도에서 얻은 기쁨'이라는 의미라고 한다.

홍진기는 해방 후 1945년 9월 미군정청 법제부 법제관과 10월 법제부 사법요원양성소 교수를 거쳐, 1946년 10월 사법부 법률조사국 법무관이 됐다. 1948년 9월 15일 대한민국 법전편찬위원회의 위원으로 위촉됐다. 11월에는 법무부 조사국장이 됐다. 여기서 흥미로운 대목은 홍진기가 김종인 전 더불어민주당 대표의 조부인 가인(街人) 김병로(金炳魯) 대법관과 함께 일을 했다는 사실이다. 가인은 법전편찬위원회 위원장이었고 홍진기는 위원이었다. 1949년 6월 법무부 조사국장 겸 대검찰청 검사, 1950년 4월 법무부 법무국장 겸 대검찰청 검사에 임명됐다.

홍진기는 1951년부터 1953년까지 한일회담 한국 측 대표 재산청구분과 위원장으로 활동했다. 그는 1948년 11월 법무부 조사국장 시절 이인 법무장관을 통해 이승만 대통령에게 '대일 강화회의 준비위원회'를 만들어 배상·재일교포·귀속 재산 등의 한일문제를 서둘러 처리해야 한다고 건의했다. 그 결과 '대일 배상청구 준비위원회'가 기획처 기획국에 설치됐다. 당시 위원으로 참여한 홍진기는 '해방의 논리'를 토대로 '원상회복의 원칙'을 내세운 증빙자료로 방대한 세 권짜리 대일 배상청구조사서를 작성했다. 이 자료는 후일 대일청구권의 유일한 기초자료로 활용됐다.

1951년 3월 말 발표된 미국의 대일 강화조약 초안이 한국에게 매우 불리하게 되어 있었다. 그래서 당시 법무부 법무국장이었던 홍진기는 다시 김준연 법무부 장관을 통해 '대일 강화회의 준비위원회'를 설치해야 한다고 건의했다. 그 결과 4월 16일 '대일 강화회의 준비위원회'가 구성됐다. 그는 위원으로 참여했다. 그리고 일차적으로 한국측에 불리하게 돼 있던 미국의 대일 강화조약 초안 작업에 착수했다. 홍진기가 참여한 소위원회가 작성한 건의안이 7월 18일 양유찬 주미대사를 통해 미국 국무성에 제출됐고, 미국은 한국 측의 의견을 수용했다. 김용식 외무부장관은 홍진기의 역할에 대해 "1951년 한일회담이 시작되면서 유민도 대표단에 참여해 함께 대일교섭을 수행했다. 한국 내 재산 처리가 미일 강화조약에 포함된 것이 얼마나 다행한 일인가를 실감했다"고 평가했다.

또한 1953년 10월 3차 한일회담 대표로 참가했던 홍진기가 회담에서 일본의 구보타 간이치로(久保田貫一郎) 수석대표와 일대 논쟁을 벌여 이긴 것은 유명한 일화다. 구보타 수석대표는 "일본의 조선 통치는 한국민에게 유익했다"는 망언을 했다. 이에 홍진기는 '해방의 논리'를 전개했다. 회담에 참여했던 김동조 전 외무부장관은 "구보타 대표의 논지는 2차 세계대전 후의 새로운 국제질서 형성과 그에 따른 법질서의 필요를 외면하는 것이었다. 이에 대해 법률가인 홍진기 대표는 '해방의 논리'라는 2차 세계대전 후 국제정치에서의 새로운 현상을 들어 논박했다"고 증언했다.

홍진기는 1977년 3월 타이완 국립문화학원에서 받은 명예법학박사 학위 수락연설에서 '해방의 논리'를 이렇게 설명했다. "해방이라면… 과거 제국주의자들의 폭력에 기초를 둔 식민통치나 적국의 점령 상태가 전적으로 불법이라는 것을 전제로 하여, 이에서 벗어나 자유로워진다는 뜻입니다. 이렇게 불법에서 벗어나 정상 상태를 회복한다는 참뜻을 일본은 고의적으로 외면하려 한 것입니다." '해방의 논리'의 핵심은 한국의 대일 청구권과 일본이 주장하는 '대한 청구권'이 질적으로 다르다는 것이다. 해방이라는 정치 현상은 기존의 국제법을 초월하는 새로운 정치 현상이라는 논리다. 한일회담, 한미회담에서 이런 논리를 적용해야 한다는 게 홍진기의 주장이었다.

1954년 제네바회담 대표로 임명된 홍진기는 대한민국의 '법적 동일성'에 기초한 평화통일방안을 마련했다. 이는 오늘날 한국 평화통일방안의 기초가 됐다. 당시 변영태 외무부장관은 이런 홍진기를 외무부 차관으로 오라고 제의했으나 사양했다. 법조인의 길을 간 것이다.

1954년 2월 법무부차관, 1955년 10월 제2대 해무청장으로 취임했으며, 1958년 2월 법무부 장관이 됐다. 당시 김영삼 의원은 국회 법사위 소속 위원으로 홍진기 차관을 자주 만났다고 한다. 김영삼은 이렇게 회고했다. "당시 나는 20대의 최연소 국회의원이었고, 홍진기 씨는 30대의 젊은 차관이었다. 법사위 의원들과 법무부 관계자가 술자리를 가질 때면 장관 대신 홍 차관이 주로 나와 의원들과 대작했다. 홍 차관은 술이 셌다. 그때는 술잔을 돌리던 때라 엄청 마실 수 밖에 없었는데 홍 차관은 자세 하나 흐트러지지 않았다."

홍진기는 앞에서 설명한 바와 같이 1960년 3월 내무부 장관에 임명돼 재직 중 4·19 혁명을 맞았으며, 3·15 부정선거 및 4·19 발포명령의 책임자로 체포됐다. 1961년 12월 혁명재판소 상소심에서 무기징역을 선고받았으나, 1963년 8월 석방됐다. '유민(維民)'이란 아호는 당시 옥중에서 얻었다. 이중재 전 경성전기 사장(자유당 기획위원으로 구속됨)이 『시경(詩經)』 대아(大雅) 문왕편(文王編)의 '주수구방 기명유신(周雖舊邦 其命維新: 주나라는 세운 지가 오래되었지만 하늘로부터 받은 천명은 오히려 더욱 새롭기만 하다)'에서 따온 '유방(維邦)'으로 쓰라고 했다. 그러나 홍진기는 "저는 늘 백성을 사랑하며 살겠다는 마음이니, 선배님께서 주신 유(維)를 빌려 유민(維民: 오직 백성)이라고 하고 싶습니다"고 해서 아호를 '유민'으로 했다고 한다. 군부세력이 흥분을 가라앉히고 이성을 회복하자 법조계 재야인사들이 그가 국익을 위해 공헌한 업적이 지대하다며 형집행정지 처분을 탄원했다. 앞서 설명했듯이 JP의 덕분으로 1963년 12월 16일 석방됐다.

홍진기는 1964년 9월 라디오 서울방송 사장, 1966년 12월 중앙일보 회장, 1969년 5월 동양방송(TBC) 사장, 1975년 2월 중앙일보와 동양방송 대표이사에 취임했다. 1976년 제일합섬, 중앙개발, 삼성코닝, 삼성중공업, 삼성전자, 삼성물산 등의 이사를 지냈으며, 1980년 9월 중앙일보사와 동양방송 회장으로 취임했다. 그가 혼신의 힘을 다해 중앙일보를 단기간에 정상급 신문으로 부상시켰으며, TBC를 보도·교양·오락 면에서 모두 앞서는 한국 최초의 바람직한 종합 언론매체로 발전시킨 공로가 인정됐기 때문이다. 하지만 1980년 신군부가 언론통폐합 조치로 TBC를 폐사시켰다. 홍진기는 1985년 중앙일보 신사옥을 개관하고 1986년 7월 13일 서울 성북구 성북동 자택에서 별세했다. 경기도 양주시 옥정동 선영에 안장됐다. 그러나 묘소를 이장(移葬)했다는 얘기가 있다.

홍석현의 형제들

홍진기는 1983년 중앙일보 회장으로 재직하면서 20억원을 투자해 TV브라운관 부품제조사를 설립했다. 이 회사가 바로 보광그룹의 모체다. 보광은 설립 당시 삼성코닝의 최대주주로 지주회사 역할을 했다. 1989년 편의점 사업을 시작했으며 보광창업투자를 설립했다.

1990년 휘닉스파크가 설립됐다. 1991년 보광환경개발, 1994년 보광훼미리마트로 몸집을 불려나갔다. 스키장과 골프장 등 레저사업과 편의점사업이 보광그룹의 주력사업이었다.

보광그룹은 1999년 중앙일보와 함께 삼성그룹에서 계열분리해 독립했다. 당시 중앙일보 계열 5개 회사와 보광 계열 4개 회사가 분리됐던 것이다. 보광이 보유한 삼성코닝 주식 37%를 삼성그룹이 매입하는 방식으로 보광은 삼성에서 독립했다. 이 과정에서 보광의 최대주주였던 홍석현이 중앙일보 지분을 크게 늘리며 보광그룹의 대주주가 됐다.

그리고 보광그룹이 중앙일보에서 분리된 것은 2006년이다. 보광그룹 계열사 44개가 중앙일보로부터 계열분리되면서 지금의 보광그룹 경영체제가 만들어졌다. 홍석현이 중앙일보그룹을 맡고, 동생들은 보광그룹 경영 전면에 배치됐다. 홍석현은 언론, 홍석조는 유통, 홍석준은 금융, 홍석규는 레저를 담당했다. 2007년 홍석조와 홍석준이 보광그룹의 경영 일선에 나서면서 이런 역할 분담은 완료됐다.

홍석현의 첫째 동생 홍석조(洪錫肇) BGF리테일 회장은 1953년 1월 8일 부산에서 태어났다. 경기고와 서울대 법대 출신으로 사시 18회에 합격했다. 서울지검 남부지청장, 법무부 검찰국장, 인천지검장 등 요직을 두루 거쳤다. 검찰 내에서 엘리트 검사로 꼽혔다. 광주고검장에 재직할 당시에는 차기 검찰총장 후보로 거론되기고 했다. 그러나 2005년 '삼성X파일'로 광주고검장직에서 물러나면서 기업인으로 변신했다. 2007년 3월 유통회사인 보광훼미리마트 대표이사 회장에 취임한 것이다. 변호사를 개업하지 않았다. 홍 회장 형제 중에서 가장 잘 생겼고 반듯하다는 평가를 받고 있다. 일각에서는 "형보다 동생이 (대통령) 감이다"고 말한다.

홍석조는 2016년 6월 20일 선친의 이름을 딴 공익재단을 설립했다. 자신이 보유한 5억 4000만 원 상당의 BGF리테일 주식 2580주를 직접 출연해 홍진기법률연구재단을 설립한 것이다. 그리고 이사장을 맡았다. 법률 연구와 법조계 전문가를 육성하기 위해 설립했다. 학술적인 활동부터 장학사업까지 진행한다는 계획이다.

재단에 참여한 법조인들이 쟁쟁하다. 홍석조와 서울대 법학과 동문이자 사시 19회 출신인 권오곤 김앤장 국제법연구소장, 국제법 전문가인 정인섭 서울대 법학과 교수, 한상대 전 검찰총장, BGF리테일의 사외이사인 조현덕 김앤장 변호사가 재단의 이사로 이름을 올렸다. 재단은 시작단계에 불과하기 때문에 5인의 이사만 눈에 뜨이나 점차 자문위원, 고문 등의 자격으로 유력 법조인들이 대거 참여할 것으로 보인다.

홍진기법률연구재단은 선친 홍진기와 홍석조가 법조인이어서 크게 오해를 받을 일은 없다. 하지만 홍석현 대망론이 현실화될 때에는 이 재단 역시 홍석현의 외곽조직의 역할을 할 수 있어 주목된다.

홍석조는 양택기 전 서울시장 동생 양기식씨의 차녀 양경희와 결혼해 두 아들을 뒀다. 양택식 전 시장의 큰 아들 양원용 경희대 의대 교수는 태광그룹 창업자 이임룡 전 회장의 사위다. 양택식 전 시장의 딸 양정아는 김한수 전 한일그룹 회장의 며느리다. 김한수와 노태우 전 태통령의 처남인 김복동 전 의원은 서로 사돈이다. 김복동의 딸 김미경이 김한수의 며느리다.

홍석조의 장남 홍정국(1982년생)은 BGF리테일 전략혁신부문장을 맡고 있다. 그는 2013년 6월 BGF리테일에 입사해 2014년 12월 상무로 승진했고 2015년 12월 전무 자리에 올랐다. 홍정국은 미국 스탠포드대 경제학 학사와 산업공학 석사, 펜실베이니아대 와튼 경영대학원을 졸업했다. 삼촌 홍석현과 대학동문인 셈이다. 그는 보스턴 컨설팅그룹 컨설턴트로 활동하다가 2013년 6월 BGF리테일 경영혁신실장으로 회사에 입사했다.

홍석현의 둘째 동생 홍석준 보광창업투자 회장은 1954년 9월 17일 서울에서 태어났다. 그는 서울대 사회학과를 졸업했다. 1986년 미국 노스웨스턴대 켈로그경영대학원에서 경영학 석사학위를 받았다. 외환은행에서 잠시 근무하다가 1986년 제일모직 비서실에 입사했다. 그 뒤 삼성코닝 이사를 거쳐 1995년 삼성전관(현 삼성SDI)으로 옮긴 후 2002년 삼성SDI 부사장으로 승진했다. 삼성SDI 부사장을 지낸 삼성맨인 셈이다. 그는 홍씨 형제들 가운데 이건희 회장과 가장 친했다. 삼성에서 인기도 높았다. 홍라희 여사의 동생으로 '로열 패밀리'임에도 불구하고 자상하고 호방한 성격이어서 직원들로부터 좋은 평가를 받았다고 한다. 원불교 신심도 가장 돈독했다. 어머니 김윤남과 함께 매주 원불교 교당 법회에 참석했다고 한다. 그래서 선친 때부터 살아온 성북동 집을 지키고 있다. 부인은 정석원의 장녀 정경선이다.

홍석현 회장의 셋째 동생 홍석규 보광그룹 회장은 경기고와 서울대 외교학과를 졸업하고 존스홉킨스대 국제대학원에서 외교학 석사 학위를 받았다. 1979년 외무고시에 합격한 후 외무부 의전과에서 외교관 생활을 시작했다. 주미 대사관과 외무부, 청와대 비서실에서 근무했다. 하지만 그는 1995년 외무부 기획조사과장을 끝으로 공직생활을 마감한 후 (주)보광 상무이사로 경영에 뛰어들었다.

홍석규는 보광 지분 28.75%를 보유한 최대주주다. 홍석조, 홍석준, 홍라영 삼성미술관 리움 총괄부관장이 각각 23.75%를 보유하고 있다. 그래서 홍석규는 일찌감치 보광그룹의 대표자 역할을 해왔다. 1998년부터 보광 대표이사 사장으로 그룹을 이끌다 2004년 회장에 올랐다.

그러나 보광그룹은 자금난을 겪었다. 보광이천을 BGF리테일에 1301억원에 매각했다. BGF리테일은 홍석조가 대주주(34.82%)로 있는 회사다. 홍석교의 부인은 이장헌의 차녀 이계명이다.

홍석현과 형제들 사이의 우애는 매우 좋은 편이다. 일체의 재산분규나 갈등이 없다. 어머니 김윤남의 신앙과 삶이 자녀들을 그렇게 만들었다. 도인(道人)의 경지에 오른 김윤남의 지극한 서원(誓願)과 헌신적인 삶이 홍석현 형제자매들의 몸과 마음을 건강하고 풍요롭게 만들었다고 한다.

홍석현의 자녀들

홍석현은 2남 1녀의 3남매를 뒀다. 장남 홍정도 중앙일보·JTBC 사장은 1977년생으로 연세대를 중퇴하고 미국 웨슬리안대에서 경제학을 전공했다. 컨설팅 회사인 엑센츄어코리아에서 2년간 일하다 2005년 중앙일보 전략기획실에 입사했다.

홍정도는 2006년 5월 29일 이어령 전 문화부장관의 주례로 신라호텔에서 신부 윤선영과 결혼식을 올렸다. 두 사람은 2004년 친지의 소개로 만나 2년간 교제했다. 윤선영은 미국 다트머스대에서 경제학과 동양학을 전공했고 2005년 하버드대 로스쿨을 졸업했다. 서울대 재료공학부 윤재륜 교수의 장녀이자, 유화증권을 설립한 윤장섭 성보문화재단 이사장의 손녀다. 재벌 못지않은 재력을 갖고 있다. 홍정도는 결혼 직후인 2006년 8월 중앙일보를 휴직하고 부친 홍석현이 다녔던 미국 스탠퍼드대에 유학해 MBA과정을 마쳤다.

그리고 홍정도는 중앙일보 전략기획실 상무로 처음 임원이 된지 6년 만에 중앙일보·JTBC 사장이 됐다. 2015년 12월 1일부터 중앙미디어네트워크는 사실상 '홍정도 체제'로 개편된 것이다. 홍석현이 전체를 총괄하고 있지만, 경영에서 손을 떼도 홍정도가 얼마든지 회사를 이끌어나갈 수 있는 체제를 구축한 셈이다. 중앙일보 관계자에 따르면 "홍정도 사장이 회사를 경영하는 데는 아무런 문제가 없다"고 말한다. 중앙일보 주변에선 홍정도가 과감하게 투자하는 등 상당히 공격적인 경영을 한다고 분석했다.

홍정도는 평소 "관습에서 벗어나 우리만의 문화를 가져야 할 것"이라고 강조한다. 어머니 신연균의 영향이다. 홍정도는 다보스포럼을 주관하는 스위스 세계경제포럼(WEF)이 선정한 2010년 차세대 리더(Young Global Leader)에 선정된 바 있다.

홍정도는 외모도 출중한 데다 호탕한 성격이어서 친구들 사이에 인기가 높았다. 서울 강남에 있는 구정고에 다닐 때 국내 최대 재벌의 친인척이라는 사실을 전혀 눈치 챌 수 없었을 정도로 겸손한 성격이었다고 한다. 그는 고교동창 모임에도 자주 참석해 친구들과 소주잔을 기울이며 얘기를 나눌 정도로 소탈한 성격이라는 것이다.

홍정도의 부인 윤선영은 2014년 12월 중앙일보 계열사인 제이콘텐트리(Jcontentree)의 전략기획실장(상무)으로 입사해 2015년 12월부터 M&B 경영총괄을 맡았다. 제이콘텐트리는 드라마하우스앤제이콘텐트허브, 중앙미디어큐채널, 메가박스, 허스트중앙, 중앙일보문화사업, 설앤컴퍼니, IS일간스포츠의 최대주주로 중앙미디어그룹의 핵심 중 한 곳이다. 하지만 2016년 후반기부터 가사(家事)에만 전념하고 있다. 자녀교육과 내조에 충실하기 위해서라고 한다.

차남 홍정인은 1985년생으로 서울과학고를 조기 졸업하고 프린스턴대 경제학과를 졸업했다. 보스턴 컨설팅그룹 컨설턴트로 활동하다가 하버드대에서 MBA과정을 마쳤다. 이후 골드만삭스 기업금융부장을 지냈다. 2015년 12월부터는 중앙미디어네트워크(JMnet) 신사업추진단 부단장 겸 보광 경영기획실장으로 근무하고 있다. JMnet은 중앙미디어그룹의 지주회사다. 2016년 JMnet 계열사로 편입된 보광은 휘닉스파크(강원도 평창)와 휘닉스아일랜드(제주도 서귀포) 등 리조트·레저 단지를 운영하고 있다.

홍석현의 딸 홍정현(1980년생)은 이화여대 불문학과를 졸업하고 동 대학원에서 미술사학 석사학위를 받았다. 홍정현은 2007년 5월 27일 삼양인터내셔널 후계자인 허서홍과 결혼했다. 그는 서울대에서 서양사학을 전공했고, 2006년부터 GS홈쇼핑에서 근무했으며, 미국 스탠퍼드대에서 MBA과정을 이수했다. 아버지 허광수 삼양인터내셔널 회장과 장인 홍석현과 스탠퍼드대 동문인 셈이다. 허서홍은 GS에너지의 상무로 근무하고 있다.

그리고 홍정현의 시아버지 허광수의 둘째 형이 허동수 GS칼텍스 회장이고, 사촌동생이 전경련 회장이자 GS그룹 회장인 허창수다. 정몽준 전 의원은 허광수의 아랫동서다.

홍라희와 삼성, 그리고 홍라영

홍진기의 자녀들 중에서 가장 뛰어난 인물은 이건희 삼성그룹 회장의 부인인 홍라희(洪羅喜) 삼성미술관 리움 관장이라는 데 이견이 없다. 홍라희의 내조가 없었더라면 오늘날 '이건희의 삼성'은 어려웠을 것이라는 평가가 지배적이다.

홍석현의 누나인 홍라희는 1945년 7월 15일 전주에서 태어났다. 얼마나 기뻤는지 홍진기는 손수 딸을 씻기고 머리도 깎아줬다고 한다. 『이 사람아, 공부해』에 따르면 홍라희는 이렇게 회고했다. "나에 대한 아버지의 사랑은 이루 말로 할 수 없다. 아버지는 나를 그냥 라희라고 부르지 않았다. '우리 라희, 우리 라희, 어디 갔니', '우리 라희 잘 잤니', '우리 라희, 뭐 먹었니'하는 식이었다."

홍라희는 1965년 서울대 응용미술학과 3학년에 다닐 때, 장차 시아버지가 될 이병철 회장을 처음 만났다. 홍라희가 대한민국 미술전람회(일명 국전)에 입선하자 아버지 홍진기는 홍라희에게 매년 국전을 관람하는 이병철의 안내를 부탁했다. 홍라희는 펄쩍 뛰며 거절했지만 아버지의 간곡한 부탁을 거절하지 못하고 이병철을 국전에 안내했다. 이 때 이병철은 자신을 안내하며 작품에 대해 설명한 홍라희를 유심히 살폈고, 며느리 감으로 찍었다고 한다. 이 국전 안내가 인연이 돼 1966년 홍라희가 이화여대 4학년에 다닐 때 일본에 잠시 머물고 있었던 이건희 회장과 우여곡절 끝에 도쿄 오쿠라호텔에서 선을 봤다. 이 자리에 어머니 김윤남만 참석했다. 그리고 9월 15일 한비사건이 터지자 이건희는 미국 조지워싱턴대 박사과정 유학을 포기하고 10월 동양방송 이사로 입사했다. 자연스럽게 두 사람은 데이트를 하게 됐고, 서로가 마음에 들어 1967년 1월에 약혼하고 5월에 결혼했다.

앞서 이병철과 홍진기가 인연을 맺게 된 것은 홍진기가 옥중에 있을 때였다. 이병철이 서대문 형무소로 홍진기의 면회를 왔다고 한다. 『이 사람아, 공부해』에 따르면 부인 김윤남은 이렇게 증언했다. "어느 날 남편을 면회하러 갔더니 간수가 이병철 회장이 다녀가셨다고 했다. 이 회장께서 과일을 많이 들고 오셨는데 남편은 형무소 규칙을 어기지 않기 위해 그것을 모두 다른 사람들에게 나누어주었다는 것이었다."

홍진기가 병보석으로 감옥을 나와 서울대 병원에 입원했을 때도 이병철은 박무승 비서실장을 통해 영양제를 보내기도 했다고 한다. 이병철은 홍진기에 대해 호감을 갖고 있었던 것이다. 결국 이런 인연이 깊어져 두 사람은 사돈이 됐다. 이병철은 생전에 어려운 일이 있을 때마다 홍진기와 상의했다고 한다. 이병철은 홍진기가 타계하자 "당신은 내 일생을 통해 제일 많은 시간을 접촉한 평생의 동지요, 삼성을 이끌어온 같은 임원이요, 사업의 반려자였고, 가정적으로는 나의 사돈이었다"며 슬픔을 감추지 않았다.

이건희도 일본 와세다대 경제학과와 미국 조지워싱턴대 경영대학원 MBA과정을 수료하고 1966년 동양방송 이사가 되면서 나중에 장인이 된 홍진기로부터 경영수업을 받았다. 삼성그룹의 한 관계자는 "홍진기 회장은 이건희 회장을 옆에 데리고 다니며 경영수업을 혹독하게 시킨 것으로 압니다. 이건희 회장도 첫 사회경험을 동양방송에서 했기 때문에 동양방송을 '정신적 고향'으로 여긴다는 말까지 한 것으로 압니다"고 말했다. 『이 사람아, 공부해』에 따르면, 홍라희는 장인과 사위 관계에 대해 이렇게 회고했다. "남편은 기업인으로서 행운을 타고났다고 생각한다. 아버지인 이병철 회장님으로부터 천부적인 직관력과 동물적인 경영감각을 물려받았고, 장인인 우리 아버지로부터 행정 경험, 법에 대한 개념, 그리고 사회에 대한 총괄적인 개념을 듣고 배웠다.”

홍라희는 이건희와 결혼한 후 한동안 집안 살림과 자녀 양육에만 전념했다. 유학의 꿈도 접어야 했다. 홍라희는 국전 공예 부문에「센터 캐비닛과 의자」를 출품해 특선을 수상한 경력을 갖고 있던 만큼 평소 미술 작품에 대해 안목이 남달랐다. 이를 눈여겨 지켜본 시아버지 이병철의 권유로 미술계에 발을 들여놨다. 이후 홍라희는 시아버지로부터 미술품과 골동품에 대한 안목을 키우는 수련을 받았다. ‘매일 인사동에 가서 10만 원 한도 내에서 마음에 드는 골동품 사오기’가 당시 홍라희에게 주어진 과제였다고 한다. 3개월 동안 골동품 사오기가 이뤄졌다.

삼성 출신 심정택 칼럼니스트는『이건희전』에서 이렇게 설명한다. “홍라희는 1983년 현대미술관 이사를 맡으며 대외 활동을 시작했다. 중앙일보 상무를 맡기도 했고, 1995년에는 호암미술관 관장, 1996년에는 삼성문화재단 이사장을 맡기도 했다. 전공을 살려 2004년 11월, 국내 최고 수준의 미술관인 리움을 서울 용산구 한남동 승지원 옆에 개관해 관장을 맡았다. 엄청난 컬렉션을 자랑하며 ‘미술계 파워 리더 1위’ 자리를 놓치지 않는 큰손이 되었다. 홍라희는 본래 패션 디자인과 미술에 관심이 많았다. 집안 잔칫날 패션쇼를 하기도 했고, 안양 베네스트 골프장의 캐디 유니폼을 직접 골라주기도 했다.”

홍라희의 ‘미술DNA’는 아버지로부터 물려받았다. 홍진기는 어렸을 때부터 미술을 좋아했다고 한다. 그래서 그는 미술작품을 보는 전문가 못지않은 식견을 가지고 있었다. 홍라희는 2013년 1월『여성조선』 인터뷰에서 "문화를 대하는 자세는 결국 문화적 감수성에서 생기는 것이다. 이런 감수성은 어릴 때부터 길러져야 한다. 어려서부터 부모 손에 이끌려 자연스럽게 문화예술을 체험한 아이는 성인이 되어서도 문화를 생활의 한 부분으로 생각한다"고 말했다.

이병철의 Lee와 museum의 um을 따서 지은 '리움(Leeum)'이 보유하고 있는 문화재는 총 150점에 가깝다. 국보가 36점, 보물이 96점에 달한다. 전체 보유하고 있는 미술 작품은 금동관음보살좌상·수월관음보살도·청자·분청사기 등 고미술품, 박수근·김환기·이우환 그림 등 한국 현대미술품, 게르하르트 리히터·가브리엘 오로즈코·신디 셔먼 그림 등 외국 현대미술 작품 등 1만 5천 점이 넘는다고 한다. 이 가운데 프랑스 근대조각가 로댕의 청동조각 「지옥의 문」은 리움 소장 조각작품 중 대표적인 명품이다. 무어, 아르프, 노구치, 마리니 등의 작품, 자코메티의 인체조각 「거대한 여인」(1960년) 등도 리움이 아끼는 소장품이다. 그림으로는 프랭크 스텔라의 「검은 독사」(1965년), 로이 리히텐슈타인의 「집」(1997년), 색면 추상화가 마크 로스코의 「무제」(1962년) 「네 개의 붉은색」(1957년), 프랜시스 베이컨의 「방 안에 있는 인물」(1962년), 윌렘 드 쿠닝의 「무제」(1947년), 장 뒤뷔페의 「풍경」(1953년), 앙리 마티스의 종이 오리기 작품 「오세아니아, 바다」(1946년), 게르하르트 리히터의 「696백조」 등이 대표적이다. 따라서 주식 보유 재산과 리움 재산을 합치면, 홍라희의 재산은 2조원 대라고 추정한다.

홍라희와 이건희는 1남 3녀를 뒀다. 이재용 삼성전자 부회장, 이

부진 호텔신라 사장, 이서현 삼성물산 패션부문 사장이다. 셋째 딸 이윤형은 2005년 미국에서 자살했다. 홍라희는 독실한 원불교 신자로 불이회 회장을 맡고 있다. 원불교와 원광대학교 발전의 최대 공로자가 홍라희라는 게 대체적인 평가다.

홍라희의 여동생 홍라영 리움미술관 총괄부관장도 주목된다. 홍라영은 이화여대 불문학과를 졸업하고 동 대학원에서 불어불문학 석사학위를 받았고, 뉴욕대 대학원에서도 예술경영학 석사학위를 받았다. 1995년 삼성문화재단 기획실에 입사해 주로 현대미술에 관심을 갖고 전시회를 기획하며 실력을 인정받았다. 삼성문화재단 상무를 거쳐 리움 총괄부관장으로 일하고 있다. 홍라영은 노신영 전 총리의 장남 노철수 에미커스그룹 회장과 결혼했다. 노철수는 노신영의 차남이다. 형인 노경수 서울대 교수는 고 정주영 현대그룹 명예회장의 동생인 정세영의 장녀 정숙영의 남편이다. 홍라영과 노철수는 2녀 (노희선, 노희경)를 두고 있다.

홍라영은 보광그룹의 계열사 지분 일부를 보유하고 있다. 헤럴드경제 슈퍼리치팀이 집계한 '한국 100대 부호 리스트'에 따르면, 홍라희는 한국 여성부호 3위, 홍라영은 한국 여성부호 11위다. 홍라희의 딸들인 이부진 사장이 1위, 이서현 사장이 2위다. 홍석현의 누이들도 대단한 재력을 갖고 있는 것이다.

외가(外家): 김신석의 사람들

홍석현의 외할아버지 김신석(金信錫)은 호남은행 전무를 지냈다. 김신석은 1896년 9월 26일 경남 산청군 생초면 어서리에서 태어났다. 부산상고를 졸업하고 조선은행에 근무했다. 회계 업무에서 뛰어난 능력을 보여 금융계의 유명인사가 됐다. 그는 암산이 주산보다 빠를 정도로 수재였다고 한다. 그러자 전남의 대부호이자 현정은 현대그룹 회장의 조부인 현준호(玄俊鎬) 호남은행 대표가 김신석을 광주에 있던 호남은행으로 스카우트했다. 무송(茂松) 현준호는 인촌 김성수, 가인 김병로와 함께 호남 최초의 사립학교인 창흥의숙(昌興義塾) 출신이다. 그는 일제로부터 민족자본을 지키고자 1920년대 '호남은행'을 설립하면서 김신석을 영입했던 것이다.

김신석은 호남은행 목포지점장을 거쳐 전무를 맡았다. 그러나 호남은행이 일제의 탄압으로 1942년 4월 동일은행에 합병되자 상무로 강등됐다고 한다. 동일은행은 1943년 10월 한성은행과 합병해 조흥은행이 됐다. 조흥은행은 2006년 4월 1일 신한은행에 합병됐다. 따라서 김신석은 오늘날 신한은행의 옛 간부인 셈이다.

그리고 그는 1936년 조선총독부 중추원의 참의에 임명됐다. 일제가 실업인들을 중추원 참의에 대거 임명했기 때문이다. 무송은 그보다 앞서 중추원 참의가 됐다. 김신석은 일제강점기 말기에는 태평양전쟁 지원에 나서 대화동맹에 가담한 바 있다. 1935년 총독부가 편찬한 『조선공로자명감』에 조선인 공로자 353명 중 한 명으로 수록

돼 있다. 친일논란이 제기될 수밖에 없는 경력이다. 하지만 김신석에 대한 광주, 전남지역의 평판은 비교적 좋은 편이다. 민족자본 형성에 기여했고 독립운동가들을 물심양면으로 도와줬기 때문이다. 이런 내용은 향후 많은 조사와 연구를 통해 재조명돼야 할 부분이다.

1936년 김신석의 전무취체역(전무이사) 시절 호남은행의 간부들은 다음과 같다. 오늘날 주식회사 이사와 같은 취체역(取締役)은 고재욱 전 동아일보 사장의 부친이었고, 감사역에는 김병로 초대 대법원장과 극작가 차범석의 부친인 차남진이었다. 장용태 부지배인은 후일 조흥은행장을 지냈다. 말하자면 김신석은 호남 지도자들과 깊은 교류를 맺고 있었던 것이다.

호남에 뿌리를 내린 김신석은 1남 1녀를 뒀다. 아들 김홍준은 광주서중(광주일고 전신)을 졸업했고 딸 김윤남은 광주욱(旭)공립고등여학교(현 전남여고)를 졸업했다. 김홍준은 현준호의 아들 현영원 전 현대상선 회장과 친구가 됐다. 두 사람은 1950년대 초반 한국은행 도쿄지점에서 같이 근무하기도 했다. 현영원은 당시 김용주 초대 일본공사의 딸 김문희와 도쿄에서 결혼해 큰딸 일선을 얻었으며, 서울로 돌아와 둘째 딸 현정은 회장을 낳았다. 즉 현정은의 부친 현영원과 홍석현의 외삼촌인 김홍준은 평생지기다. 두 집안은 모두 서로를 잘 알 수밖에 없는 사이다. 그래서 현정은과 홍석현의 관계도 각별하다. 그리고 현정은의 외할아버지 김용주가 바로 김무성 새누리당 전 대표의 선친이다. 현정은의 어머니가 김무성의 누나다.

김신석의 선친은 경주 김씨 수은공파 김은호의 셋째 아들이다. 김은호의 둘째 아들이 낳은 손자가 6·25 때 관재청 조정국장이었던 김경택이었다. 그는 서울 통의동 자택에서 인민군에 연행됐는데 이후 행적이 묘연해졌다. 당시 김경택의 부인은 임신 중이었다. 그 유복자가 바로 김상희(金相喜) 전 법무부 차관이다. 홍진기가 김상희의 고종 6촌형이 되는 것이다. 김상희는 12·12쿠데타 및 5·18광주민주화운동 재수사 때 특별공판부장으로 전두환·최규하 두 전직 대통령을 조사하며 수사와 공소유지를 지휘했다. 1997년 대검 수사기획관 때는 심재륜 당시 중수부장과 함께 한보사건 및 김현철 비리 사건을 수사했다. 선이 굵은 뚝심형 수사통으로 알려졌다.

그리고 김은호의 첫째 아들의 손자(종손자)가 김두희(金斗熙) 전 법무부 장관이다. 김두희도 김신석에 못지않은 두뇌를 지녔다. 경기고 2학년에 재학할 때 검정고시를 거쳐 서울대 법대에 합격했다. 온화하고 침착한 성격이나 소신이 강하고 두뇌회전이 빠르다. 즉, 상황판단이 빠르다. 김영삼 정부 시절 제3대 임기제 검찰총장에 취임한 지 3개월여 만에 법무부 장관으로 발탁됐다. '최단명 검찰총장'과 '임기를 못 채운 첫 임기제총장'인 셈이다. 김두희의 매제는 김경림 전 외환은행장이고, 김두희의 고종사촌으로는 김정탁 성균관대 교수가 있다. 홍석현의 외가(外家)도 경남 산청의 명문가인 셈이다.

홍석현과 형제들의 두뇌가 뛰어난 것은 산청의 명문 경주 김씨의 두뇌도 일부 이어받은 것으로 보인다. 외조부를 비롯해 외가 주변의 사람들이 모두 수재들이었기 때문이다. 홍진기의 두뇌와 외조부 김신석의 두뇌가 합쳤으니 다들 공부를 잘했던 것이다.

처가(妻家): 신직수의 사람들

홍석현의 장인은 신직수(申稙秀) 전 중앙정보부장이다. 신직수와 김순아(金順兒) 사이의 딸이 홍석현의 부인 신연균이다. 신직수는 충남 서천 출신이다. 1946년 전주사범학교를 졸업하고 교사로 재직하면서 대한민국 최초의 4년제 야간 대학교였던 한국대 법학과를 다녔고 1952년 졸업했다. 그 한국대는 오늘의 서경대학교 전신이다.

신직수는 군 법무관 임용시험에 합격해 육군 갑종사관 군법무관 장교로 임관한 후 육군 소령으로 예편했다. 1955년 박정희 전 대통령이 육군 제5사단장으로 재직할 당시 법무참모였다. 그래서 5·16쿠데타 이후 1961년 국가재건최고회의 법률고문을 맡았고, 이례적으로 서울중앙지방검찰청 검사로 임명됐다. 군인들이 수립한 중앙정보부 설립계획 초안을 깔끔하게 다듬고 보완한 것이 계기가 돼 1963년 중앙정보부 김종필 부장 밑에서 차장을 지냈다. 1963년 12월부터 1971년 6월까지 무려 7년 7개월간 제11대 검찰총장으로 재직했다. 전무후무한 기록이다. 그것도 고등고시나 사법시험이 아닌 군 법무관 임용고시 출신으로서 말이다. 이어 1971년 6월부터 1973년 12월까지 제22대 법무부 장관을 지냈고, 1973년 12월부터 1976년 12월까지 제7대 중앙정보부장을 역임했다.

김충식 가천대 교수는 『남산의 부장들』에서 "1973년 12월 들어선 신직수 부장체제의 중앙정보부엔 '정권 안보'가 최우선 과제였다"고 주장했다. '신직수 정보부, 유신 수호 칼 뽑다'가 『남산의 부장들』 제

14장의 제목이었다. 김 교수는 "신직수는 젊고 '명석한 검사' 김기춘(金淇春·법무부 장관 지냄), 현홍주(玄鴻柱·주미대사 지냄)를 거느리고 남산에 들어왔다. 두 검사는 신 법무장관 밑에서 HR정보부가 만든 유신헌법 뼈대에 살을 붙이고 매무새를 가다듬었다"고 했다. 김기춘은 박근혜 정부에서 대통령비서실장을 지냈고, 현홍주는 전두환 정권 시절 안기부차장과 민정당 전국구 의원을 역임했으며 김앤장법률사무소의 변호사로 활동하고 있다. 'HR정보부'는 이후락 정보부장 체제를 일컫는다. 당시 신직수 부장 체제의 정보부 차장은 김재규 전 중앙정보부장이었는데, 1955년 5사단에서 김재규가 대령을 달고 36연대장을 할 때 전입한 하급장교가 바로 신직수였다고 한다. 당시 육영수 여사는 김재규에 대해서는 못마땅하게 생각했고, 신직수에 대해서는 각별하게 대했다고 한다. 그래서 일각에선 육영수 여사의 추천으로 신직수가 승승장구했다는 분석도 제기한다.

김충식은 1970년대 중앙정보부 차장보를 역임한 모 인사의 신직수에 대한 증언을 이렇게 소개하고 있다. "신직수 부장이 이후락 씨 때의 화려하고 요란한 집무 스타일과는 달리 '조용하고 내실 있는 남산'을 지향한 것만은 분명하다. 역대 부장 가운데 복지후생에도 힘써 주변 직원들의 평판도 좋은 편에 속한다. 그러나 만사를 법으로 풀어가려 하고, 정치 논리로 풀 일도 법으로 대응하는 결함이 있었다. 신 부장의 법가적(法家的) 스타일이 유신시대를 법률 중독에 빠뜨렸다고도 할 수 있다. '법은 많을수록 국가나 정권이 안전하고 처벌이 셀수록 체제 도전이 사라진다'는 사고가 지배하지 않았나 생각된다.”

민청학련 사건, 인혁당 사건, 육영수 여사 피격사건, 동아일보 광고탄압, 코리아게이트 등이 신직수 중앙정보부 체제에서 일어난 대형 사건들이다. 코리아게이트 불길이 미국에서 걷잡을 수 없을 정도로 확산되고 중앙정보부 요원 김상근이 미국에 망명하자 1976년 12월 4일 신직수는 물러나고 김재규 중앙정보부장 체제가 출범했다. 역사에는 가정이란 없지만, 만일 신직수 중앙정보부장 체제가 지속됐더라면 10·26은 발생하지 않았을 수도 있었다.

신직수는 퇴임 후 1977년부터 변호사로 활동했다. 1979년 1월 대통령 법률담당특별보좌관으로 임명됐으나, 10·26과 12·12쿠데타가 발생해 12월 17일 최규하 대통령에 의해 면직됐다. 1981년 일양합동법률사무소 대표 변호사로 일하다가 2001년 9월 9일 서울대 병원에서 세상을 떠났다.

신직수의 장남은 신창균(申敞均)이고, 장녀는 홍석현의 부인 신연균이다. 차남은 신헌(申獻)이고, 3남은 신황균(申晃均)이다. 신황균은 미국에 거주하고 있는 것으로 알려졌다. 차녀는 신선균이다. 이 중에서 널리 알려진 인물은 손자 신현성 티켓몬스터• 대표다. 1985년 11월 12일 생인 신현성은 서울 숭의초등학교 3학년에 재학 중이던 아홉 살 때 아버지 신황균을 따라 미국으로 이민을 가서 펜실베이니아대 와튼스쿨 경영학부를 졸업했다. 그는 2007년 인바이트 미디어에서 근무했고, 2008년 맥킨지 앤드 컴퍼니를 거쳐 2010년 5월부터 티켓몬스터 대표를 맡고 있다. 2011년에는 벤처 인큐베이터 '패스트트

랙 아시아'를 공동으로 설립했다.

티몬은 패션·뷰티, 식품·유아동, 생활·홈·데코, 가전·디지털, 레포츠·자동차, 도서·취미, 여행·레저, 컬쳐·게임, 지역, 슈퍼마트를 운영하고 있다. 물론 적지 않은 불량상품으로 인해 소비자들로부터 지적을 받았다. '한국판 마크 주커버그'로 불리는 신현성은 2013년 2월 23일 제일기획 AD 출신 이아리수와 결혼했다.

홍석현과 그 형제들의 사업수완은 외조부 김신석으로부터 물려받은 것으로 보인다. 일제강점기 조선 제일의 회계전문가의 '경영

티켓몬스터(Ticket Monster)

티켓몬스터(티몬)는 한국 최초의 소셜커머스(social commerce) 업체다. 트위터, 페이스북과 같은 소셜네트워크서비스(SNS: social network service)를 이용하는 전자상거래로 정해진 수 이상이 구매할 경우 할인된 가격에 판매가 확정된다. 상품을 구입하는 일정 수의 사람이 모이지 않으면 거래가 성사되지 않기 때문에 소비자들은 SNS를 통해 자발적으로 주변 사람들에게 상품을 홍보하게 된다. 요식업, 공연, 미용, 여행 등 지역밀착형 서비스가 주요 상품이며, 보통 지역별로 하루에 하나의 딜이 공개된다.

티몬은 2010년 5월 신현성 대표가 대학동기와 카이스트 출신 2명 등과 함께 설립한 회사다. 티몬의 창업자인 신현성, 신성윤, 이지호, 권기현, 김동현 등 다섯 명은 매일 밤을 새며 토론하고, 밤낮을 가리지 않고 발품을 팔아 사람들을 만나러 다녔다. 월급도 없고 끼니는 햄버거로 때우기 일쑤였다고 한다.

그렇게 창업한 티몬은 2011년 5월 월 거래액 200억 원을 돌파했으며, 설립 1년 만인 2011년 상반기에 매출액 1,000억 원을 돌파하는 등 2011년 기준 국내 소셜커머스 시장 1위 업체다. 현재 1000여 명의 직원이 있다. 본사는 서울특별시 강남구 테헤란로 114길 38 동일타워다.

티몬은 2011년 8월 세계 2위 소셜커머스 회사인 미국 리빙소셜에 약 3,000억 원에 매각됐다. 2014년 M&A를 거쳐서 현재 세계 1위 소셜커머스 업체인 그루폰의 자회사가 됐다. 2015년 4월 신현성 대표는 그루폰으로부터 경영권 지분을 인수했다. 이로써 신 대표는 다시 티몬의 주요 주주가 됐다. 물론 그루폰은 여전히 41%의 지분을 보유한 주요 주주로 남았다.

DNA'를 물려받아 모두가 사업에 성공한 것이다. 외조부는 주산보다 암산이 빠를 정도의 두뇌를 가졌으니 두뇌 역시 외탁(外託)이다. 홍석현의 4형제 모두 경기고-서울대를 졸업했다. 이재(理財)에 밝았던 증조부의 '이재 DNA'가 홍석현 가족들의 경영능력에 기여한 것은 물론이다.

반면 처가(妻家)는 은둔형이다. 그래서 신연균 이사장은 조신하다. '아름지기재단'을 운영하면서도 언론과의 인터뷰를 하지 않는다. 신직수의 자녀들이 외부로 전혀 알려지지 않고 있는 것도 바로 이런 은둔형 성격 때문이다. 일체의 잡음이 없다. 처남매부 관계인 홍석현에게는 큰 부담을 주지 않고 있는 것이다. '이재'와 '두뇌'는 친가와 외가, '은둔'은 처가의 특징이다.

4장

홍석현의 '신언론경영'

第三開國

제2창간과 '신언론경영'

홍석현은 1994년 3월 21일 중앙일보 대표이사로 취임했다. 중앙일보는 이날을 중앙일보의 '제2창간일'로 선포했다. 홍석현이 제2창간을 선언한 것은 취임 이전 중앙일보 혁신에 대한 구상이 있었다는 뜻이다. 매형인 이건희 삼성그룹 회장으로부터 '중앙일보를 맡게 될 것'이라는 암시를 받고 조직과 지면에 대해 상당히 연구했던 것이다.

중앙일보는 1994년 3월 26일 제2창간 선언 기사에서 "자유민주주의와 시장경제 원리를 중요한 가치로 삼고 추구해온 중앙일보는 여기에 독자제일주의와 품질제일주의 정신을 더해 독자 여러분의 정보 욕구를 충실히 채워드릴 것을 다짐합니다"고 밝혔다. 독자제일주의와 품질제일주의를 주창했다. '초일류언론'을 목표로 삼았던 것이다.

사실 홍석현의 '제2창간'·'품질제일주의'·'초일류언론' 선언은 이건희의 '질(質) 중시 신경영'을 그대로 벤치마킹한 것이다. 이건희는 1988년 그룹회장 취임 이후 위기의식, 발상의 전환을 강조하며 '제2창업'을 선언했다. 그는 1993년 독일 프랑크푸르트에서 '신경영'을 주창하며 세계 초일류기업을 지향하는 혁신의 필요성을 역설했다. 당시 '마누라만 빼고 다 바꿔라'는 이건희의 발언은 널리 인구에 회자됐다. 외형 중시의 양적 사고를 품질과 기능을 중시하는 질 중시의 사고로 전환시켰다. 당시 홍석현은 삼성코닝의 임원으로 있으면서 현장에서 '이건희 신경영'을 온 몸으로 배웠던 것이다.

홍석현은 중앙일보 사장에 취임하자마자 대대적인 물갈이 인사를 단행했다. 기존의 임원을 교체하고 자신과 함께 온 삼성그룹 간부들을 요직에 앉혔다. 그러자 기자들 사이에서는 한동안 "삼성 점령군이 중앙일보를 접수했다"는 말이 나오기도 했다. 삼성의 '신경영' 기법을 중앙일보에 이식시키기 위한 전략이었다.

홍석현은 이건희의 '인재를 아끼는 경영'도 도입했다. "우수 인력 한 사람이 10만 명을 먹여 살린다"는 이건희의 발언을 그대로 실천했다. 홍석현은 신문의 질을 높이기 위해 1994년 6월 9일 국내 언론사상 처음으로 전문기자를 선발한 것이다. 특히 박사학위 소지자나 의사 등 전문가를 기자로 채용해 신문의 질을 높인 것이 주효했다. 당장 읽을거리가 많다는 평가가 나왔다. 홍석현은 중앙일보 지면의 가독성을 높이기 위해 고급 필자들에게는 직접 전화해 원고청탁을 했다.

신문지면도 혁신했다. 영국에서 신문편집 전문가를 초빙해 수개월간 자문을 얻은 뒤 1994년 9월 1일 48면 3섹션으로 신문을 발행했다. 1995년 4월 15일 석간에서 조간으로 전환했고, 1995년 10월 9일부터는 전면 가로쓰기를 실시했다. 한글 제호변경과 함께 신문 문장의 단문화도 인터넷시대에 적합한 혁신이었다. 일본신문 편집 형태를 벗어나 서구의 신문 형태를 따른 것이다.

그는 또한 조직의 효율성을 높이기 위해 팀제를 실시하고 연공서열을 폐지했다. 젊은 기자들을 과감하게 부서장에 기용했다. 그러나 지나치게 공격적인 판매 전략으로 신문시장의 유통질서를 어지럽히고 과당경쟁의 부작용을 낳았다. 무리하게 조선일보와의 '판매전쟁'을 벌이는 바람에 적지 않은 사고를 유발하기도 했다.

그러면서도 중앙일보는 새로운 시스템에 과감하게 투자했다. 1995년 '조인스닷컴'이라는 온라인 뉴스 서비스를 시작했다. 아시아 최초로 인터넷신문을 도입한 것이다.

홍석현은 중앙일보에 들어온 이후 기자들과의 거리감을 좁히기 위해 적극적인 행동을 했다. 사회부 경찰출입기자들과 함께 웃통을 벗고 폭탄주를 마시기도 했다. 기자들이 꼭대기 층의 사장실과 4층 편집국과 거리감이 있다며 내려올 것을 건의하자 사장실을 6층으로 옮겼다. 홍석현이 신문 혁신을 주도적으로 이끌고 상당한 성과를 올리자 기자들도 호의를 가지기 시작했다고 한다. '삼성 점령군의 사령관'이라는 부정적인 이미지에서 '젊은 계몽군주'와 같은 긍정적인 이미지로 바뀌기 시작했다는 것이다.

홍석현의 언론경영은 미국식이다. 사회조사방법론을 통해 먼저 시장조사 등을 실시하고 전문가 그룹을 동원해 충분한 분석과 진단, 그리고 예측을 한다. 그 이전의 언론경영은 주먹구구식이었다. 편집·광고·판매 분야에서 관행과 타성에 젖어 '혁신'을 생각하지도 못했다. 가로쓰기를 하면 독자들이 떨어질 것이라고 우려했고, 섹션화를 하면 잡지로 전락할 것으로 봤다. 독자보다는 신문이 우선이었다. 광고도 고압적인 자세로 수주했다. 그러나 홍석현은 이런 구태를 과감히 탈피했다. 결국 다른 신문들도 가로쓰기, 조간화, 섹션화를 따라왔다. 독자제일주의와 품질제일주의가 독자들을 끌어들인 것이다.

그 결과 중앙일보는 한국일보와 동아일보를 제치고 2위 자리로 올라선 것이다. 홍석현의 '제2창간'은 성공한 셈이다. 한참 뒤의 일이지만, 2007년 3월 18일 대한민국 최초로 일요일에 배달되는 신문인 「중앙SUNDAY」를 창간한 것이나 2009년 3월 16일 신문판형을 대판에서 베를리너판으로 바꾼 것도 '제2창간'의 맥락에서 추진됐다.

홍석현이 이처럼 중앙일보 경영에 수완을 발휘하자 이건희는 삼성과 중앙일보 분리를 생각하게 됐다. 홍석현은 한 언론과의 인터뷰에서 이렇게 설명했다.

"1994년 8월 제가 이건희 회장 댁에 불려간 적이 있었습니다. 그 자리에서 이건희 회장은 이미 결심을 굳힌 것 같았습니다. "너 중앙일보 맡을래"라고 불쑥 말했습니다. 저는 하도 엄청난 일이라서 "집안사람들과 상의해보겠다"라고만 대답했습니다. 이 회장은 또 "아버지(故 홍진기 회장)의 혼이 들어간 일을 장자가 떠맡는 것도 뜻있는 일이지. 아무래도 홍씨 가문은 부(富)보다는 귀(貴)쪽이 맞아"라고 말했습니다. 그리고 이어서 "이제 삼성과 중앙일보가 서로에게 부담이 될 때가 된 것 같아. 일류 신문은 삼성과 함께 있어서는 안 돼. 너 혼자 떨어져서 열심히 해봐"라고 말했습니다. 그 분의 성격으로 봐서 그때 이미 모든 판단과 결심을 끝낸 것 같았습니다. 그게 삼성·중앙일보 분리 정책의 발단이자 바탕이었습니다. 창업 사주인 이병철 회장은 '기업으로서 독립하는 신문만이 정론을 펼 수 있다'는 언론 경영 철학을 세웠습니다. 이 경영 철학은 아직도 유효합니다. 그러나 이건희 회장과 저는 처남 매부 사이이므로 독립성에 관한 시비는 어차피 끝까지 따라올 수도 있을 것입니다. 거기에 대해서는 중앙일보의 지면으로 대답할 수밖에 없을 것입니다."

삼성은 1996년 이른바 '신문전쟁' 이후 중앙일보 계열분리를 선언했다. 그리고 1999년 3월 지분관계를 청산, 중앙일보를 계열분리했다고 발표했다. 중앙일보는 제2창사를 선언했다. 1999년 4월 공정거래위원회는 삼성과 중앙일보의 계열 분리를 공식 인정했다. 이에 따라 1996년 12월 당시 이건희는 중앙일보 주식 52만여 주(전체 주식의 26.4%)를 보유한 1대 주주였지만, 지분 정리를 통해 홍석현이 43.79%의 지분을 갖도록 배려했다. 홍석현이 중앙일보 최대 주주가 된 것이다.

중앙일보는 2000년대 들어 종합미디어그룹으로서의 면모를 갖추며 재탄생했다. 신문군(중앙일보·중앙SUNDAY·일간스포츠·코리아중앙데일리), 방송군(JTBC·JTBC2·JTBC3 폭스스포츠·JTBC GOLF), 출판, 매거진,

엔터테인먼트(메가박스) 등 미디어 계열사를 두루 갖췄다. 중앙미디어네트워크는 한국에서 유일하게 다채로운 미디어 포트폴리오를 갖춘 종합미디어그룹이 된 것이다.

홍석현이 '이건희 신경영'을 넘어 '홍석현 신경영'을 구축한 결과다. 이런 '홍석현 신경영'은 이후 한국 신문사들의 변화를 견인했으며, 아시아와 세계의 주목을 끌기 시작했다. 한국신문협회장, 아시아신문협회장을 거쳐 2002년부터 2005년까지 아시아 지역 출신으로는 처음으로 세계신문협회장을 맡았다. 결코 우연히 이뤄진 것이 아니다.

특히 중앙일보는 한국 언론 중 가장 폭넓은 글로벌 네트워크를 갖추고 있다. 미국의 워싱턴포스트·월스트리저널·LA타임스·뉴스위크·포브스, 영국의 파이낸셜타임스, 일본의 니혼게이자이신문·지지통신 등 11개 매체와 제휴를 맺고 있다.

JTBC에 승부를 걸다

1980년 신군부의 언론통폐합•으로 가장 타격을 입은 곳은 삼성이었다. 애지중지하던 TBC(동양방송)가 폐국됐기 때문이다. 삼성의 이병철 회장과 이건희 사장에게는 상당한 충격이었다. 특히 이건희에겐 더욱 그랬다. 동양방송은 이건희의 첫 직장이었기 때문이다.

홍석현에게도 TBC는 선친의 혼이 깃들어 있었기 때문에 소중했다. 홍진기는 1964년 9월 15일 라디오서울 사장으로 취임했다. 12월 7일 TBC가 개국되자 TBC 이사도 겸임했다. 얼마 되지 않아 시청률과 수익성에서 최고를 기록했다. 그리고 홍진기는 중앙일보 창간도 지휘했다. 1965년 3월 17일 중앙일보 부사장에 임명됐다. 사장은 이병철이 맡았다.

1980년 신군부의 언론통폐합 사건

1979년 12·12군사쿠데타로 실권을 장악한 전두환 세력은 1980년 2월 보안사 정보처에 언론반(반장 이상재)를 신설, 권력 장악에 필수적인 언론통제를 위해 신문·방송·통신 등 언론사를 통폐합하고 저항적이거나 비판적인 언론인들을 해직했다. 특히 언론반은 'K공작계획'을 통해 언론인을 회유하고 언론사의 논조를 민주화 여론에 부정적인 방향으로 전환하기 위한 언론 공작을 전개했다.

1980년 11월 11일 신군부는 계엄해제 이후 예상되는 반발을 무마하기 위해서는 언론통폐합이 필요하다고 판단했다. 이에 허문도 등은 '언론창달계획'을 입안해 1980년 11월 12일 전두환의 결재를 얻어 언론통폐합 집행을 보안사에 위임했다. 보안사는 1980년 11월 12일 오후 6시경부터 언론사 사주들을 연행·소환해 통폐합조치를 통보하고 이의가 없다는 내용의 각서를 강제로 받았다.

그리고 1980년 11월 14일 한국방송협회·한국신문협회 등은 신문·방송·통신 통합 등 소위 '대한민국 언론의 개혁'을 골자로 하는 건전 언론 육성과 창달에 관한 결의문을 발표했다. 이어 11월 15일 언론통폐합에 대한 구체적 시안과 내용이 발표됐다. 자율 폐간이나 통폐합은 형식에 불과했고 실제로는 신군부의 보안사 언론반에 의해 강제로 통폐합된 것이다.

그 결과 전국의 언론기관 중 신문사 11개(중앙지 1, 경제지 2, 지방지 8), 방송사 27개(중앙 3, 지방 3, MBC 계열 21), 통신사 6개 등 44개 언론매체들이 통폐합됐다. 여기에 TBC가 KBS에 강제 합병된 것이 포함됐다. 정기간행물 172종의 등록도 취소됐다. 또한 1,000여 명의 언론인들이 강제로 해직됐다. 언론통폐합 이후 1980년 12월 31일 공포된 '언론기본법'으로 언론은 더욱 위축됐다.

2009년 12월 '진실 화해를 위한 과거사 정리위원회'는 1980년 언론사 통폐합 및 언론인 강제해직에 대해, 공권력을 이용해 강압적으로 언론의 자유를 침해한 책임을 인정하고 국가가 관련 피해자에게 사과할 필요가 있다고 권고했다. 1980년 언론통폐합은 군사독재권력이 집권과 통치를 위해 언론을 폭력적으로 통제한 대표적인 사례다.

TBC와 중앙일보에 쏟아 부은 홍진기의 에너지는 측량할 수 없을 정도라고 한다. 그런 열정과 혼이 담긴 TBC가 폐국됐으니 홍진기가 받은 충격은 상당했다.

홍석현은 TBC가 폐국될 당시 세계은행에 재직하고 있었기 때문에 정확한 사정은 알지 못했다. 홍석현이 중앙일보 대표가 되면서부터 TBC 복원과 재건을 구상했다. 1999년 4월 중앙일보와 삼성 간의 계열분리가 완료되자마자 곧바로 Q채널을 인수, 중앙방송을 출범시켰다. 얼마나 기다렸는지 중앙일보는 자회사인 중앙방송을 통해 유료 방송 QTV, J골프(현 JTBC 골프) 등을 운영했고, 지면을 통해 TBC에 대한 기획 기사를 수차례 게재했다.

홍석현은 평소 종합미디어가 아니면 살아남을 수 없는 것이 세계적 추세라고 강조했다. 언젠가는 신문사의 방송진출을 정부도 허용할 것이란 판단 아래 위성방송 진출을 나름대로 준비해왔다. 선친의 업적인 TBC를 되찾으려는 노력을 부단히 기울인 것이다.

마침내 2010년 12월 중앙일보가 출자해 설립한 JTBC는 종합편성채널사업자로 확정됐다. 홍석현은 그러자 JTBC에 1,500억 원의 사재를 자본금에 보탰다. 2011년 4월 중앙일보와 JTBC를 관할하는 중앙미디어네트워크(본사)를 창립했다. 중앙일보와 JTBC의 대주주는 중앙미디어네트워크이다. 홍석현이 중앙미디어네트워크의 회장이다.

중앙일보 측은 "JTBC는 1980년 언론통폐합으로 한국방송공사에 강제 합병됐던 TBC의 후신"이라고 주장한다. 1980년 11월 30일에 폐국된 TBC를 기념해 2011년 12월 1일에 개국했으며, 개국 때부터 '다채로운 즐거움'이란 TBC의 슬로건을 사용하고 있다. JTBC는 개국 당일에 TBC에 대한 다큐멘터리를 방송하기도 했다. 홍석현은 JTBC를 개국하고 이렇게 소감을 밝혔다. "2011년 한국 언론의 혁신을 이끌어온 중앙일보가 '1등 방송' JTBC를 새 가족으로 맞았습니다. 국내 최초, 최고의 민영방송 TBC가 31년 만에 부활했습니다. 최고 신문과 1등 방송이 만난 중앙미디어네트워크는 이제 명실상부한 한국 최대의 종합 미디어그룹입니다. 신문·방송·매거진·엔터테인먼트·뉴미디어를 아우르는 다양한 매체가 미디어 융합의 대양을 항해하고 있습니다. 이제 중앙미디어네트워크는 협소한 국내를 넘어 세계로 나아가려 합니다. 아시아의 눈으로, 아시아의 목소리를 전하는 글로벌 미디어 그룹으로 다시 태어났습니다. 국민의 사랑을 받으면서 미디어 업계와 국가 발전을 이끌겠습니다."

원래 중앙일보는 종편 신청 당시 TBC라는 이름을 사용하려 했으나 경북 지역의 SBS 계열 지상파 방송사인 대구방송(Taegu Broadcasting Corporation, 현 주식회사 티비씨)이 TBC란 이름을 선점해 jTBC(소문자 j)라는 이름으로 신청서를 제출했다. 2011년 12월 1일 개국을 앞두고 라틴 문자 표기를 JTBC(대문자 J)로 바꿨다.

다른 종편들이 시사 교양에 치중하고 있는 것과 달리 JTBC는 비교적 예능과 드라마, 그리고 스포츠 분야에 치중하고 있다. 2013년 5월 손석희 사장을 보도부문 사장으로 영입해 저녁 종합 뉴스 프로그램인 JTBC 뉴스룸(뉴스 9)의 진행자로 내세워 보도부문에서도 호평을 받고 있다.

그리고 2015년 3월 J골프 채널은 JTBC GOLF로 새롭게 출범했고, 2016년 예능전문채널 QTV가 JTBC2로 새롭게 출범했다. 최고의 인재, 최대의 자본금, 신문과 방송 겸업의 노하우를 바탕으로 '아시아 대표 방송'을 꿈꾸고 있다. JTBC는 홍정도 사장체제로 운영되고 있다. 홍성완 SBS 미디어넷 사장을 JTBC Plus 총괄사장으로 영입해 JTBC GOLF를 발전시키고 있는 것도 홍정도의 작품이다. '홍진기-홍석현-홍정도' 3대가 TBC를 경영하고 있는 것이다.

유일체제 리더십

"사람을 채용할 때 의심스러운 사람은 채용하지 말라. 이미 채용했다면 의심하지 말라. 일단 사람을 받아들였다면 모든 것을 맡겨라."

이병철 전 삼성그룹 회장이 생전에 인재등용의 핵심철학으로 삼았던 말이다. 이병철은 해방 이후 1947년 서울로 가면서 양조장 등을 운영하고 있던 대구의 삼성상회를 이창업 지배인과 김재소 부사장에게 맡겼다. 1948년 서울에 삼성물산을 세워 무역상사부문에서 10위권 안에 들어갈 정도로 성공했다. 그러나 6·25가 발발하자 모든 것을 버리고 대구로 내려왔다. 대구로 내려오면서 양조장에 대한 기대는 하지 않았다. 하지만 이창업과 김재소는 수완을 발휘해 양조장에서 번 3억 원이란 거금을 이병철에게 내놓았다. 그 때 바로 이병철은 여기서 인재등용의 핵심철학을 교훈으로 얻었다. 이병철에게 '인재는 사업능력과 신뢰성을 지닌 인물'인 것이다. 그리고 이 교훈을 제도화한 것이 바로 '인재 중심의 경영'이다.

야지마 긴지·이봉구의 『삼성 경영철학』에 따르면, 이병철은 사업 성패에 대해 늘 이렇게 강조했다고 한다. "사업은 어디까지나 사람이 만드는 것이다. 우수한 인재가 많을 때 사업은 발전한다. 사람이 사업의 주축을 이루기 때문이다. 우수한 인재가 없으면 사업은 쇠퇴한다. 자본, 그것은 2차적인 문제이다."

그래서 이병철은 신입사원을 채용할 때 직접 면접을 봤다. 항간엔 관상전문가를 배석시키고 그의 의견을 참고했다는 얘기도 있다. 이병철은 면접을 통해 중소기업 사장 정도의 능력과 재운을 지닌 인물을 선발했다는 것이다. 이병철은 생전에 그런 인재를 대략 1만 5천여 명이나 발굴했고, 그들이 오늘의 삼성을 일궜다는 것이다.

이건희도 선친 이병철과 마찬가지로 인재경영에 중점을 뒀다. 경남대 박후건 교수는 『유일체제 리더십』에서 이렇게 분석했다. "이병철은 철저한 능력 중시의 인재 등용과 양성을 통해 국내 1위라는 목적을 달성하려고 하였다. 그러나 이건희의 화두는 국내 1위가 아니었다. 이건희는 엄청난 양의 독서와 다큐멘터리 시청, 비서실을 통한 정보 수집 및 분석, 그리고 앨빈 토플러와 같은 명사들과의 만남을 통해 세계시장의 흐름에 대해서 잘 파악하고 인지하고 있었다."

이건희는 국내 1위를 넘어 세계 초일류의 인재를 양성해 정보화 시대와 시장의 글로벌화에 대비하려고 했다는 것이다. 그래서 이건희는 1993년 독일 프랑크푸르트에서 '신경영'을 선언한 이후 매년 수천억 원을 정보화 시대에 대비한 인프라 구축과 인재 양성에 투자했다. 오늘의 글로벌 기업 삼성전자는 그런 투자가 있었기에 가능했다.

홍석현이 삼성코닝에 재직하고 있을 때는 '이건희 삼성'이 완성되기 직전이었다. 삼성의 혁신과정을 현장에서 체험했다. 그리고 중앙일보에 들어와 '이건희 혁신'을 추진했다. 당시 중앙일보의 사주는 이건희였기에 더욱 그렇게 했다.

홍석현이 정립한 중앙일보 인재상은 세 가지다. 첫째, 사람이 콘텐츠이고, 사람이 미디어라는 철학을 토대로 한 인재상이다. 즉 사람이 콘텐츠의 원천이라는 인재상이다. 창조적인 인재가 혁신의 콘텐츠를 만들기 때문에, 홍석현은 항상 '최고의 인재에게 최고의 대우'라는 원칙을 지킨다는 것이다. 둘째, 공부하는 인재상이다. 홍진기가 마주치는 중앙일보·동양방송(TBC)의 임직원에게 항상 "요즘 무슨 책 읽나"

이건희의 집중력과 승부욕

1993년 이건희는 잇따른 해외회의에서 일본의 역사를 알기 위해 45분짜리 비디오 테이프 45개를 수십 번 봤다고 한다. 독일 프랑크푸르트 신경영회의에서 "24시간 잠을 안 자며 구상할 때도 있었지만 48시간 꼬박 안 잔 것은 이번이 처음"이라고 했다.

1995년 김영삼 대통령 초청으로 스페인 국왕 후안 카를로스 1세(Juan Carlos I Rey de España)가 방한했을 때다. 이건희는 청와대 접견행사에 밤새 책을 읽고 눈이 벌개져서 청와대에 갔다고 한다. 그는 "미국 출장을 갈 때 필요하다 싶으면 서울에서 LA까지 12시간 동안 중앙일보를 본다. '중'자에서 끝 페이지 광고까지 한 자도 안 빼놓고 읽는다"고 말한 적도 있다. 그의 집중력이 어느 정도였는지를 말해준다. 이건희는 심지어 제일모직 소속 국가대표 선수와 겨룰 정도의 탁구 실력을 가지고 있는데, 선수들이 지쳐서 그만두자고 할 정도까지 탁구를 쳤다는 일화가 있다. 승부욕이 대단했던 것이다.

라고 물었는데, 기자들 사이에선 그의 말을 흉내낸 "이 사람아, 공부해!"가 유행어였다고 한다. 창조와 혁신은 공부에서 나오기 때문에, '최고 인재'는 부단한 자기 학습으로 역량을 길러 창의의 콘텐츠로 실현시키는 사람이라고 한다. 그래서 홍석현은 사람에, 공부에 투자한다는 방침을 세우고 있다. 셋째, 소통과 '탈권위'의 인재상이다. 홍석현은 창조적인 콘텐츠는 소통에서 나온다고 생각한다. 매체·플랫폼 사이의 벽을 넘나들고, 계열사와 부서의 칸막이를 뛰어넘는 사람을 중용한다. 직위·직책으로 군림하려는 권위주의, 기수와 출신, 학연과 지연에 연연하지 않는 자유로운 인재를 우대한다는 게 홍석현의 원칙이다.

홍석현의 조직 장악과 혁신은 이건희의 스타일과는 대조적이었다. 이건희는 1987년 회장 취임 이후 3년 동안은 삼성 본사에 출근하지 않았다. 주로 신라호텔에 머물면서 비서실을 통해 보고를 받고 필요한 최소한의 지시를 내렸을 뿐이다. 그리고 1990년부터 1993년 신경영 선언 때까지 비서실 조직개편을 단행하고 '삼성장악'을 준비했다. 그러나 홍석현은 대표이사 취임 직후부터 중앙일보 조직개편과 지면혁신에 드라이브를 걸었다. 최단시간에 '중앙장악'에 나선 것이다. 중앙일보 대표 취임 이전 '중앙혁신'에 대한 구상이 있었기에 가능한 일이었다.

홍석현은 조직이 안정되고 신문이 정상궤도로 진입하자 인재를 본격적으로 챙기기 시작했다. 신문기사를 꼼꼼히 읽으면서 어느 기자가 기사를 잘 쓰는지를 눈여겨 봐뒀다가 인사에 반영했다. 논설위원은 인사고과를 토대로 칼럼의 질을 놓고 평가해 선발한다. 논설실장을 선발할 때도 자문위원, 고문들에게 논설위원 중에서 누가 칼럼을 잘 쓰는지를 물어본다. 그리고 좌우를 아우르는 이념적 균형감각을 지니고 있는지를 판단해 결정한다. 박보균·김진국 대기자, 이하경 논설주간, 이철호 논설실장 등도 이런 과정을 거쳐 선발됐다.

특히 김영희 대기자는 '중앙일보의 산증인이자 역사'다. 1958년 한국일보에 입사한 뒤 1965년 중앙일보 창간 멤버로 참여했다. 인포메이션을 위한 독서, 지식을 위한 독서, 가치를 위한 독서 등 3개 분야로 나눠 3권의 책을 동시다발적으로 습득하는 그의 독특한 독서습관이 기자세계에는 귀감으로 알려지고 있다. 박보균 대기자는 정치부기자 출신으로 정치부장, 논설위원, 편집국장, 편집인을 지냈다. 중앙일보의 대표적인 '단문(短文)논객'이다. 국내외 역사의 현장을 찾아 '역사를 바꾼 리더십의 비전과 상상력을 추적'하고 있다. 김진국 대기자도 정치부기자 출신이다. 편집국장 대리, 논설위원, 논설실장, 논설주간을 역임했다. 조용하고 온화한 인품으로 안팎에서 좋은 평가를 받고 있으며, 칼럼의 내용에 '깊은 맛'이 있으면서도 모가 나지 않는다. 일체의 잡음이 없는 인물이다. 국내 지도급 인사들을 인터뷰하고 있다.

홍석현은 정년을 한 직원들을 바로 내보내지 않는다. 정년퇴직 이후 본사나 계열사에서 2~3년을 보장하고 있다. 중앙일보를 나가면서 서운한 감정을 갖지 않도록 하고 있는 것이다. 홍석현의 '인재 중시 경영'의 한 단면이다. 1999년 사회부 기자들의 '사장님, 힘 내세요' 사건도 이런 맥락에서 나왔다. 중앙일보 인사들은 홍석현이 호출하면 곧바로 달려간다. 식사 도중에 숟가락을 놓고 달려간다. 홍석현이 무서워서가 아니라 홍석현과의 일체감에서 나온 행동으로 보였다. 사석에서도 홍석현을 비판하는 중앙일보 직원을 본 적이 없다. 박후건의 '유일체제 리더십'이 바로 '홍석현 리더십'이라고 생각한다.

박후건은 '유일체제 리더십'을 이렇게 정의했다. "경쟁이란 환경과 정황 속에서 어느 한 조직이 살아남기 위해서 그 조직은 상대조직에 비하여 월등한 경쟁력을 가지고 있어야 한다. 경쟁력의 척도는 조직의 일치단결의 정도(degree)에 의하여 결정된다. 리더의 역할은 조직에서 이 일치단결을 만들어내는 것이며, 이 일치단결을 만들어내는 과정이 유일체제 리더십이다." '유일체제 리더십'은 '하나는 전체를 위하고 전체는 하나를 위한다'는 명제를 동학적으로 이루는 과정이라는 것이다. 그리고 기업에서의 '유일체제 리더십'은 '인재 중시 경영'의 토대 위에서만 가능하다.

토론하는 '어전회의'

홍석현은 중앙일보 편집국을 매우 중요하게 여긴다. 신문사는 편집국이 중심이기 때문이다. 월 1회 정치부장·경제부장·사회부장 등 편집국 부장단 회의에 참석한다. 이 회의에서는 정치, 외교안보, 국제, 경제, 사회, 문화 등 모든 분야의 각종 주요 현안들이 폭넓게 논의된다. 국정의 주요 현안에 대해 허심탄회하게 토론하기 때문에 청와대 회의를 방불케 한다. 그래서 중앙일보 기자들은 이 회의를 '어전회의'라고 부른다. 물론 홍석현의 발언은 '대외비'다. 편집국 간부들은 반드시 지켜야 한다. 권부를 자극하는 발언이 가끔 나오기 때문이다. 중앙일보 관계자들은 편집국을 비롯해 광고·판매 책임자들과도 정기적으로 간담회를 갖는다고 말한다.

그러나 회의의 강도는 편집국 부장단 회의에 미치지 못한다. 일반적으로 신문사 편집국 부장단회의에는 편집인이 월 1회 정도 참석하는 것이 관례다. 다만 발행인이 편집인을 겸할 경우에는 참석하기도 한다. 그러나 언론사 사주들은 편집국 부장단 회의에 참석하는 것 자체가 기자들에 대한 '외압'으로 작용할 수 있다는 판단에서 자제하고 있다. 따라서 홍석현의 편집국 부장단 회의 참석은 매우 이례적인 일이다.

홍석현은 편집국 부장단 회의에서 우선 부장들의 정세 브리핑을 경청한다. 그리고 궁금한 내용에 대해서는 날카로운 질문을 한다. 질문에 답변이 이어지면 토론이 이뤄진다. 경청과 토론이 반복되면 회의는 길어진다. 이런 회의는 홍진기 회장 시절부터 중앙일보의 관행이 된 일이다. 중앙일보 창간 무렵부터 논설위원으로 참여했던 이어령 전 문화부장관은 홍진기 중심으로 이뤄진 토론 중심의 회의 분위기에 대해 "논설회의 자리에서는 지적 대화들이 분출하듯이 터져 나왔는데 그 비판적 담론들은 가히 밤하늘의 불꽃 쇼를 방불케 했다"고 회고했다. 독서와 토론은 홍진기가 세운 중앙일보의 전통이다.

중앙일보가 '함께 하는 경청(傾聽)' 포럼을 설립한 것도 토론과 경청문화를 시민사회로 확산시키기 위한 전략이다. 경청포럼은 창립선언문에서 이렇게 밝혔다. "지금 우리 사회에 절실한 것이 바로 시민의 지혜입니다. 그것은 '서로를 인정하고' '함께 살아가는' 공존과 상생을 지향하는 화쟁(和諍)의 마음입니다. 화쟁은 차이와 다양성을 존중하는 것에서 시작됩니다. 주장하기 전에 먼저 상대방의 주장을 귀기울여 듣고 이해하고 공감하는 대화의 과정이 바로 화쟁의 마음입니다. 우리 사회에 진정한 대화의 문화를 만들어가고, 시민의 지혜를 함양하기 위한 목적으로 '경청'을 창립했습니다. '경청'은 다양한 사회적 문제들에 대한 대화의 마당이고자 합니다."

홍진기는 평소 자녀들과도 토론을 즐겼다고 한다. 시사성이 있는 정치·경제·사회 문제나 세상 이야기, 국제 문제를 주제로 삼아 자녀들의 의견을 묻고 자연스럽게 토론을 이끌었다고 한다. 그는 토론을 이끌면서 자녀들의 관심과 의식을 점검했다는 것이다. 조용히 끝까지 자녀들의 발언을 경청하면서 논리에 맞지 않아도 그대로 놔뒀다고 한다. 가르치려 하거나 말을 중간에 막지 않고 스스로 터득하도록 유도했다는 것이다. 독서에 대해서도 어느 책을 정해주지 않았다. 자녀들의 자율에 맡겼다. 자녀들이 어떤 책을 읽었는지 살피고, 그 책을 끝까지 읽도록 당부했을 뿐이다. 일에 있어서도 무턱대고 꾸중을 하거나 나무라는 법이 없었다. 어떤 가이드라인을 정해놓은 것도 아니었다. 자녀들의 자율적인 결정과 판단을 지켜보면서 바로 잡힐 때까지 기다렸다고 한다. 그는 생전에 "사람은 자기 자신이 되어지는 것이지 자식이라도 부모가 그 됨됨이를 만들 수는 없다"고 강조했다고 전해진다.

식탁에서 이런 토론을 몸으로 익힌 홍석현은 미국 스탠퍼드대에서 미국식 공부를 할 때 적응이 빨랐다고 한다. 그리고 홍석현은 중앙일보 편집국 간부회의에서도 선친이 닦아놓은 토론문화의 기반을 토대로 편집국 간부들의 인식 확장을 이끌었다는 게 대체적인 평가다. 중앙일보가 2016년 1월 1일 '2016 3대 어젠다'로 '저출산 극복·매력시민·평화오디세이 2016'를 선정한 것도 이런 토론문화의 산물이다. '인구 5000만을 지키자, 매력시민을 키우자, 통일을 배우자'라는 어젠다는 긍정적인 평가를 받았다.

이와 관련, 박석무 다산연구소 이사장은 『논어(論語)』 술이편(述而篇) 31장에 실린 다음의 구절을 인용해 설명했다. "子與人歌而善 必使反之 而後和之(자여인가이선 필사반지 이후화지)." 이는 "(평소 음악을 좋아하는) 공자는 남이 노래하는 자리에 함께 있을 때 잘 부르면, 반드시 그 노래를 반복케 하고, 그런 후에 그 곡에 맞추어 따로 가사를 한수 지어 불렀다"는 뜻이라며 "홍석현 회장은 간부들이 좋은 제안을 내놓으면 반드시 그 제안을 다시 설명하게 하고, 그 제안을 거듭 칭찬한다"고 했다. 그는 "홍 회장은 식견이 넓다. 동서양의 고전을 꿰고 있다. 대화를 하면 막힘이 없다. 어떤 분야 전공의 교수들과도 깊숙한 대화가 가능하다"고 전했다.

홍석현은 그러나 회의 중간에 토론이 잘못된 방향으로 진행될 때에는 질문을 하지 않고 가만히 있다고 한다. 홍석현이 질문을 하지 않으면 조심해야 한다는 게 편집국에선 불문율처럼 내려온다고 한다. 토론이 원만히 진행되거나 바른 방향으로 진행되면 질문도 많이 하고 의견도 많이 내놓는다고 한다. '회장이 말이 없는 순간을 조심하라'는 게 편집국 간부들의 공통된 의견이었다.

홍석현이 1인 통치의 경영을 하는 것으로 알고 있으나 이는 사실과 다르다. 이른바 '유일체제 리더십'으로 중앙일보를 일사 분란한 체제로 만든 것은 맞다. 그러나 한국 재벌 특유의 '1인경영', '독재경영'의 시스템을 구축한 것은 아니다. 대화와 토론, 그리고 경청을 바탕으로 한 '유일체제 리더십'을 발휘하고 있을 뿐이다. 어린 시절부터 평생을 독서와 토론, 대화와 경청으로 살아온 홍석현은 특유의 친화력과 카리스마, '유일체제 리더십'으로 오늘의 중앙일보를 일궈왔던 것이다.

실천의 속도가 빠르다

홍석현은 옳다고 판단되면 곧바로 실천한다. 좀처럼 미적거리지 않는다. 우유부단할까봐 늘 자신을 들여다보고 경계한다. 그래서 중앙일보 내에선 '실천이 빠른 회장'이라는 평가를 받고 있다. 사실 지식과 내공이 축적되지 않으면 계획이나 구상을 곧바로 행동에 옮기기 쉽지 않다.

홍석현은 중앙일보 대표에 취임하자마자 대대적인 인사를 단행하고 혁신드라이브를 걸었다. '1994년 3월 중앙일보 제2창간 선언 → 6월 국내 언론사상 처음으로 전문기자 선발 → 7월 자원봉사 사무국 개설 → 9월 중앙일보 48면 3섹션 신문 발행 → 쎄씨 창간 → 1995년 3월 전자신문 인터넷 중앙일보 서비스 개시 → 4월 중앙일보 조간화 단행 → 10월 중앙일보 한글 제호 도입, 전면 가로쓰기 실시'로 숨 가쁘게 혁신을 추진했다. 2년 안에 조직을 장악하고 신문 혁신을 이룬 것이다. 굉장히 빠른 속도다. 전광석화라 표현해도 과언이 아니다.

한국경제신문 특별취재팀이 펴낸 『삼성전자 왜 강한가』에는 삼성전자 임직원들이 디지털 사업전략으로 신봉하는 네 가지 원칙이 제시돼 있다. 선견(先見), 선수(先手), 선제(先制), 선점(先占)이라는 네 가지 원칙이다. 이는 '시장변화를 먼저 보고, 남보다 한 발 먼저 움직여서, 경쟁사를 제압해 시장을 먼저 차지한다'는 의미다.

이 네 가지 원칙은 홍석현이 중앙일보에서 실천한 이른바 '속도경영'과 유사하다. 시점으로 볼 때 홍석현이 몇 년을 앞서 실행했던 내용이다. 말하자면 전문기자 선발, 섹션신문 발행, 인터넷 뉴스 서비스 시작, 조간화, 한글제호 도입, 전면 가로쓰기 실시 등이 바로 '4선(四先)원칙'의 선례인 셈이다. 중앙일보 혁신이 '빛의 속도'로 이뤄진 시절에는 언론계에선 중앙일보가 또 뭘 시작하나에 매일매일 촉각을 곤두세웠다. 중앙일보가 워낙 빠른 속도로 혁신을 추진하니 다른 언론사들은 골치가 아팠던 것이다.

중앙일보가 조선일보에 비해 후계체제를 조기에 구축한 것도 '속도경영'과 같은 맥락이다. 2015년 12월 1일로 중앙일보·JTBC의 리더십은 홍정도 대표이사로 넘어갔다. 후계체제를 완전 구축한 것이다. 홍석현은 언제라도 2선으로 물러날 수 있게 됐다. 조선일보 방상훈 회장이 부러워하는 대목이다. 물론 이는 '홍석현 대망론'을 위한 사전정비작업이라는 분석도 낳고 있다.

성공하지 못한 사례도 적지 않다. 그 대표적 사례가 2007년 3월의 '고품격 일요신문 중앙SUNDAY 창간'과 2009년 3월의 '중앙일보 베를리너 판형 전환'이다. 다른 신문사들이 따라와 주지 않았다. 광고에 문제가 있었기 때문이다. 중앙일보는 이를 간과한 것이다. 홍석현의 '속도경영' 3원칙은 '깊은 사고', '정밀한 판단', '신속한 실천'이다. 그는 참선 등 수행을 통해 현안과 향후 계획에 대해 깊게 생각한다. 그리고 구상의 가닥이 잡히면 여론조사 등을 통해 정밀하게 진단하고 판단한다. 최종 계획이 완성되면 신속하게 실천에 옮긴다. 홍석현의 강점이다.

일찍이 빌 게이츠는 『빌 게이츠@생각의 속도』에서 "1980년대가 질(質)의 시대요, 1990년대가 리엔지니어링(reengineering)의 시대였다면, 2000년대는 속도의 시대가 될 것"이라고 주장했다. 그는 디지털 신경망 비즈니스를 강조하면서 이렇게 설명했다. "정보가 마치 인간의 사고활동처럼 조직 전체로 신속하고 자연스럽게 전달될 때, 그리고 여러 팀들을 결합시켜 마치 한 사람이 하듯이 문제 해결에 협력하게 만드는 기술을 이용할 수 있을 때, 그 때 비로소 여러분은 훌륭한 디지털 신경망을 구축하게 된 것이다. 그것이 이름하여 '생각의 속도로 운영되는 비즈니스'이다." 디지털 시대의 '속도경영'을 얘기한 것이다.

홍석현은 중앙일보 대표가 되면서 이미 이런 세계흐름을 간파하고 '생각의 속도'에 맞춰 '실천의 속도'를 실행한 것이다.

나눔 경영

16세기 중국의 관료이자 사상가인 원황(袁黄)은 아들 원천계(袁天啓)에게 선과 악을 가리고, 허물을 고치고, 덕 있고 겸허한 선행을 하여 운명을 바꾸는 방법을 가르치기 위해 『요범사훈(了凡四訓)』이란 책을 썼다. 요범은 원황의 호다. 원황은 임진왜란 때 경략(經略) 송응창(宋應昌)의 군대를 도와 조선에 왔던 적도 있다. 천문(天文)과 술수(術數), 의학, 수리(水利) 등에 능통했다고 한다.

일종의 개운서(開運書)인 『요범사훈』은 홍석현이 책상머리에 두고 자주 읽고 있는 동양고전 중 한 권이다. 『요범사훈』은 핵심 내용은 『주역(周易)』의 첫 장에 나오는 '적선지가 필유여경(積善之家 必有餘慶: 선행을 자주하는 집안은 자손에게 남겨줄 여분의 행운이 있다)'는 말이다. '운명은 존재하나 변할 수 있다', '행운을 닦고 공덕을 쌓아 운명을 초월하라'는 내용이 핵심 메시지다. 실제로 원황은 스스로 맹세한 '3천 선행(善行)'을 10년에 걸쳐 실천했다. 그 결과 크게 승진도 하고 아들도 낳았다고 한다.

적선(積善)은 봉사요, 나눔이다. 중앙일보가 한국 언론사 중에서 가장 많은 적선을 실천하고 있다. 홍석현의 뜻에 따른 것이다. 희망나눔, 사랑나눔, 문화나눔, 글로벌나눔 등 크게 4가지 활동으로 진행되고 있다. 희망나눔은 임직원 자원봉사, 위스타트 운동, 청백봉사상으로 이뤄져 있다. 중앙일보는 홍석현이 취임한 1994년 국내 언론사 최초로 자원봉사 캠페인을 전개했다. '위스타트(We Start) 운동'은 우리(We) 모두가 나서 저소득층 아동들에게 복지(Welfare)와 교육(Education), 건강 서비스를 입체적으로 제공해 삶의 동등한 출발선(Start)을 마련해주자는 취지로 2004년 각계의 동참 속에 출발했다. '가난의 대물림을 끊자'가 위스타트의 취지다.

사랑나눔은 우리 사회 숨은 천사를 찾는 '전국자원봉사대축제'로 추진되고 있다. 1994년부터 대축제 기간을 정해 그중 단 하루라도 어려운 이웃에게 봉사활동을 펼치며 이웃과 지역사회를 변화시키는 행사라고 한다. 1996년부터 100만 명 이상이 참여하는 전국 규모 행사로 진행되고 있다. 매년 대축제 기간 중 참가자들이 제출한 활동 보고서를 심사해 우수 개인과 단체를 선발해 시상하고 있다. 2005년부터는 대한민국 최대의 벼룩시장인 '위아자 나눔장터'도 개최하고 있다. 서울·부산·대전·전주 등 전국 4개 도시에서 매년 10월 동시 개최된다. 미국에서도 LA와 시카고에서 이웃과 환경을 사랑하는 이 행사에 동참하고 있다. 행사의 이름인 '위아자'는 '위스타트(We Start)', 재활용품을 모아 팔고 그 수익으로 어려운 이웃을 돕자는 '아름다운 가게', 우리 사회를 밝고 건강하게 만드는 힘인 '자원봉사'를 의미한다고 한다.

문화나눔으로는 백상예술대상, 골든디스크 시상식, 매년 2만 명 이상이 참가하는 중앙서울마라톤대회, 아마추어 야구의 발전과 함께해온 대통령배 전국고교야구대회, 국화꽃망울과 함께 하는 미당문학제, 소나기 마을에서 열리는 소설 축제인 황순원문학제 등이 있다.

글로벌나눔으로는 해외봉사단 파견, 중앙일보-CSIS 포럼, 제주포럼, J글로벌-채텀하우스 포럼, 한·중·일 30인회 등이 있다.

하지만 이런 나눔 행사들은 이벤트 수준에 머물고 있다. 국민들에게 큰 감동을 주지 못하고 있다. 중앙일보만의 '잔치'인 셈이다. 그것이 한계다. 중앙일보 임직원 전체가 홍석현의 '적선 철학'에 미치지 못하고 있기 때문이다. 신문 확장의 수단으로 이용하고 있다는 느낌을 지울 수 없다. 홍석현의 '적선의 철학', '나눔의 사상'이 공허한 메아리가 돼선 안 된다. 전 임직원들의 몸과 마음에서 살아 움직이는 실천 철학으로 발전돼야 한다. 보고용 행사에 그치지 않고 국민들에게 감동을 주고 희망을 주는 '나눔'이어야 한다.

부와 소득분배 악화, 불평등과 양극화는 어느 나라보다 빨리 진행돼 계층 간 갈등은 심화되고 있다. '가난의 대물림을 끊자'는 '위스타트 운동'에 중점을 두고 진정한 나눔 행사를 추진해야 할 것이다. 공생(共生)·공영(共榮)의 길이 나눔의 종착역이다.

5장

제3의 성공조건

第三開國

어디를 가나 주인이 돼라

미국에서 가장 성공한 온라인 저널리즘은 허핑턴포스트(The Huffington Post)다. 허핑턴포스트는 정치·미디어·비즈니스·엔터테인먼트·기술·세계뉴스·생활·건강·환경운동 등 폭넓은 주제를 약 700명의 기자와 4만 명의 블로거가 집필하고 있다. 한국어판도 있다. 허핑턴포스트는 SNS를 기반으로 해 페이스북상의 친구들과 대화하면서 뉴스에 대한 관여도를 높일 수 있게 설계됐다. 이용자들에게 개인화된 소셜 뉴스 페이지를 개설해준다.

허핑턴포스트를 창간한 사람은 그리스 아테네 출신 칼럼니스트인 아리아나 허핑턴(Arianna Huffington)이다. 그녀는 2005년 5월 허핑턴포스트를 창간해 돌풍을 일으켰다. 그리고 2011년 2월 미국 인터넷 서비스 회사인 AOL(America Online, Inc.)에 넘겼다.

그녀가 허핑턴포스트를 넘긴 배경은 여러 가지가 있으나 '제3의 성공'의 길을 가지 위해서였다. 허핑턴은 2007년 4월 6일 피를 흥건히 흘린 채 홈오피스의 바닥에 쓰러진 뒤, 새로운 삶에 눈을 떴다. 그리고 그녀는 성공의 새로운 기준을 제시했다. '제3의 기준'이란 이름을 붙였다. 허핑턴은 『제3의 성공』에서 외친다. "돈을 숭배하면 진정한 풍요로움을 결코 누리지 못한다. 권력과 인정과 명성을 숭배하더라도 결코 만족감을 느낄 수 없을 것이다. 또 어떻게든 시간을 확보하고 아끼려고 미친 듯이 뛰어다니면 시간 기근에 시달리고 기진맥진해서 스트레스에 짓눌려 살아갈 수밖에 없다." '제3의 기준'은 네 가지다. 웰빙과 지혜, 경이로움과 베풂이다. 한 마디로 자신의 내면을 들여다보고 주변을 돌아보며 여유롭게 느긋한 삶을 살자는 것이다.

홍석현의 포스텍 명예공학박사 수락 연설(2016년 2월 19일) 전문을 읽으면서 제일 먼저 떠오른 사람이 바로 아리아나 허핑턴이었다. 그래서 잠깐 언급한 것이다.

"주체적 삶을 살아야 합니다. 인생의 주인공은 자신만이 될 수 있습니다. 제가 좌우명으로 삼고 있는 말을 소개합니다. '수처작주 입처개진(隨處作主 立處皆眞)' 9세기 중국의 당나라 때 임제 선사께서 하신 말씀입니다. "어디서나, 어떤 경우에서나 주인의식을 갖고 대처해 나가면 어떤 어려움도 즐거움으로 바뀐다"는 뜻입니다. 자기의 삶에 주인이 되십시오. 수처작주의 정신으로 자기 삶을 스스로 경영하십시오. 미래를 만들어나가는 주역이 됩니다. 글로벌 경쟁시대입니다. 세상의 변화는 급격하고, 시대의 흐름은 예측하기 힘듭니다. 삶의 무대에는 영광과 환호가 있고, 크고 작은 많은 실패와 난관이 놓여 있습니다. 수처작주는 용기와 열정을 생산합니다. 수처작주의 자세는 장애물을 돌파하고 자신이 세운 뜻을 꿋꿋이 밀고 나가게 해줍니다."

홍석현의 좌우명이 임제 선사의 '수처작주 입처개진(隨處作主 立處皆眞)'이라니, 신선한 충격이었다. 수행자가 아니면 결코 입에 담을 수 없는 말이다. 허핑턴도 수행자이기 때문에 '제3의 성공'을 강조했을 터다. 허핑턴은 『제3의 성공』에서 이렇게 강조했다. "우리가 더 건강하고 더 행복하게 살아갈 수 있는 가장 좋은 방법, 또 언제라도 쉽게 적용할 수 있는 방법이 마음챙김(mindfulness)과 명상(meditation)이다. 웰빙과 관련된 모든 요소가 명상 수련을 통해 한층 강화된다. 실제로 많은 연구에서, 정신집중과 명상이 제3의 기준을 떠받치는 다른 세 기둥, 즉 지혜와 경이로움과 베풂에 대해 긍정적인 효과를 미친다는 게 확인되었다."

대한불교 조계종의 뿌리는 임제(臨濟) 스님으로부터 시작된다. 조

명상을 하는 미국의 유명인사

포드 자동차의 빌 포드(Bill Ford) 회장, 세계 최대 비즈니스 인맥 사이트인 링크드인(LinkedIn)의 제프 와이너(Jeff Weiner) 최고경영자, 미국 의료보험회사인 애트나(Aetna)의 마크 베르톨리니(Mark T. Bertolini) 최고경영자, 트위터의 공동 창업자인 에반 윌리엄스(Evan Williams) 미디엄 최고경영자, ABC방송국의 뉴스 진행자 조지 스테파노풀러스(George Stephanopoulos), 뉴욕타임스 칼럼니스트이며 NBC의 앵커인 앤드루 로스소킨(Andrew Ross Sorkin), 코미디언 제리 사인펠드(Jerry Seinfeld), 영화감독 케네스 브래너(Kenneth Branagh), 방송인 오프라 윈프리(Oprah Winfrey), 뉴스코퍼레이션의 루퍼드 머독(Rupert Murdoch) 회장, 빌 클린턴 (Bill Clinton) 전 대통령 …

계종의 중흥조로 숭상을 받고 있는 고려시대 태고보우(太古普愚) 국사가 중국에서 임제종의 정맥을 이어왔고, 이 법맥이 조선불교를 통해 끊임없이 전해 내려왔기 때문이다.

임제 스님의 속성은 형(邢) 씨, 이름은 의현(義玄), 시호는 혜조(慧照)선사다. 임제는 법호다. 중국 당나라 때의 대표적인 선승이다. 열반한 해가 867년이니 9세기 중후반의 스님인 것이다. 당시는 조사선(祖師禪)이 찬란하게 꽃을 피웠던 때다. 종광 스님은 『임제록(臨濟錄)』을 강설하며 "임제 스님은 절대적 관념이나 대상의 권위를 타파하고 일상 속에서 자신의 본질을 자각하는 무위진인(無位眞人)의 삶을 강조했습니다. 임제 스님의 '할(喝)'은 덕산 스님의 '방(棒)'과 더불어 조사선의 주요한 가르침이며 이것은 여전히 전통으로 이어지고 있습니다"고 설명한다.

'수처작주 입처개진(隨處作主 立處皆眞)'이란 말은 임제 스님의 법문과 말씀을 정리한 어록인 『임제록』의 '시중(示衆)' 편에 수록돼 있다. '어디를 가든지 그곳에서 주인이 되면 서 있는 그곳이 진리가 되리라'는 뜻이다. 서 있는 곳 모두가 바로 진여(眞如)라는 뜻으로 주체적인 삶을 강조한 말이다. 임제는 이어 '境來 向煥不得(경래 향환부득)'이라고 했다. '어떤 경계(분별심)가 다가온다 하여도 돌이켜 바꿔놓을 수 없다'는 뜻이다.

종광 스님은 『임제록』에서 이렇게 강설했다. "어떤 경우에도, 어디를 가든지 그곳에서 주인이 되면 서 있는 그곳이 곧 참된 곳, 진실한 곳, 극락이라는 뜻입니다. 여기서 주인은 가볍게는 현재 인식되는 나라고 할 수도 있지만, 궁극적으로는 진여불성(眞如佛性)을 뜻합니다. 그러므로 스스로가 부처가 되면, 혹은 스스로가 부처임을 알게 되면 그곳이 바로 깨달음의 세계이고 정토이며 극락이고 열반의 세계입니다. 돌이켜보면 우리는 삶의 대부분 시간을 주인으로 살지 못합니다. 기분 나쁜 소리를 하면 바로 화가 일어납니다. 조금이라도 손해를 보면 짜증이 밀려옵니다. 경계에 끌려 다니기 때문입니다. 소리라는 경계에, 이해라는 경계에 너무나 쉽게 자신을 잃어버립니다. 주인이 아닌 객체가 돼서 이리저리 헤매는 까닭에 우리가 서 있는 그곳은 극락이 아니라 지옥이 됩니다. 만약 우리가 어떤 상황에서도 중심을 잃지 않고 주인으로 살 수만 있다면 마음의 평정을 지킬 수 있으며 진리 그대로를 알 수 있습니다." 여러 스님들이 『임제록』을 강설했지만 종광 스님의 강설이 단연 압권이다.

좌복 위에서 가부좌를 틀고 '수처작주 입처개진(隨處作主 立處皆眞)'을 단전에 올려놓은 뒤 조용히 호흡하면서 참구하면 '수처작주 입처개진'의 참뜻이 확연하게 떠오른다. 모든 경계가 무너지고 둘이 아닌 하나의 경지에 이를 수 있다. 격물치지(格物致知)의 경지이며, 그 자리에서 창조적 아이디어가 번뜩이고 역발상의 사업구상이 떠오른다. 빌 게이츠, 스티브 잡스도 명상으로 새로운 사업에 대한 구상을 했다고 한다.

산책을 하면서도 '수처작주 입처개진'을 화두처럼 단전에 들고 걷고, 식사를 하면서도 '수처작주 입처개진'을 밥과 함께 먹고, 일을 하면서도 '수처작주 입처개진'과 함께 일하는 생활이 바로 홍석현의 일상이 아닌가 생각된다. 홍석현이 진정한 수행자라면 말이다. 홍석현은 2005년 주미대사에서 물러난 뒤 남양주 별장에서 '셀프유배' 생활을 할 때 '수처작주 입처개진'을 좌우명으로 삼았던 것으로 보인다. 홍석현이 강조하는 '콘트래리언 리더십'도 '수처작주 입처개진'에서 발휘될 수 있는 것이다.

콘트래리언 리더십

홍석현은 포스텍 명예공학박사 수락 연설에서 '수처작주 입처개진(隨處作主 立處皆眞)'에 이어 '콘트래리언 리더십(contrarian leadership)'을 이렇게 강조했다. "수처작주의 정신은 낡은 관습과 평범한 상식, 대중영합적인 방식을 거부합니다. 그런 자세가 콘트래리언 리더십(contrarian leadership)입니다. 발상의 전환을 바탕으로 통념에 역행하는 지도력입니다. 그 역발상의 리더십은 고독한 결단을 요구합니다. 그 지도력은 현실의 높은 벽을 넘어 미래를 만들어갑니다. 포스코의 건설은 콘트래리언 리더십의 위대한 승리였습니다. 여러분 인생의 고비마다 고독한 결단의 콘트래이언 리더십이 필요할 때가 있을 것입니다. 그 때 수처작주의 지혜와 용기로 무장하십시오."

'수처작주 입처개진(隨處作主 立處皆眞)'이 '콘트래리언 리더십'으로 이어진 것이다. 스티븐 샘플(Steven B. Sample)은 "콘트래리언 리더는 자신만의 독특한 관점으로 상황을 보는 사람이며, 조직이 직면한 도전에 대한 새로운 해결책을 모색하는 사람"이라고 했다. 콘트래리언(Contrarian)은 '남들의 의지와 반대 방향으로 도전하는 사람'이란 뜻이다.

스펙에 매몰된 사고방식을 버리고 자신만의 강점을 성공으로 바꾸는 법을 아는 사람들이다. 언제나 역으로 생각하며, 그 반대의 생각을 실천에 옮기는 사람들이다. 이처럼 남들이 가는 방향과는 다르게 반대로 가는 사람이 바로 '콘트래리언'이다. 역발상의 리더, 그가 바로 '콘트래리언'이다.

이신영 조선일보 기자는 북미·유럽·아시아 등 전 세계 각지를 2년 간 누비며 100여 명에 달하는 세계적인 경영인·예술인·석학들을 인터뷰하고 쓴 책 『콘트래리언』에서 이렇게 정의했다. "콘트래리언은 '남들의 생각'이 아닌 '남들과 정반대되는 나만의 생각'으로 위기를 극복하는 사람들이다.…… 언론 기사제목에 빗대어 설명하면 '프로페셔널보다 아마추어가 더욱 전문적이다' 또는 '여성보다 남성이 성차별의 더 큰 희생자이다'처럼 일반 상식과는 정반대의 아이디어를 밀어붙이는 사람들이다."

이신영은 2013년 9월 미국의 존 폴슨(John Paulson) 폴슨앤컴퍼니 회장이 인터뷰에서 "진정한 성공을 위해 콘트래리언이 되는 것이 제 인생의 원칙이었어요. 다른 사람을 능가하려면 시장의 정반대 지점을 봐야 한다는 겁니다"라고 하는 말을 듣고 성공하는 사람들의 공통점이 '콘트래리언'이란 사실을 알게 됐다는 것이다.

홍석현이 보수 언론사 사주로서 진보적인 노무현 정부의 주미대사에 발탁된 것도 '역발상'이다. 그의 행보는 일반의 잣대로 평가할 수 없는 부분이 많다. 그는 '콘트래리언'이기 때문이다. 사실 유엔사무총장을 희망했던 것이나 '홍석현 대망론'이 나오게 된 것도 그가 '콘트래리언'임을 반증한다.

홍석현이 1994년 중앙일보 대표이사에 취임한 이후 추진한 신문혁신은 '콘트래리언'의 길이었다. 남들이 생각하지 못했던 가로쓰기, 한글제호, 전문기자 채용, 섹션화, 조간화 등은 그의 '콘트래리언 리더십'의 산물들이다. JTBC에 손석희 사장을 전격 영입한 것이나, 프로그램의 다양화·차별화도 이런 '콘트래리언 리더십'의 결과로 평가된다.

다산 정약용 선생은 강진 유배지에서 두 아들에게 보낸 편지에서 '일반지도법(一反至道法: 한 번 돌이켜 도에 이르렀다)'을 다음과 같이 강조했다. "선배 가운데 율곡 이이 같은 분은 어버이의 사랑을 받지 못해 여러 해 동안 괴로워했다. 하지만 마침내 '한 번 돌이켜 도에 이르렀다.' 우리 우담(愚潭) 정시한(丁時翰) 선생께서도 세상에서 물리친 바가 되었으나 그 덕이 더욱 발전했다. 성호 이익 선생은 집안에

콘트래리언의 다섯 가지 공통점

1. 남들처럼 우직하고 성실하다.
2. 그러나 남들과 똑같이 생각하지 않는다. 모방은 최소화하거나, 하지 않는다.
3. 모두가 'YES'라고 소리칠 때, 'NO!'라고 외친다.
4. 모두가 비슷한 경력을 쌓을 때, 정반대의 경력을 개척한다.
5. 전진보다는 후진하는 방법으로 성공의 해법을 찾는다.

『콘트래리언』 45쪽(이신영, 2014).

화를 당하고 나서 이름난 선비가 되었다. 모두들 우뚝하게 수립하여 벼슬길에 있는 고관의 자제들이 능히 미칠 수 있는 바가 아니었다. 너는 또한 일찍이 이를 들어보았느냐."

한양대 정민 교수는 『다산 선생 지식경영법』에서 이렇게 해석했다. "일반지도(一反至道)는 한 차례 생각을 돌이켜 깨달음에 이른다는 말이다. 자극 없이 똑같은 일상 속에서 창의적인 역량은 발휘되지 않는다. 늘 하던 대로만 해서는 새로운 성취를 이룰 수가 없다. 생각을 바꾸고 방법을 바꾸면 전에는 보이지 않던 것이 환하게 드러난다. 평범한 것에서 비범한 의미를 이끌어내고, 늘 보던 것에서 처음 보는 것을 끄집어낸다. 역경과 위기에 쉽게 침몰하는 대신 이를 기회로 돌릴 줄 알아야 한다." 다산의 '일반지도법'은 '발상을 뒤집어 깨달음에 도달하라'는 뜻이라는 것이다. 즉 다산의 '일반지도(一反至道)'는 홍 회장이 늘 강조하던 '콘트래리언 리더십'인 것이다.

성균관대 신완선 교수의 『CEO 27인의 리더십을 배우자』에는 발상전환 사례로 이런 내용이 실려 있다. "일본 기업인 '하나마나 소시지'는 1980년대 중반 매출 부진으로 곤경에 처하게 되어 궁여지책으로 대대적인 가격세일을 펼쳤지만 상황은 호전될 기미가 보이지 않았다. 속이 타던 사장이 하루는 공장을 돌아보다가 부러진 소시지를 재가공하는 공정을 목격하게 되자 '그것 말이야, 그냥 팔지. 가격도 많이 내렸는데…'하고 부러진 것들도 그냥 포장해서 팔도록 지시했다. 며칠이 지나자, 의외로 부러진 제품에 대한 반응이 좋게 나타났다. '싼 이유가 부러진 것 때문이라면, 먹는 데는 문제없다'고 생각하는 소비심리가 작용해서 불티나게 팔리기 시작한 것이다. 우연한 발상으로 반가운 소식을 맞게 된 히로시 사장은 '다 부러뜨려라!'하고 외쳤다고 한다."

글로벌 리더십 40년

홍석현은 1980년대 초반 세계은행에 근무하면서 아프리카, 동남아의 저개발 국가들의 어려움을 깊이 이해하게 됐다. 또 글로벌 시대의 도래를 확실히 알게 됐다. 한국을 넘어 아시아로 세계로 나아가야 미래의 먹거리를 확보할 수 있다는 생각을 갖게 됐다. 그래서 '글로벌 리더십'을 키우기 시작했다. 물론 이는 '홍석현 대망론'과도 연결된다.

홍석현이 1994년 대표이사에 취임하자마자 중앙일보는 국내 언론사 최초로 전 세계 재난, 아픔의 현장에 구호의 손길을 보냈다. 해외원조단체들과 공동으로 내전, 지진, 홍수 등 긴급구호가 필요한 해외현장에 봉사단을 파견해 구호활동을 벌여왔다. 르완다 난민구호 자원봉사단 파견을 시작으로 1999년 코소보 난민구호봉사단, 터키 지진구호 의료봉사단, 2003년 이라크 긴급의료봉사단, 2005년 남아시아 지진해일 긴급구호 봉사단 등 국제 긴급구호 활동을 전개했다. '대학생 해외봉사단' , '국제 NGO 인턴 봉사단' 등 다양한 해외 봉사단도 파견했다. 2002년 '국제 NGO 인턴 봉사단'을 (사)코피

온으로 독립, 보도와 파견사업을 더욱 확대하고 있는 것이다. 해외 봉사단은 코피온 센터 및 개발도상국 NGO·NPO에 파견됐다. 해외 재정지원 프로젝트는 2006년부터 63개 사업에 25만 8,617달러를 지원했다고 한다.

중앙일보와 미국의 싱크탱크인 전략국제문제연구소(CSIS)가 공동으로 주최하는 국제 심포지엄인 '중앙일보-CSIS 포럼'를 매년 개최하는 것도 홍석현의 '글로벌 리더십'을 키우는 일이다. 2011년 출범한 '중앙일보-CSIS 포럼'은 '한국과 미국의 전·현직 안보정책 입안자를 비롯한 양국의 대표적인 외교·안보 전문가들이 급변하는 동북아 정세와 미래 아시아 평화의 해법을 제시하는 자리'라고 자평하고 있다. 스티븐 해들리(Stephen Hadley) 전 미 백악관 국가 안보보좌관, 리처드 루거(Richard Lugar) 전 미 상원의원, 조슈아 볼튼(Joshua Bolten) 전 백악관 비서실장, 로버트 졸릭(Robert Bruce Zoellick) 전 세계은행 총재, 웬디 셔먼(Wendy Sherman) 전 국무부 정무차관 등이 그동안 주요 참석자들이다.

중앙일보가 제주특별자치도·국제평화재단·동아시아재단과 공동 주최하는 연례 국제포럼인 '평화와 번영을 위한 제주포럼'도 그의 '글로벌 리더십'의 현장이다. 2001년 출범해 2016년 11회를 맞이한 이 국제 심포지엄은 중국 신흥 글로벌 포럼의 성공에 견주어 '한국의 보아오 포럼'으로 불리고 있다. 제주포럼은 외교·안보, 경제·경영, 환경·기후변화, 여성·교육·문화, 글로벌 제주 5개 분야 60여 개의 세션을 통해 온갖 지구촌 문제에 대한 혜안을 제시하고 있다고 중앙일보는 홍보하고 있다. 그동안 반기문 유엔사무총장, 후쿠다 야스오(福田康夫) 전 일본 총리, 게르하르트 슈뢰더(Gerhard Schroder) 전 독일 총리, 줄리아 길러드(Julia Gillard) 전 호주 총리 등이 지속가능한 지구촌 평화에 대해 자신의 견해를 밝혔다고 한다.

'J글로벌-채텀하우스 포럼'도 있다. 유럽 최고의 싱크탱크인 영국 왕립국제문제연구소(채텀하우스, Chatham House)와 중앙일보·유민문화재단·JTBC가 공동 주최하는 국제 심포지엄이다. 이 포럼의 전신은 중앙글로벌포럼이다. 1996년부터 16년간 세계 언론계와 외교안보 전문가들이 포럼을 이끌었다. 2014년부터는 채텀하우스와 손잡고 동북아 정세의 평화적 해결책과 경제협력 방안 등을 모색하고 있다. 2015년의 경우 케빈 러드(Kevin Rudd) 전 호주 총리, 마르티 나타레가와(Marty Natalegawa) 전 인도네시아 외무부 장관 등이 참석했다.

'한·중·일 30인회'라는 민간회의체도 운영하고 있다. 한국의 중앙일보, 중국의 신화통신사, 일본의 니혼게이자이신문 등 한·중·일 언론사들이 공동으로 동북아의 발전적 미래에 논의하고 있다. 3국의 정치·경제·학술·문화계 지도자 30명으로 구성된 이 회의는 2006년에 한국에서 출범한 이후 매년 각국의 주요 도시에서 순회 개최하고 있다. 중앙일보는 "그동안 한중일 30인회에서 논의된 안건 중 40%가 이런 과정을 거쳐 3국의 정책에 반영됐다. 지난 10년간 동북아의 공동 번영에 기여한 주요 성과로는 한중일 정상회담 연례화, 3국 경제각료·중앙은행장의 정기회의 연례화, 치앙마이 이니셔티브 약정액 확대, 한중일 공용한자 808자 제정 등이 있다"고 홍보하고 있다.

홍석현은 또한 한불클럽 회장을 맡고 있다. 2016년 6월 3일 프랑스 파리 엘리제궁에서 한·프랑스 정상회담이 끝난 뒤 박근혜 대통령을 비롯해 프랑수아 올랑드(Francois Hollande) 프랑스 대통령, 장 마르크 에로(Jean-Marc Ayrault) 프랑스 외무장관, 윤병세 외교장관, 김동호 부산국제영화제 조직위원장, 성낙인 서울대 총장, 루이 갈루아(Louis Gallois) 불한클럽 회장 등이 참석한 가운데 '한·불리더스포럼' 정책 제안서에 대해 설명한 바 있다.

홍석현이 지난 40년 동안 국제적으로 활동한 경력을 간략히 소개하면 이렇다. 세계은행(IBRD) 이코노미스트(1977.03~1983.03), 전 세계 언론사 발행인·편집인이 참가하는 세계신문협회(WAN) 회장(2002.05~2005.02), 세계문화오픈(World Culture Open) 조직위원장(2003.06~), 1973년 데이비드 록펠러 전 JP모건체이스 회장이 창설한 삼극위원회(Trilateral Commission) 아시아태평양위원회 부회장(2012.12~), 미국의 저명인사들이 아시아 개발을 목적으로 1954년 창설한 아시아재단(Asia Foundation) 이사(2013.01~), 전략국제문제연구소(Center for Strategic and International Studies) 이사(2013.12~), 베르그루엔 거버넌스 연구소 21세기위원회 멤버(Berggruen Institute on Governance, 21st Century Council, 2014.04~), 국제바둑연맹(International Go Federation) 회장(2014.07~), 채텀하우스(Chatham House, Panel of Senior Advisers) 고문(2014.08~) 등이다.

이 가운데 '세계문화오픈'은 세계인의 평화와 친선, 화합과 축제의 장 마련, 신문화 창출, 나눔과 배움의 기회 마련, 건강하고 아름다운 세상을 만드는 글로벌 네트워크 구축, 생명운동과 상생운동 전개 등을 목적으로 하는 세계적인 문화행사다. 한국, 미국, 일본, 이스라엘 등 17개국이 참여하고 있다. 2004년 '세계문화오픈'의 제1회 행사가 한국에서 개최됐다.

'삼극위원회'는 세계적인 파워엘리트들이 국제 문제를 다루는 회의체다. 주요 회원으로는 미국의 헨리 키신저(Henry Alfred Kissinger)·콜린 파월(Colin Powell)·매들린 올브라이트(Madeleine Albright) 전 국무장관, 커트 캠벨(Kurt Campbell) 전 동아시아·태평양 차관보, 폴 볼커(Paul Volcker) 전 연방준비제도이사회 의장, 조지프 나이(Joseph S. Nye Jr.) 하버드대 석좌교수, 스티븐 보즈워스(Stephen Bosworth) 전 대북정책 특별대표 등을 비롯해 일본의 고바야시 에이조(小林榮三) 이토추그룹 회장, 마키하라 미노루(槇原稔) 미쓰비시상사 고문, 하세가와 야스치카(長谷川閑史) 다케다제약 회장, 중국의 리자오싱(李肇星) 전 외교부장, 장클로드 트리셰(Jean Claude Trichet) 전 유럽중앙은행 총재 등이다. 2015년 회의에는 이재용 삼성전자 부회장도 참석했다.

'베르그루엔 거버넌스 연구소 21세기위원회'는 '집 없는 억만장자'로 불리우는 니콜라스 베르그루엔(Nicolas Berggruen)이 설립한 미국의 싱크탱크인 베르그루엔 거버넌스 연구소가 주최하는 위원회다. 멕시코의 에르네스토 세디요(Ernesto Zedillo Ponce de León) 전 대통령을 의장으로 해 전직 미국 대통령, 노벨상 수상자, 글로벌 기업가들로 구성돼 있다. 현재는 정치, 경제 및 금융 시장의 정비를 위해 G20과 함께 노력하고 있다. 21세기위원회는 2013년 5월 멕시코 G20 정상회의 때 엔리케 페나 니에토(Enrique Pena Nieto) 멕시토 대통령에게뿐 아니라 2011년 가을 G20 칸 정상회의 때 당시 니콜라 사르코지(Nicolas Sarkozy) 프랑스 대통령에게도 그들의 권고안을 전달한 바 있다.

이처럼 한국사회에서 전 세계에 걸쳐 다양한 네트워크를 구축하고 인맥을 형성한 사람은 거의 없다. 단연 홍석현이 독보적이다. 누구를 위한 네트워크요, 누구를 위한 인맥인가. 홍석현은 지난 40년 동안 전 세계를 누비며 인맥을 구축해왔다. 그의 '글로벌 리더십 40년'은 이제 결실을 맺을 때가 됐다. 중앙일보·JTBC만을 위해 이런 인맥을 활용하는 것은 국가적으로 큰 손실이 아닐 수 없다. 홍석현은 이제 '새로운 대한민국', '위대한 대한민국'을 위해서 이런 자산들을 활용해야 한다. '글로벌 리더십 40년'은 제3의 개국에 기여해야 한다.

21세기위원회 주요 멤버

21세기위원회는 전직 대통령·총리를 비롯해 노벨상 수상자, 구글 회장 등 기업인, 언론인 등 다음과 같은 전 세계 정상급 인사들로 구성돼 있다. 홍석현 회장은 그동안 한국인으로는 혼자서 참여했다. 이재용 삼성전자 부회장이 참여한 것은 2015년부터다.

후안 루이스 세브리언(Juan Luis Cebrian) 스페인 언론인이자 PRISA의 최고경영자, 누리엘 루비니(Nouriel Roubini) 뉴욕대 경제학교수 겸 누리엘 루비니 이코노믹스 회장, 모하메드 A. 엘 에리언(Mohamed A. El-Erian) 채권펀드 PIMCO의 최고경영자, 게르하르트 슈뢰더(Gerhard Schroder) 전 독일 총리, 마이클 스펜스 뉴욕대 스턴경영대학원 교수(노벨 경제학상), 조지프 스티글리츠(Joseph Stiglitz) 컬럼비아대 경제학 교수(노벨 경제학상), 펠리페 곤살레스(Felipe González Márquez) 전 스페인 총리, 파스칼 라미(Pascal Lamy) 전 WTO 사무총장, 알랭 밍크(Alain Mink) 정책자문위원, 샤우카트 아지즈(Shaukat Aziz) 전 파키스탄 총리, 페스투스 모가에(Festus Gontebanye Mogae) 보츠와나 전 대통령, 담비사 모요(Dambisa Moyo) 잠비아 출신 여성경제학자, 엘론 머스크(Elon Musk) 테슬라모터스 최고경영자, 페르난도 엔리케 카르도소(Fernando Cardoso) 전 브라질 대통령, 피에르 오미다이어(Pierre Omidyar) 오미다이어네트워크 회장, 라구람 라잔(Raghuram Rajan) 인도중앙은행 총재, 잭 도시(Jack Dorsey) 트위터 최고경영자, 에릭 슈미트(Eric Emerson Schmidt) 구글 회장, 프랜시스 후쿠야마(Francis Fukuyama) 스탠퍼드대 정치학교수, 피터 슈워츠(Peter Schwartz) 글로벌비즈니스네트워크 회장, 아마르티아 센(Amartya Kumar Sen) 하버드대 경제학 교수(노벨경제학상), 존 그레이(John Gray) 작가, 제프 스콜(Jeff Skoll) 이베이 창업자이자 영화제작자, 리드 호프만(Reid Hoffman) 링크드인 대표 회장, 프레드 후 프리마베라캐피털그룹 회장, 아리아나 허핑턴(Arianna Huffington) 허핑턴포스트 설립자, 로렌스 서머스(Lawrence Summers) 하버드대 경제학 교수, 채드 헐리(Chad Hurley) 유튜브 공동 설립자, 로라 D. 타이슨(Laura D'Andrea Tyson) 캘리포니아대 버클리캠퍼스의 하스경영대 비즈니스&소셜 임팩트 대표, 모하메드 '모' 이브라힘(Mohamed 'Mo' Ibrahim) 개발 전문가, 알렉세이 쿠드린(Alexei Kudrin) 전 러시아 재무장관, 조지 여(George Yeo) 전 싱가포르 외무장관, 파리드 자카리아(Fareed Zakaria) 저널리스트, 에릭 리(Eric Lee) 청웨이캐피탈 설립자, 에르네스토 세디요(Ernesto Zedillo Ponce de León) 전 멕시코 대통령, 키쇼어 마부바니((Kishore Mahbubani) 전 싱가포르 주유엔대사, 폴 마틴(Paul Martin) 전 캐나다 총리, 정비전(鄭必堅) 중국 국가창신발전전략연구회 회장, 리카르도 라고스(Ricardo Lagos) 전 칠레 대통령, 월터 아이작슨(Walter Isaacson) 아스펜 연구소 회장

자비를 베풀 때가 됐다

자비(慈悲)는 인(仁)이요, 사랑이다. 적선(積善)이요, 봉사이자 나눔이다. 홍익인간(弘益人間)의 실천이며, 균민정치(均民政治)의 구현이다. 홍석현 회장이 큰 뜻을 펴겠다면, '자비'가 콘셉트(concept)이자 프레임(frame)이다.

그 때 '자비'는 '비움'이자 '버림'이다. 자기를 버리고 돈을 비우고 권력을 버리는 구도자적 행위다. 돈을 가지려고 해서는 안 된다. 권력을 가지려고 해서도 안 된다. 명예를 가지려고 해서도 안 된다. 그러면 엄청난 반발을 불러일으킨다. 거대한 저항이 밀려온다.

오직 조국! 오직 국민! 오직 미래! 이를 위해 자기의 모든 것을 던지는 것이 진정한 '자비행(慈悲行)'이요, '참사랑'이다.

'천명(天命)'이 무엇인가. 통일대통령? 그것은 꼣목과 방편(方便)에 불과하다. 남북통일과 세계평화, 그리고 인류공영을 위해서 그동안 쌓아온 모든 것을 완전 투입하는 것이 천명을 따르는 것이다. '금수저'로 태어나 경기고-서울대-스탠퍼드대, 세계은행-재무부-청와대, 삼성-중앙일보-JTBC, 그리고 그 수많은 네트워크와 인맥들. 누구를 위한 삶이었던가.

일반 정치인들이 대권을 쟁취하기 위한 차원과 다른, 더 높은 차원에서 '대망론'을 구현해야 한다. '반드시 대권을 쟁취하겠다'는 생각, 그 권력의지 자체까지도 버리고 나서야 한다. 통일대통령, 바른 대통령, 구국의 대통령이 되겠다는 숭고한 일념으로 나서야 한다. 홍석현 회장보다 더 적임의 후보가 있다면 그에게 양보하겠다는 '하심(河心)'을 가져야 한다.

평소 홍석현 회장 자신이 수없이 강조하고 노래했던 '수처작주 입처개진(隨處作主 立處皆眞)', '콘트래리언 리더십(contrarian leadership)'을 온몸으로 보여줘야 한다. 하늘이 감동하고 땅이 감동하고 사람이 감동하는 새로운 길을 가야 한다. 그리고 '제3의 개국', '매력국가'의 이상을 실현할 수 있는 구체적인 청사진을 제시해야 한다. 양극화와 불평등에 신음하고 있는 민초들을 살리겠다는 활인(活人)의 스탠스를 취해야 한다.

2017년 대선은 역대 대선과는 판이하게 다르다. 다시 말해 19대 대선은 이른바 '87년 체제' 이후 13대, 14대, 15대, 16대, 17대, 18대 대선과는 그 성격을 달리한다. 대통령의 조건이 달라졌기 때문이다. 정치를 잘 하는 대통령, 민생을 잘 챙기는 대통령, 경제를 살리는 대통령만으로는 대한민국이 처한 위기를 극복하기 어렵다. 국제 문제의 국내 정치화, 세계경제의 국내 경제화가 시시각각 일어나고 있기 때문이다.

사드(THAAD: Terminal High Altitude Area Defense, 고고도미사일방어체계)는 국제정치의 현안이자 한국정치의 현안이다. 대통령이 국제정치에 대한 식견과 감각이 없으면 풀기 어려운 문제다. 사드는 한미관계, 한중관계가 중첩돼 있는 매우 복잡하고 미묘한 문제다. 그리고 국내 정치현안 가운데 가장 민감한 문제가 됐다.

경제는 또 어떤가. 과거처럼 경제개발계획 등으로 해결될 수 있는 상황이 아니다. 박근혜 정부의 '경제혁신 3개년 계획'은 '장밋빛 청사진'에서 '빛바랜 슬로건'으로 전락했다. 영국의 브렉시트(Brexit: EU탈퇴)가 한국 경제에도 큰 영향을 미치고 있다. 과거에는 상상할 수 없는 일이다. 세계경제와 한국경제를 동시에 보고 함께 해결하는 식견과 지혜를 가진 대통령이 필요하다.

남북통일은 더욱 더 어렵다. '항일독립·산업화·민주화·남북통일'로 이어지는 시대정신을 가진 지도자가 나와야 한다. 2017년 대선에서는 '통일대통령'을 선출해야 한다. 그래야 대한민국에 미래가 있다.

그렇다면 누가 있는가. 국제 문제, 경제문제를 해결하고 남북통일을 이룰 수 있는 식견·혜안·능력을 갖고 있는 지도자는 누구인가. 선택은 국민의 몫이지만 정말 진지하게 고민해야 한다. 대권도전의 뜻을 갖고 있는 정치인들은 스스로 가슴에 손을 얹고 자문자답해야 할 것이다. '나는 과연 적합한가?', '나는 누구인가?'

국가 간 '연대와 대화'가 이뤄지지 않으면 전쟁이 일어나기 쉽다. 남북 간에도 마찬가지다. 대결과 갈등 국면이 비등점으로 치달으면 어떤 상황이 전개될지 아무도 모른다. 대화와 소통, 교류협력과 포용의 리더십이 절실하다. 홍익인간(弘益人間), 화(和)의 철학, 연대와 통합의 사상을 지닌 새로운 지도자가 절실하다.

저성장의 늪에 빠진 한국경제를 누가 구할 것인가. 치열한 국제

경쟁에서 살아남을 수 있는 지략과 방책을 가진 지도자는 누구인가. 일찍이 맹자(孟子)는 "유항산 유항심(有恒産 有恒心: 변치 않는 재산이 있어야 변치 않는 마음도 있다)"이라고 했다. 국민들의 '항산'을 책임질 새로운 리더십이 절실하다.

사회경제적 불평등과 양극화도 입으로 떠든다고 해결되는 게 아니다. 성공한 부자들이 적극적으로 동참해야 가능한 일이다. 정책으로 제도로 이를 해결하려고 한다고 해도 가진 자들이 수용해야 가능하다. 이들을 설득할 수 있는 지도자는 과연 누구인가. '나는 과연 해낼 수 있을까?' 대권주자들은 자문자답해야 할 것이다. '균민(均民)'이 이뤄지지 않으면 민주주의는 위기에 봉착한다.

날로 성행하고 있는 반인륜적 범죄를 누가 해결할 것인가. 가정질서와 사회질서가 해체되고 있는 것을 어떻게 바로 세울 것인가. '안민(安民)'이 지켜지지 않으면 나라는 위태로워진다.

고서(古書)에 "단어성역 제신취합 무일즉불능성성(但於誠役 諸神聚合 無一則不能成誠: 다만 정성을 다함에 있어서는 모든 신경이 한데 모여 합하나니, 하나라도 없으면 그 정성은 이루어지지 못한다)"는 말이 있다. 줄여서 '신취(神聚)'라고 한다. 모든 정부 기관, 모든 기업, 모든 사회단체, 모든 국민들이 혼연일체가 되어 나라의 위기를 구해야 한다. IMF 때 '금모으기운동' 이상의 '신취'를 통해 저성장의 늪에서 헤어나고 불평등을 해결하고 국민대통합, 남북통일을 이뤄야 한다. 이 '신취'를 이끌어낼 수 있는 지도자는 누구인가. '망가(忘家: 나라를 위해 사사로운 집안일에 얽매이지 않음)'와 '무신(無身: 몸을 나라에 바쳐 그 몸이 사사로이 있지 않음)'을 실천해 '신취'를 이룰 수 있는 새로운 리더십은 누구인가.

필자는 홍석현 중앙일보·JTBC 회장을 취재하면서, 그가 이 새로운 리더십에 비교적 근접한 인물이라는 생각을 갖게 됐다. '수처작주 입처개진'의 좌우명을 가진 그가 진정한 '자비행'에 나선다면 작지만 희망을 가질 수 있다고 봤다. 공자(孔子)가 지천명(知天命) 이후 18년이 지난 68세에 이를 실천했듯이, 홍석현 회장은 68세가 되는 2017년이 바로 그 '지천명'을 실천할 때가 아닌가 생각된다. 자신의 모든 것을 투입해 나라를 구하는 길로 나서야 할 것이다. 지금이 바로 자비를 베풀 때다. 그의 선택이 남아 있다.

|부록 1| 홍석현 회장의 서강대 강연 요지(중앙일보 2010년 4월 15일)

"경제 분야에서는 박정희, 문화 분야에서는 김구, 외교안보 분야에서는 이승만 모델을 21세기 버전으로 재해석해 '새로운 한·중·일 시대'를 헤쳐나가야 합니다." 홍석현 중앙일보 회장이 2014년 4월 14일 오전 11시 서강대 이냐시오관 강당에서 1시간 동안 특별강연을 했다. 주제는 '새로운 한·중·일 시대, 주인공의 꿈과 용기를 갖자'였다. 서강대(총장 이종욱)가 개교 50주년을 기념해 마련한 자리다.

홍석현 회장의 특별강연은 460개 좌석이 모자랄 정도로 성황을 이뤘다. 20대 초반 대학생을 향해 홍 회장은 자신의 학창시절을 소개하며 이야기를 풀어갔다. 다음은 강연 요약.

• 새로운 한·중·일 시대='동북아 시대' 대신에 '한·중·일 시대'라고 부르고 싶다. 일반적으로 '동북아 시대'라고 많이 한다. 그럴 경우 한국의 정체성이 중국·일본에 묻혀버리기 쉽다. 대한민국이 비록 크기는 작지만 이 지역에서 고유한 역할을 하는 나라가 돼야 한다.

한·중·일 시대의 '새로움'이란 두 가지 의미를 갖는다. 하나는 중국과 일본이 동시에 강한 역사상 초유의 시대가 개막했다는 뜻이다. 또 다른 의미는 한·중·일에 홍콩·대만을 합친 '공자 문화권'이 하나의 단위로 묶여 유럽·북미 지역과 나란히 세계 삼극(三極)체제를 열었다는 것이다. 새로운 한·중·일 시대는 위기일 수도, 기회일 수도 있다. 위기를 기회로 만들려면 주인공 의식이 필요하다.

• 현대사 두 개의 드라마=체제경쟁이 첨예했던 1960~1970년대 남북한의 박정희 대통령과 김일성 주석을 비교해 본다. 나일론과 비날론이 남북한을 상징한다. 박정희는 석유를 수입해 나일론을 만들어 수출했다. 김일성은 석탄과 토종기술을 결합해 비날론을 만들었다.

1964년 케임브리지대 경제학과 조앤 로빈슨 교수가 김일성 초청으로 방북한 일이 있다. 비날론 공장 관람 후 책을 펴냈다. 로빈슨 교수가 1973년 스탠퍼드대를 방문했다. 나는 그곳에서 유학하고 있었다. 그녀는 1960년대 북한이 비날론으로 옷 문제를 해결했고, 남한보다 잘산다고 했다. 나는 충격을 받았다. 그러나 지금 다시 보면 어떤가. 비날론은 북한 체제의 한계를 상징한다. 세계 시장에서 비날론은 상품성을 인정받지 못했다.

• 신(新) 박정희 경제 모델=우리의 앞날도 순탄할 것인가. 20세기 박정희·김구·이승만 모델을 21세기형으로 재창조해야 한다. 경제·외교·문화에서 우리의 길을 찾아야 한다.

박정희의 포항제철·경부고속도로 건설은 리더의 외로운 결단이었다. 국내외 비아냥을 들어가며 이뤄냈다. 21세기의 포철·경부고속도로는 무엇이 돼야 할까. 첨단 기술을 바탕으로 산업경쟁력을 유지해야 한다. 제조업이 뒷받침하는 서비스 기반 경제를 만들어야 한다. 세계가 우리의 서비스를 사가는 경제구조를 만들어야 한다. 의료·의

학 분야는 비교적 앞서 있다. 금융 분야도 도전할 과제다. 세계 저축의 60% 가까이가 '공자 문화권'에서 창출된다고 한다. 우리의 돈을 뉴욕·런던·프랑크푸르트에서 굴리고 있다. 어떻게 우리가 금융의 중심이 될 수 있을까.

•16~17세기 네덜란드 참조=유럽의 작은 나라 네덜란드가 세계 경영의 중심으로 도약한 역사를 참조하자. 16~17세기 네덜란드는 언론·사상·종교·경제의 완벽한 자유를 보장했다. 당시 세계 최강국이자 네덜란드의 종주국이었던 스페인은 종교적 관용이 부족했다. 고급 인력과 돈 있는 사람이 네덜란드로 몰렸다. 국가 발전의 틀을 바꿨기에 가능했다. 21세기의 포철과 경부고속도로는 자유와 개방이다. 이를 통해 창의와 활력이 넘치는 나라를 만들었으면 한다. 세계인이 오고 싶고 살고 싶은 매력적인 나라가 되어야 한다.

•신 김구 문화국가 모델='백범일지'에 나타난 백범 정신은 문화국가의 부드러운 힘이다. 하버드대 조셉 나이 교수도 요즘 소프트 파워를 이야기한다. 백범이 반세기 앞섰다. 21세기형 김구의 문화 비전은 무엇일까. 중국의 주요 도시마다 미국의 맨해튼이 복제되고 있다. 우리의 창의적 도시건축을 중국에 수출할 수 있을 것이다. 아시아발 글로벌 페스티벌도 필요하다. 10여 년 전부터 관심을 기울여온 '세계문화오픈(WCO)'은 소통과 조화를 지향하는 축제이자 문화운동이다.

스웨덴에 갔을 때 한 정치인이 내게 "우리는 공자·맹자의 이념에 의해 움직인다"고 해 놀란 일이 있다. 스웨덴에선 두 가지 금기가 있는데, 돈 자랑과 학교 자랑이라고 한다. 그것이 바로 너희 문화이고 공자·맹자가 말한 절제·염치, 남에 대한 배려가 아니냐는 얘기였다. 우리가 잃어버린 가치를 그들이 쓰고 있다. 이것을 다시 우리 것으로 만들어 전파해야 한다.

•신 이승만 외교안보 모델=1950년대 초 후진국 가운데 미국과 개별적으로 동맹을 맺은 나라는 한국이 유일하다. 이승만의 한·미 동맹 체결을 높이 평가한다. 이제 중국을 고려하지 않을 수 없는 시대가 되었다. 한·미 동맹을 기본 축으로, 중국과도 친하면서 가야 한다. 일본과는 '가깝고도 먼 나라'가 아니라 '가깝고도 가까운 나라'가 돼야 한다. 민주주의 연대도 중요하다. 북한은 기본적으로 '동포'라는 입장을 깔고 있다. 중앙일보는 2002년 '예산 1% 대북 지원'을 제안했다. 아직 실현되지 않았다. 안타깝게 생각한다. 침략의 역사가 없는 우리는 새로운 한·중·일 시대에 평화의 리더십을 발휘할 수 있다. 그게 우리의 역사적 자산이자 경쟁력이다.

|부록 2| 홍석현 회장의 경희대 강연 전문(중앙일보 2015년 5월 29일)

홍석현 중앙일보·JTBC 회장이 2015년 5월 28일 "현재 한국은 아시아 최고 수준의 자유와 개방을 통해 세계의 인재와 자본을 끌어들이는 '제3의 개국'이 필요하다"고 말했다. 홍 회장은 이날 오후 경희대 네오르네상스관 네오누리에서 진행된 '미원(美源)렉처'에서 "이를 위해 한국은 '매력국가', '향기가 나는 국가'라는 비전을 추구해야 한다"며 이처럼 말했다.

'새로운 한·중·일 시대와 대한민국의 꿈'을 주제로 한 이번 강연에서 홍 회장은 또 "현재 우리가 처한 위기와 기회에 대한 정치 지도자들의 인식은 너무나 안일하다. (지금처럼) 꿈이 없이 있는 것을 나눠먹고 살겠다는 것은 자식과 손자의 등골을 빼먹겠다는 것이나 마찬가지"라고 강조했다. 이날 강연에는 경희대 후마니타스칼리지 교수 및 학생 250여 명이 참석해 경청했다. 조인원 경희대 총장과 송필호 중앙일보 부회장, 김교준 중앙일보 편집인 등 귀빈도 함께 했다. 이어진 홍 회장과 학생들과의 대담은 권기붕 평화복지대학원장의 사회로 이뤄졌다.

미원렉처는 경희대 설립자 고 조영식 박사의 호 '미원'을 따 이름지은 특별강연 프로그램으로 국내외 석학, 전문가 등을 연사로 초

빙하는 학술행사다. 2010년 폴 케네디 예일대 석좌교수를 시작으로 2011년 프레드 블록 UC 데이비스 사회학 교수, 2012년 이리나 보코바 유네스코 사무총장 등 지금까지 5명이 강연했다. 한국인 연사는 홍 회장이 처음이다. 다음은 강연 전문.

"여러분 반갑습니다. 제가 우리 총장께서 강의 제안을 하셨을 때 사실 좀 망설이기도 했지만 한번 저와 인연이 깊은 경희대에 와서 젊은 학생들하고 제 생각을 나눌 수 있는 기회를 갖고 싶다는 욕심이 생겨서 제안을 덥석 받았습니다. 그런데 준비하는 과정에서 제가 아주 스트레스를 받았어요. 보니까 '미원렉처'라는 게 설립자이신 조영식 박사님을 기념하는 그런 강연입니다. 또 앞에 강연하신 분들이 세계적인 석학들이시고 한국인으로서는 제가 처음이 아닌가 하는 발견을 하게 됐어요. 그래서 '아, 이게 잘못 덥석 받지 않았나' 하는 생각을 했고, 준비하는 과정 속에서도 많은 고민을 했습니다.

오늘 말씀 드릴 '새로운 한중일 시대와 대한민국의 꿈'은 제가 오래 생각해왔던 주제입니다. 몇 년간 기회가 있을 때마다 이곳저곳에서 제가 비슷한 견해를 피력하기도 했습니다만, 이런 주제로 제가 총정리를 하게 된 게 5~6년 전 서강대학교 창립 50주년 기념강연을 부탁받았을 때입니다. 제가 나라 걱정을 많이 하다 보니까 여러 가지 생각도 많이 정리가 되고 그래서 이번에 평소에 생각했던 것을 정리했는데 정말 하고 싶은 얘기는 많습니다. 그걸 정리한 게 6페이지입니다. 제가 이것저것 얘기한 자료를 보내드렸을 텐데 혹 몇 분은 보셨을지 모르겠습니다.

저희 집안과 미원 선생님 집안과의 인연은 거의 70년에 가깝습니다. 저희 선친과 미원 선생이 네 살 차이 밖에 안나지만 어떻게 인연이 돼서 사제관계였습니다. 선친이 서울 법대에, 당시 미원 선생이 다니실 때 강의를 하신 적이 있어서 사제관계가 나중에 또 우정으로 발전해서 어려운 세상을 두분이 살아가시면서 서로 힘이 되고 돕는 관계를 맺게 됐습니다. 이제 조 총장님하고 저하고 경희대 이사를 같이 하는 세교가 있는 집안이 된 셈입니다. 이런 깊은 인연이 있기 때문에, 강연을 해보겠다는 생각이 들었습니다.

저는 전문 교수는 아닙니다. 박사학위를 했습니다만 학자라 물으면 학자라고 자신 있게 말할 수 없습니다. 또 누가 '언론인이냐?'고 물으면, 글쎄요. 제가 언론계 종사한 지는 21년이 됐지만 기자 생활을 한 것도 아니고. 또 언론인이 아닌 것도 아니지만 언론인이냐는 답변을 하기가 그렇습니다. 또 한편 '당신은 행정가냐 정치가냐?' 질문한다면 제가 행정에 잠깐 몸은 담았습니다만 행정가라고 주장하기에는 부족한 점이 많죠. 그럼 기업인이냐 하면 그 질문엔 대답을 하기도 뭣하고 안하기도 뭣하고…. 저는 한번도 기업인이라고 생각하며 살지를 않았어요. 창업도 해봤고 회사 경영도 해봤지만 그렇습니다. 참고로 여러분들이 흔히 보는 회사 'CU'를 제가 창업했습니다.

기업인이기도 하지만 기업인으로 주장하기에는 켕기는 게 있고. 그런 게 있어요. 작년 10월에 여러분들 아시는지 모르지만 제가 지하철 공짜로 타는 만 65세, '지공거사'가 됐습니다. 그러니 오늘 말씀드리는 내용이 어떻게 보면 저라는 아주 상당히 유니크한 인생 경험을 가진 사람이 나름대로 자기의 세계관이라든가 가치관이 생겼는데 얼추 오늘의 우리 현실에 맞춰서 정리해본 거다, 이렇게 생각해주셨으면 좋겠습니다.

오늘 오면서도 걱정이 되는 게 수원에서도 오신 학생들이 있는 걸로 압니다. 그런 소중한 시간을 재미도 없이 자기 독특한 시각으로 본 세계관을 얘기하는 것이 어떨까 망설여지기도 하지만, 이왕 오셨으니 재미나게 들어주시길 부탁드리겠습니다.

제가 인생의 선배로서 여러분들에게 상당히 미안한 감정을 가지지 않을 수가 없습니다. 위로의 말씀을 드리고 싶습니다. 무슨 얘기냐 하면 제가 회사 직원을 뽑아 봐도 그렇고 언론을 봐도 그렇고 요즘 젊은 학생들이 훌륭한 스펙을 가지고 있어요. 평균 대학생들이 하는 영어와 일어, 중국어, 상식과 지식. 아마 우리 시대에 갖다놓으면 전국 1, 2등을 다투는 스펙과 배경을 갖고 있습니다.

그런데 우리나라에서 제일 걱정이 청년 실업입니다. 여러분들이 아마 먹는 것 걱정은 안 하실 거예요. 굶는 사람도 있을 테지만 대부분 굶는 걱정도 안 하고, 또 어디에 가서 잘까 하는 걱정도 안 하실 거예요. 저는 유복한 환경에서 자랐기 때문에 그런 걱정은 안하고 살았습니다만, 저의 시대는 먹는 것도 걱정을 했고, 또 '어디 가서 잘까' 하는 걱정을 하는 학생들이 저희 동료 학생들 중에 많이 있었어요. 옛날에 '왜 굶었느냐, 라면 먹으면 되지 않느냐'는 우스갯소리도 있습니다만.(웃음)

그렇지만 저희는 대학 졸업하고 희망이 있었습니다. 좋은 직장이나 나쁜 직장이 있었지만 어쨌든 직장에 들어간 사람은 희망이 있었어요. 올해보다 내년이 낫고 내년보다 후년이 낫고. 열심히 일하면 승진이 되고. 나라가 죽 발전해왔기 때문입니다. 우리 세대는 월세로 시작해서 전세로 가고, 18평 아파트에서 시작해서 2~3년 있으면 24평이 되고, 월세로 시작해서 전세로, 강북에서 시작해서 강남으로 가고. 그런데 요즘 학생들 보면 이렇게 좋은 스펙을 가지고 있는데 선배들이 뭘 잘못했길래, 직장 걱정을 해야 되나. 미안한 감정을 안 가질 수가 없죠.

제가 한번 통계를 봤더니 직장다운 직장이 우리나라에 600만 개가 있답니다. 괜찮은 직장, 어떤 기준인지 잘 모르겠어요. 그런데 거기에 들어가려는 좋은 직장을 찾는 사람이 1000만이라는 거예요. 이 400만의 갭(차이)을 어떻게 메꿔주느냐. 어떤 정치가나 기업가, 그 어떤 사람도 단기적으로 용 빼는 재주는 없다고 생각합니다. 그래서 이런 미안한 마음을 갖고 위로의 말을 드립니다.

어른의 입장에서 또 하나 죄송한 게 있어요. 공무원 연금문제, 개혁문제, 요즘 나라 살림이 아주 어렵다고 예상되니까. 개혁을 안 하면 안 되는데 이걸 덜컥 정치권은 국민연금하고 연계해버렸어요. 진보·보수의 문제가 아니라 본질적으로 세대 간의 문제가 되어버렸어요. 우리 같은 선배 세대가 젊은 세대의 등골 빼먹는 정책을 하려고 하는 거예요. 나중에 어떻게 되든 우선 우리 편하게 살자는 겁니다. 어떤 의미에서는 청년 실업도 문제지만 우리가 OECD 국가 중에서 노인 빈곤율이 1위입니다. 지금 기준은 이 자리에서 설명할 수 없지만 65세 이상 노인 중에 빈곤 계층이 48%예요. 국민연금 문제가 심각하죠. 정치권에서 표를 얻어야 되는 입장에서는 어떻게 보면 당연한 일인지 모르겠어요. 그렇지만 이것도 젊은 분들에게 죄송한 일입니다.

여러분들이 남의 일이라고 생각하지만 '정규직-비정규직 문제'도 있습니다. 이제 정년 60세로 연장이 됐죠. 정년 연장을 하면 임금 피크제를 해야 하는데 노동조합에서 찬성해줄 리가 없습니다. 이것이 다 여러분들하고 관련된 거예요. 다 해줄 수 있으면 좋은데 임금피크제를 안하면 청년실업은 더 늘게 돼 있어요. 정규직 특권을 옹호하다 보면 여러분들은 비정규직으로 들어갈 확률이 훨씬 높아집니다.

또 세대 간의 갈등 문제가 있어요. 우리 세대는 이런 문제가 없었어요. 다같이 가난해서 오늘보다 내일이 낫고 올해보다 내년이 낫다는 희망이 있었습니다. 우리가 벌어서 부모님들 드리고, 없는 집안이니 서로 화목하자는 희망을 갖고 살 수 있었는데 이제는 그렇지 않습니다.

저도 오늘 학교에 왔습니다만, 대학 졸업식 때 가장 인기고 회자되는 말이 있습니다. 여러분들도 잘 아시죠? 스티브 잡스가 한 말입니다. 췌장암을 1차로 극복하고 스탠포드대 졸업식에 와서 "Be hungry, stay foolish"라고 했습니다. 별 거 아닌 말인데 심금을 울려요. 이게 여러분들에게 위로가 되는지 모르겠어요.

그 다음 인기가 있는 연설은 오프라 윈프리. 세계적인 사람이죠.

글을 읽어봤더니 대학 가서 연설할 때 자기는 준비를 안 한대요. 딱 올라가서 어떤 학생의 얼굴에서 영감을 얻어 즉흥적으로 한다고 합니다. 그렇게 타고난 연설가가 또 두 분이 있습니다. 석가모니 부처님과 예수님이 그랬어요. 그분들은 원고 준비 안 했어요. 딱 어디 가서 그 장소에 그 문제를 가지고 말씀을 하세요. 그래서 감동이 있는 거예요. 석가모니 부처님은 그랬다고 합니다. 제일 우거지상을 하고 있는 사람을 보고, 그 사람의 문제가 뭔지를 봤다는 거예요.

저는 지금 50분이라는 시간을 받아서 현재 15분이라는 시간이 갔습니다. 시간이 잘 가서 좋습니다. 석가모니 이분은 소위 설법의 시간이, 그 우거지상이 펴져서 미소를 지을 때까지 하는 거예요. 그러니까 그 청중 중에 제일 우거지상의 얼굴이 펴졌으니 다른 사람은 더 펴졌겠죠. 예수님도 똑같죠.

이제 그런데 저는 무슨 얘기를 할까, 여러분들하고 친해지려고 우스갯소리를 하는데. 신문 보니 영화배우 로버트 드니로가 어느 대학 졸업식에서 “You're fucked(여러분, 엿 됐습니다)”라고 했다는 겁니다. 올해의 졸업식 연설의 최고봉일 거라고 생각합니다. 저도 해주고 싶은 말이 있습니다. 여러분들도 소위 ‘엿먹은 세대’입니다. 여태까지 스펙을 쌓았는데 선배들이 시원치 않아서 엿먹고 있어요.

그러나 우리가 엿만 먹고 있을 수는 없지 않습니까? 나는 길이 있다고 봅니다. 청년 실업과 노인 빈곤이 연결된 문제지만 이게 결국은 우리가 흔히 얘기하는 잠재성, 성장률이 떨어지는 저성장이 계속 되고 있고. 또 성장은 하는데 고용창출하고 연결이 안 돼요. 그러니까

400만의 갭이 발생을 합니다.

또 문제가 있습니다. 환율에 따라서 다르지만 '3만 불의 벽'을 넘지 못하는 거예요. 그러다보니 직장 안 구해지지, 그래서 연애하는 애인이 있어도 결혼하자는 얘기가 안 나오잖아요. 부모한테 얹혀 살고 직장다운 직장이 없는데. 그래서 저출산이 됐어요. 그러다 보니 우리의 생산 가능인구가 절대적으로 줄어들고 있습니다. 이것을 'Demographic Cliff'라고 해서 인구 구조가 벼랑 끝에 선 겁니다.

거기다 또 있어요. 부자는 계속 부자가 되고, 가난한 사람은 가난을 벗어날 길이 보이지 않는 양극화입니다. 이런 양극화 추세는 사실 세계적인데, 우리나라가 제일 빨리 그렇게 되고 있어요. 또 이념갈등과 지역갈등, 북핵 위협에 남북대결, 또 남남갈등, 여기에 무슨 문제가 나오든 진영 논리입니다. 네 편 내 편 줄 잘못 서면 안 되기 때문에 줄을 서놓는 게 좋다는 말까지 나옵니다. 또 중도 세력이 없고. 중산층이 약하고. 이렇게 얘기하니까 우리 처지가 너무 불쌍하게 보입니다.

사실 세상에 문제가 없는 나라가 어디 있겠습니까? 제가 너무 자학적으로 표현했습니다만, 사실 밖에서 보는 한국은 멋진 나랍니다. 저는 팔자가 역마살이 있어서 그런지 해외생활을 14년을 했지만 서울에 들어와서도 1년에 서너 달을 꼭 나가서 일과 연관돼서 다니게 됐어요. 그러다보니 많은 사람을 만나는데, 들어보면 한국은 지금 참 멋진 나라가 됐습니다. 대단한 나라가 됐어요. 우리가 2차 대전이 끝나고 우리나라 수준의 민주화와 산업화라고 하나요. 동시에 두 마리의 토끼를 잡은 나라는 대한민국 하나에요. 미국은 2차 대전이 끝나고 수많은 전쟁에 개입했습니다. 지기도 하고 이기기도 하고. 우리나라에서는 무승부였죠. 미국이 개입해서 유일하게 성공한 나라가 우리나라에요. 그 정도로 우리를 밖에서는 훌륭하게 봅니다.

그리고 요즘은 브랜드 시대잖아요. 그래도 삼성, 현대라는 두 개의 브랜드를 가진 나라가 흔치 않아요. 거기다 한류도 있죠. 그래서 외국에서는 대단한 나라로 봅니다. 그런데 서울에 들어와 보면 이게 서로 자학적인 캠프가 나눠어서 잘 이해를 못하더랍니다.

최근에 5~6년 사이 세계적 싱크탱크로 부상한 CSIS가 있습니다. 거기의 존 햄리 소장이 이런 말을 했어요. 아까 얘기한 거랑 똑같죠. "왜 너희는 너희 자신의 그것을 못 보느냐." 우리는 미들 파워를 자처합니다. 세계적으로는 브라질, 캐나다, 호주, 인도네시아, 터키, 멕시코. 이런 나라들이 미들 파워라고 스스로 말합니다. 그런데 햄리 소장은 "(한국은) 내가 볼 때 미들 파워가 아니라 글로벌 리더가 될 수 있는 나라"라고 합니다. 그런데 우리는 우리 자신에 대해서 그렇게 평가를 못해요.

그럼 멋진 나란데 어떻게 더 멋진 나라를 만드느냐. 더불어 잘사는 행복한 나라를 만드려면 어떻게 해야 하느냐. 그게 저 나름대로 하나의 꿈같은 소리로 들릴 수 있을지 모르지만, 여러분이 지금 텍스트를 받아보신 '매력국가 건설'이라는 꿈을 피력해볼까 합니다.

왜 매력국가를 건설해야 하느냐. 당위성이 있어야 하는데. '청년실업, 노인빈곤, 양극화, 벼랑끝 인구, 3만 달러의 벽.' 이게 보통 심각한 문제가 아니거든요. 당면하고 있는 위기를 돌파하고 우리에게 주어진 기회를 살릴 수 있는 국가 전략이라고 생각합니다. 어떻게 보면 유일한 국가 전략이 될 수밖에 없기도 합니다. 이런 엄중한 시기에 시대를 여는 하나의 수단, 하나의 꿈이 될 수 있습니다. 또 여러분과 관련돼 있는 청년 취업과도 연관이 됐다고 생각합니다.

'너는 왜 위기라고 생각하느냐?' 개인도 그렇고 회사, 나라도 마찬가집니다. 같이 경쟁하는 상대방이 있어요. 우리의 경우 상당히 행운이었던 건 우리가 1960~1980년대에 고속 성장을 하고 이만한 나라를 만들었던 건 중국이 자고 있었기 때문입니다. 문화혁명이다 공산주의다 하는 이유에서입니다. 또 이때 일본이란 큰 시장과 일본어를 이해하는 아버지 세대들이 기술도 사오고 훔쳐오기도 하고 어떻게 해서 합작도 하고 해서 기회가 있었는데. 지금은 중국이 깨어났어요. 깨어난 지 오래됐죠. 깨어난 정도가 아니라 시진핑의 중국몽에 대해 들어보셨을 겁니다.

과거 중국의 역사가 찬란했을 때를 재현하겠다는 얘기에요. 중국이 제국주의의 밥이 돼서 몰락을 시작한 게 19세기 초지만, 아편전쟁 이후 100년의 치욕의 역사를 살았는데 지금 이 사람들은 강한 한나라, 융성했던 당나라, 강한 성당의 시대를 다시 열겠다고 합니다. 그래서 당나라 시대의 무역 루트였던 실크로드를 다시 만들겠다고 합니다. 그게 '원벨트원로드 정책'(일대일로 구상) 아닙니까? 말만 한 게 아니에요. 여러분들 언론을 통해서 접했겠지만 아시아인프라투자은행(AIIB)를 만들었어요. 우리도 미국 눈치 보느라 언제 들어가나 하고, 미국은 들어가면 동맹국 아니다 으름장 놨는데. 영국도 냉큼 들어갔어요. 우리도 들어가고, 일본도 기회는 놓쳤지만 들어가는 겁니다. 미국도 오바마가 기회를 놓친 거에 대해 "바보같은 정책이다"라고 평했어요. 그게 중요한 게 아니라 중국이 그 정도 힘을 가지고 일어나고 있다는 겁니다.

또 지난 20년 일본이 잠들었어요. 중국이 깨니까. 스스로 '잃어버린 20년'이라고 하잖아요. 그런데 아베 총리가 집권하고 나서 '아름다운 일본'이라는 꿈을 꾸기 시작했어요. 말은 아름다운데 들어보면 속은 '강한 일본'이에요. 집단 자위권을 얘기하죠. 일본의 지도자로서는 당연한 거라고도 생각합니다. 이 아베노믹스가 이제 세 개의 화살을 쏘기 시작했어요. 지금 두 개의 화살을 성공적으로 쏴서 닛케이 지수가 사상 최대입니다. 일본 대학생들은 취업률이 90%라고 해요. 원하는 기업을 골라서 가고 있어요. 세 번째 화살이 어렵다고 혹자는 얘기합니다. 구조 개혁을 해야되니까요. 맞는 얘기에요. 그러나 어쨌든 일본은 움직이고 있어요. 동경 가보세요. 활기가 넘쳐나고 있어요. 젊은 사람들이 힘을 다시 찾았어요. 아베가 역사를 다시 쓰겠다며 주장하는 '수정주의 역사관'은 비록 비용을 치르리라고 생각합니다만 진행 중입니다.

과연 중국의 꿈과 일본의 꿈 사이에서 우리는 무슨 꿈을 꾸고 있습니까? 우리의 지도자는 뭘 하고 있어요? 여러분들이 알면 얘기해 보세요. 아까 얘기한 문제가 지금 쉽게 안 풀립니다.

우리나라의 현재 체질이나 발상으로는 3만 불의 덫을 넘기 어렵습니다. 그렇다면 소득 2만 8,000달러로 계속 가느냐. 앞으로 가지 않으면 뒤로 갑니다. 우리나라는 사실 소득 1만 달러 시대를 두 번 했어요. 재수생이나 마찬가집니다. 2만 달러도 마찬가지죠.

2006년 통계를 보면 싱가포르가 2만 6,000달러, 우리가 2만 달러입니다. 우리는 지금 환율 덕에 2만 7,000달러라고 하는데. 싱가포르는 9년 만에 5만 6,000달러가 됐어요. 남은 하는데 우리는 기껏 해서 제자리걸음이에요. 일본은 1만 달러에서 2만 달러 오는데 7년, 3만 5,000달러 가는데 7~8년이 걸렸습니다. 여러분, 공부도 그렇고 한 번에 쇠가 달궈졌을 때 확 올라가야지 아니면 다시 내려갑니다. 중국은 그 강한 나라가 지금 더 강해지려고 하고 있고 일본은 20년의 잠을 깨서 대학생 취업률이 90%에 달합니다. 여러분, 부럽지 않아요? 우리는 뭘 합니까? 저는 기회가 있다고 봅니다. 그럼 뭐가 기회냐.

제가 2010년 서강대에서 얘기할 때는 이렇게까지 올 줄은 몰랐어요. 제 예측이 거의 비슷하게 맞아가고 있는데. 과거 중국이 자고 있을 때 일본이 있었듯이, 우리가 중국을 활용해야 합니다. 지금 한국 사람이 중국에 들어가서 사업하는 건 점점 어려워요. 지금 한중일이 차지하는 세계 GDP가 21.1%입니다. 세계 경제의 5분의 1입니다. 굉장히 빠른 속도로 자라고 있거든요. 세계 자본과 기술, 또 미국 유럽에 있는 인재들을 우리가 서울에 유치해야 되는 거예요.

왜 유치할 수 있느냐? 거대한 중국 시장이 있기 때문입니다. 인천에서 한 시간 내에 도달하는 인구가 5~6억입니다. 어마어마한 인구에요. 왜 중국에 가서 직접하면 안 되느냐. 중국에 가서 힘들다는 건 많은 기업인들이 느꼈지만 서구 사람들이 그걸 견디기가 힘들어요.

역설적으로 그렇기 때문에 우리가 대단위의 중국향 전진기지를 조성할 수 있다는 겁니다. 일본보다 훨씬 열린 사회, 다이내믹한 사회를 만들면 됩니다. 어떻게 하면 되느냐.

긴 이야깁니다만, 아주 쉽게 얘기하면 아시아 최고 수준의 자유와 개방으로 세계의 인재와 자본 기술을 끌어들여야 합니다. 저는 그걸 제3의 개국이라고 얘기하고 싶어요. 개화기 개방 이후 남쪽은 북쪽과 달리 개방을 통해서 이만큼 성장했는데 이 정도 가지고는 안 돼요. 이 정도의 규제와 외국인에 대한 문화, 또 기업하기 어려운 환경을 혁파할 수 있는 제3의 개국을 해야 합니다.

그러기 위해서 '매력국가'라는 표현을 썼습니다. 매력이 뭡니까? 저는 남자니까. 매력 있는 여성을 보면 누구나 끌려요. 물론 외모도 중요하죠. 그런데 외모 말고 풍기는 분위기가 중요한 거거든요. 지적 수준이 높다거나, 얘기해보니 대화가 잘 된다거나. 여러분들이 연애들 하실텐데. '저 친구는 심성이 곱다'는 생각도 있을 테고요. 종합적으로 이 남자가 됐든 여자가 됐든 '향기가 나는 사람'이 돼야 되거든요.

마찬가지로 나라도 '향기가 나는 나라'를 만들어야 합니다. 꼭 군사력이 강하고 경제력이 강한 나라가 향기가 나는 나라가 아닙니다. 제가 서강대 강연에서도 얘기했지만 김구 선생이 『백범일지』에서 쓰신 '나는 우리나라가 이렇게 되기를 바란다'를 많이 인용을 합니다. 누가 대필을 했는지를 의심할 정도로 혁명가가 이런 발상을 하셨나 싶습니다. 거기서 "문화 향기가 나는 국가가 돼야 한다"는 말씀을 하셨어요.

또 조 총장께서 설립자가 부산 피난 시절에 쓰신 책 『문화세계론』을 주셨어요. 제가 그 내용을 읽어보고 100% 동의하지는 않았습니다. 그렇지만 저는 30대 초반 철이 없었는데 이 어른은 그 열악한 피난 시절에 문화세계론을 펼 수 있었나 놀랍습니다. 또 여기에 답이 있다고 생각합니다. 우리가 향기가 나는 국가를 만들어야 해요.

그렇다면 그런 나라들이 있느냐?

이 질문에 저는 '아직은 우리가 배울 나라들이 있다'고 생각합니다. 우선 17세기 네덜란드가 성공 사례입니다. 네덜란드는 스페인의 식민지였어요. 식민지를 벗어나서 100년도 안 돼서 세계의 해양 강국으로 부상을 합니다. 이걸 일으켰던 동인이 종교와 사상의 자유예요. 망명자의 천국이에요. 여러분들이 잘 아는 데카르트가 여기서 20~30년 망명 생활을 했어요. 신교 칼뱅파로 몰려서 불란서에서 쫓겨나서요. 또 여러분들이 잘 아는 영국의 사상가 존 로크도 마찬가지입니다. 딱 하나를 풀었는데 최고의 인재가 오는 거예요. 어떤 사람들이 오느냐? 구교 국가에서 박해를 받던 신교의 자본과 위그노들이 다 온 거예요. 그 다음에 유대인들도 왔죠.

제가 말씀드린 제3의 개국이라는 건 청년의 발랄함과 다이내미즘, 여기에 세계의 인재, 자본과 기술을 끌고 올 수 있는 나라가 돼야 한다는 겁니다. 독립운동 당시 미국의 founding father(건국의 아버지)들이 어느 나라를 벤치마크하느냐? 네덜란드를 벤치마킹하게 되는 겁니다. 화란(네덜란드)과의 관계는 하멜 표류기에서부터 많은 인연이 있습니다.

또 하나의 예가 있어요. 런던이에요. 작년에 「이코노미스트」에 런던의 특징이 나왔습니다. 요즘은 브랜드 시대지 않습니까? 그런데 런던의 브랜드가 뉴욕을 넘어섰다는 겁니다.

물론 부작용도 있어요. 런던 중심부는 영국 사람은 못 살아요. 세계 부자들이 다 와서 진을 치고 있어요. 러시아 부자, 중국 부자, 또 중동 왕족. 하지만 그건 부동산 값이 올라서 못 사는 게 아니라 도시가 매력이 있어서 오르는 거예요. 여러분들 놀러 가면 홍대 앞이나 청담동 카페를 가잖아요. 자연스럽게 매력 있는 데로 가게 되는 거거든요.

「이코노미스트」에 이런 표현이 있습니다. '런던이 영국을 먹여 살린다. 그러면 런던은 누가 먹여 살리느냐? 세계가 먹여 살린다.'

나는 세계가 먹여 살리는 대한민국을 꿈꾸고 있어요. 물론 한국에 부자들도 많죠. 하지만 런던 시장이 자신이 총리보다 세다고 합니다. 우리도 어디 시장이 뭐하고 싶어 하잖아요. 마찬가집니다. 런던이 독립해야 한다는 말도 있어요.

이런 브랜드를 만들지 않으면 위기를 돌파하지 못합니다.

제가 놀랄만한 얘기 하나 해드릴까요. 불란서 사람들이 콧대가 얼마나 높은지 아시죠? 런던이 제4의 불란서 도시입니다. 파리, 리옹, 마르세이유에 이어 런던이에요. (런던에 사는 프랑스 사람이) 50만 명이라는 주장도 있고 80만 명이라고도 합니다. 또 스웨덴을 비롯한 북구가 참 좋은 나라죠. 복지 완벽하게 돼 있고. 하지만 꿈꾸는 젊은이들은 거기 없어요. 다 런던 와 있어요. 왜냐, 거기서 뭔가 꿈을 이룰 수 있기 때문입니다. 물론 고생은 하겠지만요.

뉴욕은 제가 얘기 안하겠습니다. 그 다음에 실리콘밸리에요. 실리콘밸리는 저도 스탠포드를 나와 공대 들어가서 석사하고 박사는 경제학 했지만. 제가 1972년에 가서 그 스티브 잡스가 애플 컴퓨터를 만든 시대에 같은 공간에 있었어요. 제가 어리석어서 땅 한 평 못 사 놓은 게 참 아깝습니다.(웃음)

그 실리콘밸리가 우리나라의 충청북도 크기 정도 될 거예요. '베이 에어리어'가 말입니다. 그런데 거기 GDP가 얼만 줄 아세요? 우리나라는 1조 4,000억. 그런데 그곳은 2조 7,000억 대에요. 이게 다 스탠포드, 버클리 졸업생들. 또 하버드 MIT 졸업생이 거기 와서 한 거에요.

왜 자기 동네 아니고 거기 오느냐? 거기 독특한 생태계 브랜드가 있는 거예요. 전부 애들이 창고에서 만든 회사예요. 재벌이 만든 거 아니에요.

우리나라의 창조경제 혁신센터들은 다 재벌이 중심이 돼서 하더라고요. 난 잘 이해 못하겠어요. 그럼 미국 사람들이 한 건 줄 아세요? 여러분들이 잘 아시다시피 마크 주커버그가 러시아 사람이잖아요. 구글 창업자도 마찬가지에요. 인도·파키스탄·중국·한국 사람입니다.

실리콘밸리 같은 문화가 왜 한국엔 없습니까? 경희대 학생들 중에서 주커버그 나오지 말란 법이 어디 있습니까? 그런 학풍을 만들어야 해요. 학문을 하지 말라는 게 아니지만. 또 그런 학생이 한번 나와야 10억 기금해서 학교 발전을 할 수 있지 않겠습니까? 그런 학생을 여러분들의 후배로 키울 수 있어야 됩니다.

제가 네덜란드, 실리콘밸리, 런던 얘기를 했지만. 더 한심한 건 싱가포르가 한 걸 왜 우리나라가 못해요? 리콴유가 별 거 아니에요. 서구에서 경제발전시킨 건 평가받아도 거긴 반 경찰국가에요. 일당 독재국가, 문화가 없는 나라에요. 열대에요. 그런데 우리가 왜 못합니까?

제가 정말 화가 났던 건, 일본에서 후쿠시마 원전 사태가 일어났을 땝니다. 동경에 있던 굴지의 미국·유럽·글로벌 아시아본부가 전부 옮겼어요. 어디로 옮겼느냐? 70%가 싱가포르로 가고 30%가 홍콩으로 갔습니다.

난 이게 참 슬픈 일이라고 생각합니다. 동경이 서울보다 오피스 렌트(사무실 임대료) 값이 다섯 배입니다. 비싼 게 나쁜 게 아니에요. 매력이 있으니까 그런 거예요. 그런데 서울엔 지금 도심에 공실률이 얼마나 있는 줄 아세요? 강남이나 잠실의 100층 건물에 올라가보세요. 텅텅 비어 있습니다. 또 모 기업이 서울 삼성동 인터컨티넨탈 호텔 앞에 100층짜리 건물을 세운다고 합니다.

우리는 이걸 채울 수 있게 해야 되는 거예요. 용산에도 올라가면 채워야 되는 거예요. 상암동에도 또 채워야 되는 거예요. 후쿠시마 사태가 일어나서 기업들이 모두 이사를 갈 때, 자연스러운 선택이 서울이 돼야 되는 거 아니에요? 왜 그 열대 먼 데로 갑니까? 그런데 서울 생각하는 기업은 없어요. 왜 없을까요? 우리가 반성해야 되는 겁니다.

제가 이렇게 목청을 높이는 이유가 우리의 지도자들 때문이기도 합니다. 정치 지도자들, 언론도 마찬가지고, 대학도 마찬가지고 가장 큰 책임이 있습니다. 우리가 처한 위기와 기회에 대한 인식이 너무 안이한 거에요. 아까도 말씀드렸지만 중국은 더 세게 나가고 있습니다. 중국도 그런데 우리는 무슨 꿈을 꾸고 있어요? 꿈이 없는 사람은 죽은 사람이예요. 있는 거 나눠먹는 것은 여러분들의 등골 빼먹겠다는 것과 같은 겁니다.

나쁜 규제를 풀고, 좋은 것을 지원하고 필요한 개혁은 과감히 해야 하죠. 그렇다면 너는 어떤 생각이 있느냐? 여러분들이 자료를 읽었으니까 5분 내로 정리를 하겠습니다. 구체적인 제안입니다.

아까도 말했듯이 역시 저는 창업에 희망이 있다고 생각합니다. 우리가 1997~1998년 환란을 겪고 김대중 정부가 창업 붐을 일으켰어요. 엄청난 부작용도 있었지만 그 씨앗과 비료가 오늘날 살아남아서 다시 창업 붐이 일어나는 바탕이 된 겁니다. 지금은 우리 박 대통령도 창조경제를 강조하고 계시니까 다시 이걸 정말 잘 해야합니다. 지금 하고 있는 것을 다각도에서 다시 조명을 해서 다시 창업이 일어나야 합니다. 여러분들 중에서도 10년 뒤에 1억 불 기부할 사람이 두세 명 나와주세요. 적어도 1,000억씩 턱턱 내놓는 사람들이 나와야 해요. 창업하세요.

제가 이 세계를 좀 알기 때문에 스탠포드의 생태계를 알거든요. 작년에 대통령이 창조경제 하신다고 해서 저희 신문이 일주일 걸쳐

서 스톡옵션 얘기를 했어요. 창조경제 핵심은 뭡니까? 여러분 뭐라고 생각하세요? (동기 부여 아닙니까?) 네. 동기 부여죠. 더 쉽게 얘기하면 최고 일류가 창업을 해야된다는 겁니다. 1.5류가 공무원을 하고 삼성이나 현대 같은 대기업을 가는 겁니다. 겁 많은 놈들이 변호사, 의사 되겠다는 겁니다. 최고 일류는 창업을 해야 돼요.

동기 부여가 돼야 되죠? 동기부여는 뭐냐, 미래에 대한 꿈이 있어야 돼요. 유일한 게 스톡옵션이에요. 창업 회사에 가서 삼성 월급을 달라는 건 도둑놈 심보입니다. '삼성의 반은 받아야 한다'도 도둑놈입니다. 1/3~1/4이라도 최고 일류가 가도록 해줘야 해요. 그러려면 미래 소득에 대해 보장이 있어야 합니다. 그게 스톡옵션이에요.

다 알면서 재경부가 못해요. 대통령은 그게 문제가 되는지도 몰라요. 우리 신문 가끔 보셨을 텐데. 이게 김대중 정부에 있었어요. 그런데 하도 사기꾼들이 해먹으니까 벤처붐이 꺼지면서 노무현 정부 들어오면서 없앴어요. 구더기 무서워서 장 못 담근다는 말이 있잖아요. 지금 판교에 가서 사람들에게 물어보면 며칠 전 신문에도 났어요, 해달라고. 청와대, 미래부, 당에 가져다 밀어도 안 됩니다. 미래창조부 장관하고 점심을 했는데 "왜 아직도 못하십니까?" 했더니 소이부답. 그저 미소를 지을 뿐입니다. 그게 우리나라의 현실입니다.

그런 실리콘밸리의 창업 생태계를 만들어줘야 합니다. 또 지금 대기업이 잘 하고 있는 자그만 창업회사 후려쳐서 뺏어가는 거, 압박해서 기술 훔쳐가는 거 정말 못하게 해야 돼요. 정부가 그런 역할 해야 돼요. 더 중요한 건 네덜란드가 했듯이, 또 런던에서 했듯이, 실리콘밸리에서 했듯이 세계의 인재들이 중국 시장을 보고 우리 문화와 기술력을 보고 우리나라에 와서 창업을 할 수 있게 해주는 걸 만들어야 합니다.

그러기 위해서 제 꿈은 전국이 싱가포르처럼 됐으면 합니다. 그런데 그거는 제가 죽은 다음에도 안될 거 같아요. 그래서 우선은 실험적으로 세계 최고 수준의 개방 도시나 구역을 하나 만들어봤으면 좋겠어요. 거기서 무슨 일이 일어나나 보는 거예요. 지금 인천 송도, 또 아무도 살지 않는 새만금, 또는 제주도 가지고 해볼 수도 있겠죠. 옛날에 돌아가신 박 대통령은 한번 해봤을 거 같아요. 돌아가신 정주영 회장이나 이병철 회장은 한번 해봤을 거 같아요. 지금은 해보지도 않아요. 이래서 안 된다 저래서 안 된다, 이게 문제입니다 저게 문제입니다, 라고만 합니다.

또 하나는 제가 애국정책, 통일문제에 대해 한마디만 하겠습니다. 저는 20년 전부터 결국 남북문제는 우리가 주도적으로 이니셔티브를 가지고 풀어나가야 한다고 확신하고 있습니다. 미국, 중국과도 긴밀히 협의해야겠지만 그 사람들은 자기 일에 바빠요. 남북문제나 한국의 문제는 미국의 오바마 대통령이나 케리 국무장관의 논리에선 365일에 하루 정도도 생각 안할 거예요. 차관보 수준에서나 할 겁니다. 지금 우리가 차관보 수준과 상대해서 풀어나가고 있어요. 왜냐, 우리의 아이디어가 부족하기 때문입니다.

기본적으로 저는 북핵문제가 절대로 한반도에 핵이 있어서는 안

된다는 대원칙 아래 북핵은 하나의 대화 목표로 삼고 대화의 조건으로 걸면 안 된다고 생각해요. 자꾸만 접촉을 해나가야 한다고 생각해요. '통일은 대박이다'라고 얘기하지만 통일은 그렇게 쉽게 오지 않습니다. 너무 쉽게 오면 우리나라에 좋지도 않아요. 가장 바람직한 건 경제공동체, 문화공동체를 만들어나가려는 노력을 꾸준히 해야 돼요. 물론 북한 인권 문제도 중요해서 계속 얘기해야 돼요. 하지만 그 문제만 얘기하면 안 돼요. 우리가 거기에 투자를 해나갈 때 가능합니다.

왜 제가 이 말씀을 드리냐면 매력국가를 만들어야 되기 때문입니다. 그렇게만 된다면 우리 세대와 여러분 세대가 갈등할 필요가 없는 거에요. 평화 없이 매력국가는 절대 달성하지 못합니다. 평화는 남북 간에 만들어가야지, 다른 나라가 주는 게 아닙니다.

우리가 매력국가의 길을 갈 때, 있을지 없을지 모르겠어요, 경제가 어느 정도 돼야 '곳간에서 인심이 난다'고 우리 사회 각 분야 갈등 구조가 선순환 구조로 바뀔 수 있다고 생각합니다. 세계적 언어학자 비트겐슈타인이 한 말을 제가 좋아합니다. 세상에 문제가 많아요. 그런데 "문제는 해결되는 게 아니다"라고 했어요. 문제는 사라지는 겁니다. 더 큰 게 이뤄질 때 우리가 싸웠던 작은 문제는 사라지는 겁니다. 그게 가장 좋은 해결책입니다.

또 한 가지 통합 관련해서 한마디 말씀을 드리자면 우리가 작은 나라에서 서로 아웅다웅하고 살다보니까 여러 가지 형편이 어려워지니까 서로를 아끼는 문화가 아주 각박해지는 거 아닌가 싶어요. 인재를 아끼는 걸 서로 가슴에 새겨놓고 남의 가슴에 못박는 말 하지 말고. 또 청문회에 나온 사람 봐줬으면 좋겠어요.

이야기를 하나 해드릴게요. 중국의 등소평 선생이 모택동하고 앉아서 이야기를 했답니다. 모택동이 능구렁이니까, 이렇게 말했답니다. "내가 생각해보니까 참 일을 하려고 들판에서 상하로 뛰어다녔는데 못한 게 많아. 한 반은 잘하고 반은 잘 못한 거 같아."

등소평이 여기서 대답 잘못했다가는 아오지 탄광 가는 국면이거든요. 그래서 "무슨 말씀을 하십니까. 제가 볼 때는 어려운 환경에서 7개는 잘하시고 3개는 조금 아쉬움이 있지 않았나 생각한다"고 했답니다. 그랬더니 모택동이 조금 얼굴이 펴졌어요. 그러면서 하는 말이 "아니야, 아무리 생각해봐도 6개는 잘하고 4개는 못한 거 같아."

이것이 등소평의 '공칠 과삼론'입니다. 우리도 마찬가집니다. 우리가 일제강점기를 겪고 한국전쟁, 상업화, 민주화 해오면서 우리 선배들이 다 잘했겠습니까? 7개 잘한 사람은 좀 봐줬으면 좋겠어요.

또 하나는 중국에서 많이 쓰는 '구동존이(求同存異)'라는 것입니다. 의견이 다른 것 말고 같은 걸 두고 이야기하자는 것입니다. 1962년 그 유명한 여산회의라고 있어요. 1950년대 말에 모택동이 대약진 운동을 벌입니다. 좌파 정책이죠. 영국을 넘어서는 철강 생산을 한다고 해서 동네마다 철강소를 만들어요. 놋젓가락까지 모았어요. 결과가 어떻게 되느냐? 3,000만 명이 굶어죽었어요. 이걸 비판하는 게 여산회의였습니다. 여기서 하도 싸우니까 대토론 과정에서 팽덕회란 사람이 숙청이 됩니다. 싸움이 어마어마했습니다.

그때 연설 중에 유명한 게 있어요. “우리가 같이 사회주의 협력하자고 해서 이만큼 왔는데, 우리끼리 싸워서 되겠느냐, 다른 것은 남겨놓고 서로 동의하는 것 가지고 다시 시작하자.”

우리나라도 이 ‘공칠과삼’, ‘구동존이’가 필요하지 않느냐 생각을 합니다.

마지막으로 제가 지공거사의 입장에서 농담 하나 할게요. 여러분들 늙은 게 뭔지 모르죠? 못 늙어보셨죠? 나는 젊어봤어요. 그래서 여러분들의 고민을 제가 압니다. 누가 “아프니까 청춘이다”라고도 했지만 한 번밖에 오지 않는 게 인생이에요. 가슴 뛰는 인생을 사세요. 여러분들이 진짜 인재라고 생각하면 남의 밑에 들어가지 말고 혼자 한번 해보세요.

『경쟁하지 말고 독점하라』는 책 제목이 있어요. 흉악한 얘긴데, 그래도 메시지가 있는 거 같습니다. 여러 사람이 해서 1등을 하려고 하는 생각을 하지 말고 아무도 안하는 ‘only one’이 되어라. 그런 말로 해석이 돼요. 독창적인 인생을 사세요. 물론 어려움이 많겠지만 거기에 대한 보상은 확실하리라 생각합니다.

멋진 인생, 행복한 인생을 디자인하십시오. 이게 선배가 주는 위로의 말씀이 될지는 모르겠습니다. 감사합니다.”

| 부록 3 | 홍석현 회장의 포스텍 명예공학박사 수락연설 전문
(중앙일보 인터넷 판, 2016년 2월 19일)

졸업생 여러분, 축하드립니다. 대단히 반갑습니다.

오늘 저는 세계적인 대학 포스텍, 한국 최고의 대학 포스텍의 초청을 받았습니다. 연단에 서니 설레고 흥분이 됩니다. 분에 넘치는 '명예공학박사학위'를 받게 돼 영광입니다. 졸업생 여러분들에게 몇 마디 말씀을 전할 수 있게 된 것을 무척 기쁘게 생각합니다.

저는 오늘을 준비하면서 지난 몇 주간 보람차지만 힘든 시간을 보냈습니다. 새해에 새롭게 인생을 시작하는 졸업생들에게 무슨 말을 해야 할까, 참으로 고민되는 시간이었습니다. 여러분들은 누구나 부러워하는 머리와 총명함을 갖고 있습니다. 제 이야기는 여러분들 지식의 바다에 떨어지는 몇 방울의 물에 불과할지 모르기 때문입니다.

저는 아주 오래 전에 여러분처럼 졸업식에 섰던 때를 상상했습니다. 제가 서울대를 졸업할 때나, 스탠포드대를 졸업할 때의 식장 광경이 떠올랐습니다. 그러면서 조금 위로를 받았습니다. 그 때 어느 분이 연설을 했는지, 연설 내용이 무엇이었는지, 부끄럽지만 제가 기억하지 못하기 때문입니다. 이 자리에서 무슨 말씀을 드리든 여러분들이 제 말을 기억하실 확률은 거의 제로에 가까울 수 있습니다. 하지만 제 인생을 돌아보면서, 제 나름의 절실한 경험을 몇 가지 들려

드린다면, 여러분들께 조금이라도 도움이 되지 않을까 기대해봅니다.

저는 언론사의 회장입니다. 인문학을 전공했냐구요? 아닙니다. 문과 출신이냐구요? 아닙니다. 저는 공대출신입니다. 여러분과 같은 공학도입니다. 제가 공과대학을 갔던 이유가 있습니다. 가장 큰 연유는 저와 저희 가족이 겪었던 아주 어려운 상황에 뿌리를 두고 있습니다.

제가 초등학교 5학년이었던 1960년, 4·19 학생혁명이 있었습니다. 선친께서는 당시 법무·내무 장관으로 자유당 정권의 마지막 내각에서 재직하셨습니다. 그 격동 속에서 정부의 모든 장관들, 자유당 중진들과 함께 저희 선친께서도 구속이 되었고 3년 반 동안 옥고를 치루셨습니다. 저희 집안에 불어 닥친 정치광풍의 여파는 엄혹했습니다.

그 고통을 겪으신 할머니께서는 저에게 이런 말씀을 하셨습니다. "네가 무슨 공부를 해도 좋다. 그러나 절대로 법과대학은 가지 말라. 이 세상에서 가장 의리 없고 인간미 없는 사람들이 검사와 판사들이다." 그 말씀을 거의 세뇌 수준으로 저에게 반복하셨습니다. 그 시절은 아득한 옛날이지만 생생하게 기억납니다.

'응답하라! 나의 학창 시절' 그랬습니다. 할머니의 말씀은 저의 잠재의식에 깊숙하게 박혔습니다. 저도 졸업생 여러분처럼 부모님 덕분에 좋은 머리를 갖고, '한 공부' 한다는 얘기를 들었습니다. 선생님께서는 어느 대학에도 들어갈 수 있다고 했지만 저는 일치감치 법과대학은 제쳐놓았습니다.

1960년대 중반 김완희 박사라는 선각자가 등장합니다. 컬럼비아대 전자공학과 교수였던 그분을 박정희 대통령은 초청합니다. "우리가 이렇게 못 먹고 사는데 나라를 일으켜야 하지 않겠느냐"는 요지의 대통령 편지를 받고 김완희 박사는 감동했습니다. 그는 조국을 위해 헌신하기로 결의했고, 대한민국의 전자산업 육성에 온 몸을 바쳤습니다.

1967년 모든 신문에 김완희 박사의 공학도적 애국심, 선구자적 열정과 신념이 크게 보도됐습니다. 그분의 의지와 헌신은 고등학생이던 저의 가슴을 파고들었습니다. 저는 전자공학을 하겠다고 결심했습니다.

그 무렵 한국에 전자공학의 붐이 일어났습니다. 박근혜 대통령께서도 서강대 전자공학과 1970년 학번이시지요. 그 시절의 공과대학의 선풍, 전자공학과의 인기가 얼마나 컸는지를 짐작할 수 있을 겁니다. 그 때 인재들이 훗날 한국의 반도체 신화를 쓰는 주역이 됩니다. 공학도의 꿈은 넓고 찬란했습니다. 그 시대 공학도는 기술 입국, 부강한 대한민국 만들기에 앞장섰습니다.

자랑스러운 졸업생 여러분, 여러분들도 여기 포스텍에서 갈고 닦은 실력과 열정, 비전으로 나라를 바꾸고 새로운 번영의 대한민국을 만드시기를 바랍니다.

저는 공과대학을 마친 뒤 경제학을 공부하게 됐습니다. 경제학 박사를 하고, 세계은행, 재무부, 청와대, KDI, 기업을 거쳐 언론에 몸담게 되었습니다. 저는 언론의 혁신과 신문의 변화를 위해 전심전력을 기울였습니다. 하지만 저의 그 삶은 할머니의 바람과 달랐습니다. 할머니는 집안의 장손인 제가 평탄하고, 정치와는 거리가 먼 인생을 살기를 원하셨습니다.

1999년, 저는 예기치 않게 정치바람에 휩싸이게 됩니다. 그 소용돌이 속에서 저는 아버지가 겪었던 것과 같은 가시밭길을 걷게 됩니다. 길지 않은 시간이었지만 옥고(獄苦)를 치르게 됩니다. 할머니의 염원과 다른 길을 찾았던 운명의 함정 같은 일이었습니다. 그 고통은 하늘이 무너지는 것과 같은 힘든 경험이었습니다. 말과 글로써 다 하지 못하는 아픔과 시련을 겪었습니다.

그 때 제 머릿속에 솔로몬 왕의 혜안이 떠올랐습니다. 솔로몬은 반지에 이런 글귀를 새기라고 했습니다. "이것 또한 곧 지나가리라." 고통의 시기는 지나갔고, 고난은 새로운 삶의 씨앗을 키우는 계기가 되었습니다. 보수와 진보라는 이념의 틀을 넘어서 인간의 내면세계에 대해 고민하고 상념에 젖게 하는 세월이었습니다.

그 고난은 저를 세계 언론계의 유명인사로 만들었습니다. 저는 아시아인 최초로 세계신문협회장이 됩니다. 또한 2002년 중앙일보의 중립적 대통령선거 보도가 씨앗이 되어 저는 노무현 정부에서 주미대사로 임명을 받게 됩니다. 돌이켜보면 반전(反轉)의 절묘한 드라마였습니다. 미국 대사직과 함께 차기 유엔사무총장 후보 내정의 약속을 갖고 워싱턴에 부임했습니다.

그러나 저의 업보와 고통은 끝나지 않았습니다. 지난번보다 몇 배 힘든 시련이 저를 기다리고 있었습니다. 7개월이라는 짧은 대사 재임을 마치고 유배 아닌 '셀프 유배'로 1년여를 지냈습니다. 그 칩거생활은 저를 다시금 유불선과 기독교의 정신세계로 이끌었지요. 자연과 벗 삼는 귀거래사의 멋스러움도 즐길 수 있었습니다.

그 후 저는 언론 본업으로 복귀했습니다. 오피니언 리더들을 위한 중앙Sunday를 창간했고, 젊은 세대들이 가장 좋아하는 JTBC 설립을 주도하게 됩니다. 그 시기에 저는 운명의 힘 같은 것을 절감했습니다. 어려움 속에서 마음의 평정심을 찾으려고 서예에 흠뻑 빠졌습니다. 추사 김정희 선생이 제주도 9년 유배가 없었다면 추사체가 나올 수 없었습니다. 저 역시 큰 시련이 없었다면 저의 날카로운 성정(性情)을 부드럽게 할 수 없었을 것이라고 스스로 위로해봅니다.

졸업생 여러분, 이제 여러분은 새로운 인생 무대로 나갑니다. 그것은 여러분의 삶에도 다양한 드라마가 전개될 것이라는 예고입니다. 성취와 좌절, 기쁨과 비탄, 역전과 반전으로 점철되는 드라마 말입니다. 인생 선배로서 제 삶에서 터득한 몇 가지 교훈과 지혜를 여러분과 나누고 싶습니다.

첫째, 자기 내면에 숨겨져 있는 자기만의 삶의 뜻, 즉 천명(天命)을 찾아야 합니다. 천명은 무엇입니까. 무언가 뚜렷이 드러나진 않지만, 이루고 싶은 꿈같은 겁니다. 자신만의 가치와 장점, 자신의 정체성, 자기만의 비전과 목표라고도 할 수 있습니다. 하지만 내면의 뜻을 발견하는 일은 쉽지 않습니다.

공자도 오십이 되어서야 지천명(知天命), 그 뜻을 알게 되었다고 합니다. 공자가 그 뜻을 실천한 것은 그로부터도 18년이 지난 나이 68세 때입니다. 그때서야 비로소 자기 인생의 뜻(天命)이 저술과 후학을 키우는 교육에 있다는 것을 깨닫습니다. 5년의 짧은 세월에 공자는 자기의 지혜와 경륜을 담은 저술활동을 합니다. 공자는 72세에 돌아가실 때 '하늘이시여, 내게 5년만 더 허락해 주시옵소서'라는 아쉬움을 토로했다고 합니다.

제 경험에 비추어 봐도 자기가 좋아하고 잘할 수 있는 삶을 찾아 일생을 매진할 수 있는 사람은 참으로 행복합니다. 그런 사람은 그 일이 무엇이 되었든 성공을 이룰 확률이 높습니다.

두 번째는 주체적 삶을 살아야 합니다. 인생의 주인공은 자신만이 될 수 있습니다. 제가 좌우명으로 삼고 있는 말을 소개합니다. '수처작주 입처개진(隨處作主 立處皆眞)' 9세기 중국의 당나라 때 임제 선사께서 하신 말씀입니다. "어디서나, 어떤 경우에서나 주인의식을 갖고 대처해 나가면 어떤 어려움도 즐거움으로 바뀐다"는 뜻입니다. 자기 삶의 주인이 되십시오. 수처작주의 정신으로 자기 삶을 스스로 경영하십시오. 미래를 만들어 나가는 주역이 됩니다.

글로벌 경쟁시대입니다. 세상의 변화는 급격하고, 시대의 흐름은 예측하기 힘듭니다. 삶의 무대에는 영광과 환호가 있고, 크고 작은 많은 실패와 난관이 놓여 있습니다. 수처작주는 용기와 열정을 생산합니다. 수처작주의 자세는 장애물을 돌파하고 자신이 세운 뜻을 꿋꿋이 밀고 나가게 해줍니다.

졸업생 여러분, 무슨 일을 도모하든 세 번의 기회가 찾아온다고 합니다. 주인의식으로 평소에 내공을 쌓아 준비한 사람은 세 번의 기회 중 한 번을 낚아챌 수 있다는 말입니다. "기회는 앞에만 머리가 나있고, 뒤는 대머리"라고 합니다. 전광석화식 개혁을 했던 김영삼 대통령이 즐겨 인용했던 말입니다. 얼른 잡지 않으면, 뒤돌아서면 늦는다는 뜻이죠. 수처작주의 주인의식은 그 기회를 신속하게 잡게 해줍니다.

수처작주는 개인의 삶에만 적용되지 않습니다. 역사의 긴박한 전개도 마찬가지입니다. 독일의 통일이 좋은 사례입니다. 잠시 열린 기회의 창으로 들어갈 수 있었던 것은 보수와 진보 모든 정권이 20년 이상 일관되게 동방정책을 추구했기 때문입니다.

서독의 역대 정권은 역사의 주인의식으로 준비했습니다. 그 결과 동·서독이 한마음이 됐고 국제사회를 내 편으로 설득할 수 있었습니다. 베를린 장벽이 무너진 직후에 방한했음에도 헬무트 슈미트 전 독일 총리는 "남북한 통일이 독일보다 더 빠를 것이다"라고 했습니다.

그만큼 독일 통일은 불가능을 가능으로 바꾼 기적이었습니다. 여러분의 대학 포스텍의 훌륭한 전통 속에는 수처작주의 정신이 살아 숨 쉽니다. 박태준 회장을 빼고 포스텍을 생각할 수 없고, 포스코를 뺀 포스텍을 상상할 수 없습니다. 포스코 하면 박태준, 박정희 두 분을 빼고 생각할 수 없는 일입니다.

포스코, 포항제철을 건립할 당시 전 세계의 철강 전문가들은 미친 짓이라고 손사래를 내저었습니다. 역사의 주인의식은 도전과 결단, 상상력과 야망을 분출시킵니다. 철강 없이 중공업 입국은 없고, 중공업 없이 경제발전과 국가안보가 불가능하다고 판단한 박정희 대통령의 뜻이 불가능을 가능하게 만든 원동력이었습니다.

수처작주의 정신은 낡은 관습과 평범한 상식, 대중영합적인 방식을 거부합니다. 그런 자세가 콘트래리언 리더십(contrarian leadership)입니다. 발상의 전환을 바탕으로 통념에 역행하는 지도력입니다. 그 역발상의 리더십은 고독한 결단을 요구합니다. 그 지도력은 현실의 높은 벽을 넘어 미래를 만들어갑니다. 포스코의 건설은 콘트래리언 리더십의 위대한 승리였습니다.

여러분 인생의 고비마다 고독한 결단의 콘트래이언 리더십이 필요할 때가 있을 것입니다. 그 때 수처작주의 지혜와 용기로 무장하십시오.

세 번째는 공부하는 자세입니다. 옛 성현들은 세 살 어린이에게도 배울 것이 있다고 하셨습니다. 변화와 경쟁의 세상에서 공부 줄을 놓는다는 것은 삶을 포기하는 것과 같습니다.

졸업생 여러분, 마지막으로 당부하고 싶은 말씀입니다. 나누는 삶을 살아가십시오. 많은 사람들의 걱정과 어려움을 함께 나누는 삶을 영위하십시오. 많은 사람들의 행복과 성공에 갈채를 보내십시오. 그것이 세상에 보탬이 되는 인생입니다.

김수환 추기경께서 말년에 "머리에서 가슴까지의 짧은 길을 오는데 한 평생이 걸렸다"고 하셨습니다. 저는 그 말씀에 깊은 감명을 받았습니다. 머릿속의 작은 이기적 계산보다 이웃과 고락을 함께 한다는 큰 마음이 소중합니다. 머리와 가슴이 함께하며 부지런한 발로 실천해 나간다면 여러분의 앞날은 탄탄대로를 걸을 것입니다.

졸업생 여러분, 인생의 희망찬 출발을 다시 한 번 축하드립니다. 삶의 주인이 되십시오. 어느 순간 성취의 기회가 찾아옵니다. 존경하는 김도연 총장님과 교수님들, 자랑스러운 졸업생들, 그리고 학부형과 가족 여러분 저에게 이러한 기회를 주셔서, 대단히 감사합니다.

제3의 개국

초판 1쇄 인쇄 2016년 9월 5일
초판 1쇄 발행 2016년 9월 12일

지 은 이 조한규
펴 낸 이 김승호
기 획 박경석
책임편집 서진
마 케 팅 조윤규 김정현
디 자 인 이창욱

임프린트 드림온
주 소 경기도 파주시 문발로 203 2F
대표번호 031-927-9965
팩 스 070-7589-0721
전자우편 edit@sfbooks.co.kr

펴 낸 곳 스노우폭스북스
출판신고 2015년 8월 7일 제406-2015-000159

ISBN 979-11-958075-2-9 (03300)
값 15,000원

드림온은 스노우폭스북스의 임프린트 출판사입니다.